한국의
문화공간과
예술

최재남 崔載南

이화여자대학교 국어국문학과 교수(현)
본 저서와 관련하여, 『사림의 향촌생활과 시가문학』(국학자료원, 1997), 『사찰, 누정 그리고 한시』(공저, 태학사, 2001), 『선인들의 생활문화와 문학』(경남대출판부, 2002), 『경남문학의 원류와 자장』(경남대출판부, 2003), 『내가 좋아하는 한시』(공저, 태학사, 2013), 『물고기 강에 노닐다: 어득강의 삶과 시』(한국문화사, 2014) 등이 있고, 이외에도 『서정시가의 인식과 미학』(보고사, 2003), 『체험서정시의 내면화 양상 연구』(보고사, 2012), 『노래와 시의 울림과 그 내면』(보고사, 2015) 등 많은 저서가 있다.

한국의 문화공간과 예술

2016년 2월 29일 초판 1쇄 펴냄

지은이 최재남
펴낸이 김흥국
펴낸곳 보고사

책임편집 황효은
표지디자인 오동준

등록 1990년 12월 13일 제6-0429호
주소 경기도 파주시 회동길 337-15 보고사 2층
전화 031-955-9797(대표), 02-922-5120~1(편집), 02-922-2246(영업)
팩스 02-922-6990
메일 kanapub3@naver.com/bogosabooks@naver.com
http://www.bogosabooks.co.kr

ISBN 979-11-5516-526-3 03300
ⓒ최재남, 2016

정가 22,000원

이 도서의 국립중앙도서관 출판예정도서목록(CIP)은 서지정보유통지원시스템 홈페이지
(http://seoji.nl.go.kr)와 국가자료공동목록시스템(http://www.nl.go.kr/kolisnet)에서
이용하실 수 있습니다.(CIP제어번호: CIP2016004185)

한국의
문화공간과
예술

최재남 지음

보고사

문화가 산생되고 그 문화를 전파하면서 이어가는 공간을 문화공간이라 명명할 수 있다. 예술의 향유는 이러한 문화공간과 긴밀하게 연결되어 있고 이 과정에 사람이 주도적 역할을 맡게 된다. 두루 살펴보노라면 선인들은 산수가 어우러진 곳에 자연스럽게 문화공간을 마련하였고, 그 곳에서 자연의 순리를 본받으면서 문화를 영글게 한 것이다.

오랜 세월이 흐른 뒤에 문화공간의 현장에서 문화를 꽃피우고 전승하였던 선인들을 떠올리고 선인들의 문화를 소중히 간직하고 이어가는 후손들을 만나면서, 그 문화가 연면히 이어질 수 있도록 한 힘이 무엇인지 어렴풋이 짐작할 수 있게 되었다면 그것도 큰 보람인 셈이다. 할아버지의 말씀을 손자가 허투루 듣지 않고 가슴에 깊이 새겼기 때문일 것이다. 만드는 일보다 지켜가는 일이 훨씬 더 어려움을 절감하는 계기가 되기도 한다.

산길과 물길로 이어지던 시절에는 문화의 전승과 보전이 그 길을 따라 진전되었을 터인데, 이제 길을 내는 방식과 서로 다른 지역을 연결하는 수단이 달라지면서 문화공간의 성격이나 보전에도 변화가 일어나게 되었다. 또 연혁이 바뀌면서 공간이 차지하고 있던 성격이 달라진 것도 있어서 관심의 영역은 확장되어야 할 것이다. 새로운 문화공간에 대한 기대는 이러한 변화를 제대로 이해한 바탕에서 시작해야 할 것이다.

문화공간의 개념은 2000년 가을 한국시가학회에서 강학 공간인 당堂과 유식 공간인 정亭을 중심으로 16~17세기 향촌사림의 문화생활공간을 살피면서 설정한 것인데, 시가사와 예술사를 이해하는 방법으로 모색한 것이다. 이를 시가에만 한정하지 않고 예술을 포함한 문화 전반으로 확장하여 이해하는 방향으로 전환하고자 하는 것이다.

이 책에서 설정한 문화공간은 일차적으로 글과 예술 작품을 통하여 확인한 것인데, 실제 현장을 찾아 나서면서 그 실상에 대한 이해를 심화할 수 있게 된 것이다. 어떤 곳은 긴 세월에 걸쳐서 여러 차례 찾기도 하였고, 또 어떤 곳은 한두 차례 답사하여 성글게 생각을 엮기도 한 셈이다. 여러 차례 방문한 곳일수록 마음에 다가오는 느낌이 조금씩 달라짐을 깨달은 것은 숨길 수 없는 사실이다.

이 책은 우선 널리 알려져서 지명도가 높거나 각 지역에서 비중이 크다고 생각하는 문화공간을 중심으로 정리하게 된 것인데, 서울의 문화공간과 향촌의 문화공간을 거의 같은 비중으로 묶어 놓았다. 실제 문화의 중량이 그렇다고 단정할 수는 없지만 관심의 방향을 환기한다는 점에서 거의 같은 비중으로 고려한 셈이다. 앞으로 문화를 향유한 사람들이 제한적이거나 당파적인 성격을 드러내는 곳이라 할지라도 새롭게 주목할 수 있는 문화공간을 찾아서 지속적으로 문화의 자장을 살필 수 있도록 노력하는 일이 새로운 과제로 제기되고 있다.

이 책의 기획 단계에서부터 기꺼운 마음으로 지원을 아끼지 않고 출판에 신경을 써 주시는 보고사의 김흥국 사장님께 늘 고마운 마음을 감출 수 없고, 편집에 정성을 다해주신 황효은 님께 감사의 말씀을 드린다.

2016년 1월
최재남

차
례

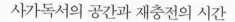

문화, 공간, 사람, 예술

문화, 공간, 사람, 예술

사람이 살아가면서 새로운 공간을 마련하고 그 공간을 중심으로 문화가 형성되고 아울러 예술이 꽃피기도 한다. 새로운 공간은 나라를 비롯한 관청에서 제도로 마련하기도 하고, 한 개인이 재지적 기반을 바탕으로 자력으로 마련하기도 하며, 여러 사람이 모여서 공동의 기반을 마련하기도 한다. '인생은 짧으나 예술은 길다.'라는 표현 속에는 긴 세월 생명을 유지하는 예술을 통해 앞서 간 사람들의 삶의 모습을 되새길 수 있다는 입장이 자리하고 있다.

문화가 형성되는 공간을 문화공간이라 명명하고 문화공간을 주도한 사람들의 삶의 태도를 살피면서 그들이 향유한 문화의 성격과 예술의 세계를 아울러 살피는 일은 오늘을 사는 우리들이 주변을 돌아보면서 살아가게 하는 소중한 기회라고 생각한다.

사람에 대한 이해는 어느 시대에나 중요한 화두임에 틀림없다. 경제經濟라는 개념이 '세상을 다스려 백성을 어려움에서 구제함'의 원뜻에서 '최소의 노력으로 최대의 이익을 추구함'으로 그 내포가 바뀐 시대에 살고 있지만, 그 중심에는 여전히 사람이 있음을 알아야 한다. 『맹자孟子』「만장 하

萬章下」에서, '그 글을 읽고 그 사람에 대해 알지 못한다고 해서야 되겠느냐?(頌其詩 讀其書 不知其人 可乎)'라는 성현의 말씀에 드러난 것처럼, 우리 선인들은 긴 세월동안 사람과 글을 분리하려고 하지 않고 아울러 생각해 온 것이 사실이다. 글이 사람의 사고의 결실이라고 할 때 그 사람의 실천적 태도와 연결시켜 그 글을 이해하고 그 사람의 삶을 지남指南으로 삼으려고 했던 것이다.

문화文化는 일차적으로 한문문화권에서 '문치교화文治敎化'의 준말인 셈인데 그 실상은 '이문화지以文化之'라는 의미가 중심을 이룬다고 할 수 있다. 결국 문文으로 새롭게 바꾸어 나가는 것이 문화라고 할 수 있는데, 여기에서 문文은 매우 복합적인 내용이 포함되는 셈이다. '글', '이理', '예의와 법도', '예의제도', '문자', '문사', '문장', '미', '선', '비루하지 않음' 등의 내용이 포괄된 것으로 이해할 수 있다. 이러한 내용을 바탕으로 새롭게 바꾸어나가는 것이 문화라고 할 수 있는 것이다.

그런데 근대적 의미의 문화는 '자연을 이용하여 인류의 이상을 실현시켜 나가는 정신 활동'이라고 하기도 한다.

공간은 원래 그 자리를 차지하고 있는 경우도 있지만 새로 만들어가는 개념이라고 할 수 있다. 그런데 선인들이 마련한 공간은 산수山水가 어우러진 자연自然에 바탕을 두고 있는 경우가 대부분이다. 때로 울을 치고 담을 쌓고 구획을 하여 다른 공간과 변별한 내부 공간만을 설정하려고 하지만, 오히려 외부의 공간까지 자연스럽게 아우르면서 주변을 돌아보는 여유를 가지려고 노력한다. 때로는 남이 소유한 것을 빌리기도 하는 차경借景의 여유를 보이고 있다. 이는 자연과 어우러지는 공간을 마련하고자 하는 마음 자세가 있었기 때문에 가능한 것이다.

예술의 범주는 시詩, 노래, 그림, 글씨, 건축물 등을 포괄하는 개념으로 사용하고자 한다. 예술을 '형상과 인식의 복합체'라고 할 때 인식의 층위는 공통항으로 묶일 수 있어도 형상화의 방법에 있어서 드러나는 차이점은 각각의 문화공간의 성격과 연결하여 살필 수 있을 것이다.

따라서 문화공간과 예술이라는 큰 틀에서 전체적인 조망을 하려고 노력하면서, 실제로 각 항목에 따라 기본적인 구도는 공간의 형성, 문화의 성격, 구성원에 대한 이해, 예술의 세계 등의 순서로 살피도록 한다. 공간이 형성된 과정과 그 이후의 변화 양상을 우선 살피고, 그 공간에서 이루어진 문화 활동의 내용을 점검하여 문화의 성격을 구명하면서, 문화공간의 구성원에 대한 이해를 병행하도록 한다. 동시에 함께 활동했던 인물을 중심으로 하면서 시대가 바뀌면서 달라진 구성원의 활동까지 아울러 포함시키도록 한다. 이와 함께 문화공간에서 이루어진 시詩, 노래, 그림, 글씨, 건축물 등 예술 작품의 세계를 앞에서 살핀 층위와 연결시켜 이해할 수 있도록 한다.

이 책의 구성과 서술의 방향

구체적인 방향은 다음과 같은 순서로 고려하고 있다.

우선 각 주제에 따라 표제 혹은 목표를 제시하도록 한다. 표제와 목표에 따라 세부 항목을 나누어 서술하는데, 세부 항목에 따른 작은 제목을 공간의 형성, 문화의 성격, 구성원에 대한 이해, 예술의 세계 등과 시대에 따른 변화까지 고려하면서 내세우도록 한다.

문화공간은 위치를 확인하고 고지도古地圖와 현행 지도 등을 통하여 과거와 현재의 상황을 점검하고 그 변화 과정까지 살필 수 있도록 고려한다. 그리고 현존하는 공간인지, 변형된 공간인지, 지금은 사라진 공간인지 구체적으로 제시하도록 한다. 기본적으로 문화공간에 대한 기문記文 자료 등을 제시하여 공간 형성 당시의 객관적인 정보를 살피는 일이 중요하다.

구성원은 핵심 인물을 염두에 두면서 교유한 인물과 주변 인물까지 아울러 다루도록 한다. 그런데 이 과정에서 중요하게 다루고자 하는 것은 핵심 인물의 실천적인 삶의 태도에 관한 것이고, 오늘 우리들에게 지남指南이 될 수 있는지 되새기고자 한다. 어려운 상황에서 꼿꼿하게 뜻을 지키려고 노력한 인물에 대해 긍정적인 시선을 가지면서 자신의 이익을 챙기기 위해 남에게 피해를 끼치거나 역사의 흐름을 뒤로 돌리게 한 인물들은 배제할 수 있도록 한다.

예술 작품은 시詩, 노래, 문, 글씨, 그림 등 전 분야에 걸쳐서 살피되, 범위를 확장하는 일보다 문화공간의 성격을 집약하고 핵심인물의 삶의 태도를 보여줄 수 있는 대표적인 작품을 제시하면서 점검하도록 한다.

이와 같은 순서를 고려하여 필요한 경우 인접 주제로 전환하거나 자료를 확대할 수 있고, 보충해서 살펴야 할 내용 등을 각주 등을 통해 제기할 수 있다.

실제적으로 이 책에서 다루는 문화공간 현장을 확인할 수 있는 방법도 제시하고, 현장 확인을 통하여 문화공간의 실상에 대한 이해를 증대시킬 수 있을 것으로 기대한다.

이러한 진행 과정을 통하여 중심적인 문화공간을 주목할 수 있을 것이고 다시 주변의 문화공간으로 확산하는 성과를 확인하게 될 것이다. 그리고 새로운 중심으로 등장하는 문화공간에 관심을 가질 수 있고, 기존의 문화공간이 변화하는 양상도 아울러 점검할 수 있을 것이다.

이러한 과정을 통하여 실제로는 과거에서 출발하여 현실의 모습을 주목하고, 다시 현실을 차분하게 돌아보면서 새로운 방향을 제시할 수 있는 안목을 설계할 수 있을 것으로 기대한다. 문화공간의 보존 또는 문화공간의 복원 등의 현실적인 문제에 대한 실천적인 방안을 제시할 수 있는 자신이 생길 것이다. 결국 새로운 문화공간을 마련하는 일이 우리들의 과제에 해당하기 때문이다.

서울의 문화공간

이 책에서 중점적으로 다루고자 하는 내용은 다음과 같다. 크게 서울을 중심으로 한 문화공간을 앞에서 다루고 이어서 향촌의 문화공간을 살피고자 한다.

앞에서 다룰 서울의 문화공간은 다음과 같은 순서로 보고자 한다.

첫째, 15세기 세종대왕의 셋째 아들인 안평대군을 중심으로 세종대왕이 공들여 이루었던 집현전 학사의 문화적 결실과 그 예술적 성취를 살피고자 한다. 여기에는 도성과 가까운 곳으로 추정되는 비해당匪懈堂, 무계정사武溪精舍의 공간과 〈몽유도원도〉의 그림을 일차적으로 살피고, 아울러 도성에서 조금 떨어진 한강 주변에 마련한 담담정淡淡亭과 〈담담정십이영〉을 중심으로 그 주변의 공간을 아우르면서 후대 변모까지 검토하고자 한다.

둘째, 한강 주변의 누정을 중심으로 잔치와 전별의 문화를 이해하도록 한다. 실제 조선시대에 한강 주변은 개인이 소유하거나 차지할 수 있었던 것이 아니라 나라에서 관장하고 있었던 것이기 때문에 한강 주변의 잔치와 전별은 공변된 성격을 띠고 있었다고 할 수 있다. 15세기 희우정喜雨亭과 망원정望遠亭으로 대표되는 왕족들의 잔치 공간, 16세기 제천정濟川亭에서의 잔치와 전별의 공간, 16세기 잠두봉蠶頭峰의 놀이 공간 등 몇 항목으로 나누어 살필 수 있을 것이다.

셋째, 북악을 중심으로 그 주변을 살피고자 한다. 북악은 일명 백악白岳이라고도 하는데, 임진왜란 이전까지 법궁이었던 경복궁景福宮의 뒷산이기도 하다. 시대별로 경복궁이 법궁이던 시절과 임진왜란으로 경복궁이 소실되고 법궁이 옮겨간 이후의 시기로 나눌 수도 있고, 도성 내외로 나누어 살필 수도 있을 것이다. 우선 16세기 초반에 마련된 대은암大隱巖의 공간을 중심으로 후대의 변화까지 살피고, 임진왜란 이후 이 지역에 마련된 청풍계淸風溪 등의 문화공간의 성격도 주목하여 다루고자 한다.

넷째, 글을 중시하는 조선 사회의 과거제도는 시문詩文을 통해 관직에 진출하는 것이 상례였다. 그러므로 시문을 통한 과거에서 우수한 성적을 거둔 사람들이 그들의 집단적 우월성을 내세우거나 집단적인 교유를 통하여 자신들의 문화를 만들어갔던 것이다. 이를 우리는 잘난 사람들의 모임이라 명명할 수 있을 것이고, 용두회龍頭會, 한림회翰林會 등이 이러한 예에 해당한다. 이들 모임은 이미 고려시대부터 이어진 것인데, 특히 한림연翰林宴에서 〈한림별곡〉과 같은 경기체가가 지속적으로 불린 것은 크게 주목할 수 있는 문화라고 할 수 있다. 아울러 나라에서 관리들에게 독서할 수 있는 말미를 주는 제도를 마련하면서 15세기 이후 독서당讀書堂은 매우 중요한 문화공간으로 자리잡게 되었던 것으로 확인된다. 정치적 상황과 연계되어 여러 차례 변화의 곡절을 겪었지만 여러 곳으로 공간을 이동하면서 연면한 전통을 이어갔던 것으로 확인된다.

다섯째, 인조가 반정으로 왕위에 오른 뒤에 인조의 셋째 아들인 인평대군을 중심으로 동소문東小門 바깥의 조계동漕溪洞은 새로운 문화공간으로 마련되었다. 이곳에는 구천은폭九天銀瀑이라는 폭포가 있어서 인평대군은 이곳에 각자刻字를 하고 별서別墅를 마련한 뒤에 이곳은 삼각산三角山 유산의 중요한 지소가 되기도 하였다.

여섯째, 조선의 건국과 함께 이어진 사대부 중심의 문화가 조선 후기에 절절折節의 과정을 겪으면서 18세기 이후 이른바 중인에 해당하는 위항시인들이 마련한 문화공간과 그들의 예술 활동을 주목할 수 있다. 송석원松石園을 비롯한 이들이 마련한 공간과 구성원, 시와 그림과 글씨로 이루어진 예술 활동을 시기와 구성원 등으로 나누어 살필 필요가 있다.

일곱째, 이와 함께 18세기를 전후하여 가곡歌曲을 향유했던 가객들의 문화공간으로서 필운대弼雲臺, 탕춘대蕩春臺 등에서 북한산의 산영루山映樓로 이어지는 외부 연행 공간과 19세기 운애산방雲崖山房 등의 내부 연행 공간과 그곳에서 불린 가곡창의 성격을 살피는 일도 중요한 과제가 될 수 있다.

향촌의 문화공간

뒤에서 다룰 향촌의 문화공간은 다음과 같은 방향으로 살피고자 한다.

16세기 중반 서울에서 지내다가 각자 자신의 향촌으로 돌아가 향촌을 중심으로 문화공간을 마련하고 구성원들과 함께 문화를 향유하고 예술 작품을 산생한 내용을 주목하면서 지역까지 고려하여 살필 것이다.

첫째, 16세기 중반 경상도 예안으로 돌아간 이현보를 중심으로 농암聾巖, 애일당愛日堂, 분강汾江 등의 문화공간과 이곳에서 활동했던 인물들에 대해 이해하고, 〈생일가〉, 〈어부가〉 등의 우리말 노래 작품들을 주목하여 다루고자 한다.

둘째, 이현보와 비슷한 시기에 전라도 영광으로 돌아간 송흠을 중심으로 관수정觀水亭, 기영정耆英亭 등의 문화공간과 이곳에서 함께 활동하거나, 재관인의 입장에서 송흠을 위로하고 주변의 문화를 진작시키고자 한 내용을 검토할 것이다.

셋째, 기묘사화로 파직이 된 뒤에 경기도의 이천의 주촌과 여주의 이호촌에 은거하면서 은일정恩逸亭과 범사정泛槎亭 등의 정자를 세우고 자강自强의 노력을 보여준 김안국의 예를 통해, 어려운 국면을 헤쳐 나가는 지혜와 그 이면의 예술 세계를 살피도록 한다.

넷째, 이현보와 이웃한 곳에 도산서당陶山書堂을 마련하고 천운대天雲臺와 완락재玩樂齋를 오고가면서 공부와 놀이가 한데 어우러질 수 있도록 배려한 이황을 중심으로 한 문화공간의 성격과 〈도산십이곡〉의 세계를 살피고자 한다.

다섯째, 송흠의 족질로 전라도 담양에 근거를 두고 면앙정俛仰亭 등의 문화공간을 마련하고 〈면앙정가〉 등의 가사 작품을 남긴 송순을 중심으로 교유한 인물 등과 함께 다루도록 한다.

여섯째, 스승이 억울하게 희생되고 난 뒤에 양산보가 고향에 마련한 소쇄원瀟灑園을 통하여 외부 공간과 내부 공간을 아우르는 산뜻한 공간의 성격을 이해하고, 이곳에서 함께 지낸 인물들의 활동도 점검하면서, 송순의 면앙정과 연결하여 이해하는 안목을 마련할 수 있을 것이다.

일곱째, 임진왜란 이후 혼란한 정국에 벼슬살이를 택하지 않고 경상도 진보현의 임천에 정영방이 마련한 비장秘藏의 문화공간 서석지瑞石池와 문화교유의 양상을 이해하도록 한다. 정치 상황에 대응하면서 출처의 방향을 정하는 자세 등을 이해할 수 있을 것이다.

여덟째, 17세기에 윤선도가 세상 바깥 세계로 완도의 보길도에 마련한 세연정洗然亭을 비롯한 문화공간과 〈어부사시사〉에 대한 관심이다.

아홉째, 명문의 후예이면서도 벼슬에 나아가지 않고 서울과 진천을 오고가면서 시화와 산수를 즐긴 이하곤李夏坤의 문화공간을 통하여 호서湖西의 문화공간에 대해 검토하도록 한다.

이 책에서 살피고자 하는 문화공간은 현재 그대로 보존된 경우도 있지만 대부분 변형되거나 사라져버렸다. 그 문화공간을 향유했던 사람들은 이미 역사의 너머로 사라지게 된 것이니 그들이 지녔던 공간이 함께 바뀐 것이 자연스러운 현상이라고 할 수도 있지만, 새삼 그 문화공간을 중심으로 꽃피었던 예술을 통하여 그 당대 문화의 내질을 이해하고 선인들의 삶의 자세를 되새겨보는 일은 '최소의 노력으로 최대의 이익을 추구함'에 빠져 자신과 주변을 아울러 살피지 못하고 있는 우리들에게 새로운 일깨움이 될 수도 있을 것이다.

안평대군의 꿈과 현실

대군의 삶과 행적

안평대군 이용安平大君 李瑢(1418~1453)은 세종대왕의 셋째 아들로 자가 청지
淸之, 호가 비해당匪懈堂, 낭간거사琅玕居士, 매죽헌梅竹軒 등이다. 왕자로서 학
문을 좋아하고 시문을 잘한 것으로 평가를 받고, 또한 서법이 매우 뛰어나
서 명필로 인정받았다. 아울러 그림 그리기와 거문고 타는 재주도 훌륭하
였다고 알려져 있다.

이렇듯 문사로서의 기질을 타고난 대군은 당시 부군인 세종이 양성
한 집현전集賢殿 학사들과 밀접한 교유를 하게 되었다. 그중에서도 연배
가 비슷했던 박팽년朴彭年(1417~1456), 성삼문成三問(1418~1456), 신숙주申叔舟
(1417~1475) 등과의 사귐은 매우 친밀했다고 알려져 있다. 이들 중에는 뒷날
정치적 입지가 달라지면서 삶의 태도를 바꾼 경우도 있지만 대군과 함께
15세기 왕실 주변의 문풍을 진작하는 데에 집현전 학사들의 역할은 높이
평가해야 할 것이다.[1]

훌륭한 임금으로 평가받는 세종대왕은 뒤에 문종이 된 맏아들 향珦
(1414~1452)을 비롯하여 세조가 된 수양대군 유瑈(1417~1468)와 안평대군과
같은 뛰어난 자질을 가진 왕자들을 두었다. 이들 왕자가 어떻게 살아가야

할 것인지에 대하여 부왕은 나름대로 고심을 하였을 것으로 추정된다. 그리하여 안평대군은 수양대군과 함께 궁궐에서 강독하면서, 집현전 학사들에게 배울 수 있는 기회를 가지게 되었다.

전지傳旨하기를, "금후로는 진양대군晉陽大君 이유李瑈, 안평대군安平大君 이용李瑢도 아울러 금중禁中에서 강독講讀하게 하되, 집현전集賢殿 관인으로 하여금 가르치게 하라." 하매, 집현전에서 강독하는 법을 올리되, "날마다 읽은 것은 반드시 외우게 하고 일 년에 20차례 이상 직접 글을 읽게 하며, 날마다 통하고 통하지 않는지를 고찰하여 치부置簿하였다가 월말에 계문啓聞하게 하옵되, 5일마다 전에 5차례 수업한 것을 가지고 요량하여 통독通讀해서 고강考講하게 하여 통하고 통하지 않는지를 써서 월말에 아뢰게 하소서." 하니, 그대로 따랐다.[2]

이런 가운데 세종 24년(1442) 안평대군이 25세일 무렵에 대왕은 대군을 위하여 비해당匪懈堂이라는 당호를 내리게 되었다. 『시경詩經』〈증민烝民〉의 "아침부터 밤까지 게으르지 않아, 애오라지 한 사람을 섬기셨네.(夙夜匪解 以事一人)"라는 뜻과 〈서명西銘〉의 "마음을 보존하고 천성을 배양하여야 효도에 게으르지 않다.(存心養性爲匪懈)"라는 데에서 따온 것이다.[3]

그리하여 비해당匪懈堂은 안평대군의 당호이면서 집현전 학사들과 함께 이룬 15세기 중반 중요한 문화공간으로 자리를 잡게 된 것이다. 박팽년이 쓴 기문을 보도록 한다.

옛날의 군자는 사는 곳은 반드시 넓은 곳으로 하고, 사는 집은 반드시 편안한 집으로 하여, 고명박후高明博厚한 곳에서 살기를 기약하였다. 그 편안함은 수많은 세월이 흘러도 실추되지 않고, 그 넓음은 천하를 다하고도 끝이 없어서, 진실로 위에는 들보를 얹고 아래에는 서까래를 얹는 제도를 기다릴 필요가 없는 것이다. 그런데도 자기의 뜻을 반드시 거실에 부쳐서 스스로 경계하고 성찰하였으니, 주회암의 경재敬齋와 진서산의 사성思誠이 바로 그런 것들이다.

정통 임술년(세종 24, 1442) 여름 6월 어느 날에 안평대군이 신위에 입시하였을 적에 상이, "대군의 당명을 무엇이라고 하는가?"라고 조용히 묻자, 안평대군은 아직 없다고 하였다. 그러자 상이, 증민시蒸民詩를 외우고 또 서명西銘을 들어서 이르기를, "편액을 비해匪懈라고 하는 것이 적합하겠다." 하였다. 안평대군이 손 모아 절하고 머리를 조아린 다음, 한편으로는 기뻐하고 한편으로는 놀라워하다가 드디어 금원의 여러 선비들에게 글을 청하여 그 취지를 연역토록 하였다. 이것은 대개 상이 하사하신 것을 빛나게 하고 -원문 빠짐- 힘쓰고자 해서 그런 것이다. 내가 삼가 이 말을 듣고 감탄하기를, "위대하도다, 왕의 말씀이여. 우리 국가와 자손에게 -원문 빠짐-의 훌륭한 교훈이라 하겠다." 하였다.

일찍이 건괘의 상사象辭를 보건대, "하늘의 운행이 굳세니, 군자가 이것을 법으로 삼아서 스스로 노력하여 멈추지 않는다." 하였다. 대저 하늘은 낮과 밤이 서로 교대하고 사시가 번갈아 운행하여 움직이면 뇌정과 풍우가 되고, 형상화하면 곤충과 초목이 되어 -원문 빠짐- 다하였지만, 한 순간이라도 정지한 경우가 없는 것은 무엇 때문인가. 오로지 그 성誠이 있기 때문이다.

사람은 그렇지 않아서 -원문 빠짐- 사성의 자질이 아니면 하다가 말다가 하는 걱정이 없을 수 없다. 비록 안씨顏氏와 같이 훌륭한 사람으로도 3개월 동안만 인仁을 어기지 않았을 뿐이니, 더구나 그보다 자질이 낮은 자이겠는가. 거처를 가지고 비유해 보면 성인의 도는 마치 문, 계단, 당, 실과 같은 등급이 엄격하여서 단계를 무시하고 건너뛰어서 나아가서는 안 되고, 스스로 한계를 그어 중지해서도 안 된다. 만약 지극히 정성스러워 멈추지 않는 공부가 없다면,

기린교와 인왕산. 최근 복원된 수성동 계곡이다

무계동의 각석

능히 그 집에 들어갈 자가 적을 것이다. 그러한 이유 때문에 길보가 맨 처음 비해匪懈의 송을 발표하였고, 횡거가 또 존양存養에 관한 학설을 추가하였으니, 그 말이 더욱 간절하다 하겠다. 이는 진실로 성인 문하의 지극한 공부이며, 도를 배우는 자의 중대한 방법이라 할 것이다.

지금 안평대군은 타고난 자품이 탁월한데다 학문을 좋아하고 선을 좋아하는 마음이 지성에서 나와 잠시라도 반드시 유아에 주력하니, 그 부지런함이 지극하다 하겠다. 성상께서 특별히 이것을 가지고 명하시니, 면려한 것일 뿐만이 아니라 바로 가상하게 여긴 것이다. 더욱 밤낮없이 이것을 일삼아서 성상의 의도한 바를 저버리지 않는다면 그 행하는 바가 더욱 하늘과 같이 굳세어질 것이고 그 거처가 더욱 천하와 같이 넓어질 것이다. 그래서 이 집이 국가와 더불어 끝없이 아름다움을 함께할 것이니, 성상께서 명명하신 것이 어찌 후세에 길이 빛나지 않겠는가.

나는 문장이 시원찮아서 성대하고 아름다운 이 일을 펼쳐서 성상의 뜻을 드러낼 수가 없다. 단지 명명하신 연도나 기록할 뿐이다.[4]

비해당의 위치는 인왕산仁王山 기슭이라는 점은 짐작할 수 있는데 정확하게 지적하기는 쉽지 않다. 유본예柳本藝의 『한경지략漢京識略』「명승名勝」에 '수성동水聲洞'을 설명하면서 "인왕산 기슭에 있는데, 골짜기가 깊고 그윽하며 물 맑고 바위 좋은 경치가 있어서 더울 때 소풍하기에 제일 좋다. 혹은 이 동리는 옛날 비해당 안평대군이 살던 터라 한다. 개울 건너는 다리가 있는데 이름을 기린교麒麟橋라 한다."라고 하였다. 수성동 권역에 비해당이 있었다는 전승이 설득력을 확보하는 대목이다. 왕자의 집을 궁궐 바깥 도성 안에 두었다고 보면 이 지역이 설득력이 있다.[5]

한편 안평대군은 도성 바깥에 무계정사武溪精舍를 마련하기도 하였다. 현재 종로구 부암동인데, '무계동武溪洞'이라고 새긴 바위가 남아 있다.

비해당의 풍류

안평대군이 거처하는 비해당에 집현전 학사들을 비롯한 많은 사람들이 모여들었고 비해당 주변의 승경을 시로 형상화하였다. 그 대표적인 것이 안평대군이 지은 〈비해당사십팔영匪懈堂四十八詠〉이다. 그리고 이 시의 서문을 직접 쓰기도 하였다.

어찌하여 이 시를 짓게 되었는가? 친구들이 권해서이다. 어찌하여 사십팔영인가? 읊을 만한 곳이 마흔 여덟 곳이기 때문이다. 어찌하여 수를 맞추지 않았는가? 사물을 다 나열한 데서 그쳤을 뿐이다. 어찌하여 매화와 대나무를 먼저하고 남산의 구름과 인왕사의 종소리를 나중에 하였는가? 가까운 곳에서 먼 곳으로 나아갔기 때문이다. 낭간은 돌의 종류인데 어찌하여 뜰에 심는 나무에 섞어 두었는가? 임금께서 내려주신 것을 영화롭게 여겨 취했기 때문이다. 어찌하여 문방의 도구는 빠뜨리고 읊지 않았는가? 조물주가 만든 것이 아니기 때문이다. 영물은 공교로움을 중요시하는데, 어찌하여 문사가 졸렬한가? 우연히 이루어졌을 뿐 공들여 지은 것이 아니다. 보는 사람은 문식이 없음을 용서하기 바란다.[6]

널리 알려진 〈비해당사십팔영〉의 목록은 다음과 같다.

01 _ 매화 핀 창가에 비친 밝은 달 (梅窓素月)

02 _ 대숲 길로 부는 맑은 바람 (竹逕淸風)

03 _ 일본 철쭉꽃 (日本躑躅)

04 _ 해남 낭간석 (海南琅玕)

05 _ 섬돌을 덮은 작약 (翻階芍藥)

31 _ 오동잎(梧桐葉)

32 _ 치자꽃(梔子花)

33 _ 이끼 덮인 괴석(苔封怪石)

34 _ 넝쿨에 덮인 노송(藤蔓老松)

35 _ 가을날 뻐기는 붉은 홍시(矜秋紅柿)

36 _ 이슬 맞은 누런 등나무(浥露黃橙)

37 _ 촉 땅의 포도(蜀葡萄)

38 _ 안석류(安石榴)

39 _ 수분의 연꽃(盆池菡萏)

40 _ 가산의 안개와 이내(假山煙嵐)

41 _ 유리석(琉璃石)

42 _ 차거분(硨磲盆)

43 _ 학이 우는 뜰의 소나무(鶴唳庭松)

44 _ 사슴이 잠자는 정원의 풀밭(麝眠園草)

45 _ 물가의 금계(水上錦鷄)

46 _ 새장 속의 화합조(籠中華鴿)

47 _ 남산의 맑은 구름(木覓晴雲)

48 _ 인왕사의 저녁 종소리(仁王暮鍾)

당대의 사람으로 안평대군의 〈비해당사십팔영〉에 차운한 사람은 최항崔恒(1409~1474), 신숙주申叔舟(1417~1475), 성삼문成三問(1418~1456), 이개李塏(1417~1456), 김수온金守溫(1409~1481), 서거정徐居正(1420~1488), 이현로李賢老(?~1453), 이영윤李永胤(?~?), 임원준任元濬(1423~1500) 등이고, 뒷날 성종 임금이 문신들에게 이 시에 대해 화운하게 하면서, 강희맹姜希孟(1424~1483), 어세겸魚世謙(1430~1500), 김종직金宗直(1431~1492), 성현成俔(1439~1504), 유호인

俞好仁(1445~1494), 신종호申從濩(1456~1497), 채수蔡壽(1449~1515), 김안로金安老 (1481~1537) 등이 화운시를 남겼다고 어숙권魚叔權이 『패관잡기』에서 기록하고 있다.

꿈결 속의 세계와 단아한 글씨

대군이 안견에게 그리게 한 〈몽유도원도〉는 대군의 꿈을 형상화한 것이다. 그 꿈에는 현실에 대한 대군의 마음이 담겨져 있는 것으로 볼 수 있다.

안견의 〈몽유도원도〉, 일본 덴리(天理)대학 중앙도서관 소장

정묘년(세종 29, 1447) 4월 스무날 밤, 내가 막 잠이 들려 할 즈음에, 정신이 갑자기 아련하여지면서 깊은 잠에 빠지고 곧 꿈을 꾸게 되었다.

갑자기 인수仁叟(박팽년)와 함께 어느 산 아래에 이르렀는데, 봉우리가 우뚝 솟고 골짜기가 깊으며 산세가 험준하고 그윽하였다. 복숭아나무 수십 그루가 있고 그 사이로 오솔길이 나 있는데 숲 가장자리에 이르러 갈림길이 되어 있었다.

어느 쪽으로 가야 할지를 몰라 잠시 머뭇거리고 있던 터에 마침 산관야복 차림을 한 한 사람을 만나게 되었다. 그는 정중히 고개를 숙여 인사를 하면서 말하기를, "이 길을 따라 북쪽 골짜기에 들어가면 도원桃源에 이르게 됩니다.”라고 하였다.

내가 인수와 함께 말을 채찍질하여 찾아 들어가는데, 절벽은 깎아지른 듯 우뚝하고, 숲은 빽빽하고 울창하였으며, 시냇물은 굽이쳐 흐르고, 길은 구불구불 백번이나 꺾이어 어느 길로 가야할지를 모를 지경이었다. 골짜기에 들어가니 동천洞天이 탁 트여 넓이가 2·3리 정도 되어 보였다. 사방이 산으로 둘러싸여 구름과 안개가 자욱이 서려 있고, 멀고 가까운 복사꽃 숲에는 햇빛이 비쳐 연기 같은 노을이 일고 있었다. 그리고 대나무 숲속에는 띳집이 있는데, 사립문이 반쯤 열려 있고, 흙으로 만든 섬돌은 거의 다 부스러져 있으며, 닭이나 개, 소, 말 따위는 없었다. 마을 앞을 흐르는 시내에는 오직 조각배 한 척이 물결 따라 흔들리고 있을 뿐이어서 그 쓸쓸한 정경이 마치 신선 사는 곳인 듯싶었다.

이에 오랫동안 우두커니 바라보다가 인수에게 말하기를, “‘암벽에 기둥을 엮고 골짜기를 뚫어 집을 짓는다.’고 하는 것이 바로 이런 경우가 아니겠는가? 정녕 이곳이 도원동桃源洞이로다.”라고 하였다.

곁에는 몇 사람이 뒤에 있었는데, 곧 정보貞父(최항)와 범옹泛翁(신숙주) 등으로, 함께 운에 맞춰 시를 짓던 사람들이었다. 이윽고 신발을 가다듬고 함께 걸어 내려오면서 좌우를 돌아보며 즐기다가 갑자기 꿈에서 깨어났다.

아, 큰 도회지는 실로 번화하여 이름난 벼슬아치들이 노니는 곳이요, 절벽을 깎아지른 깊숙한 골짜기는 조용히 숨어 사는 자가 거처하는 곳이다. 이런 까닭에 오색찬란한 의복을 몸에 걸치는 자는 발걸음이 산속 숲에 이르지 못하고, 바위 위로 흐르는 물을 보며 마음을 닦아 나가는 자는 또 꿈에도 솟을대문 고대광실을 생각하지 않는다. 이는 고요함과 시끄러움이 길을 달리하는 까닭이니 이치가 반드시 그러한 것이다.

옛사람이 말하기를, ‘낮에 행한 바를 밤에 꿈을 꾸는 것이다.’라고 하였다.

나는 궁궐에 몸을 기탁하여 밤낮으로 일에 몰두하고 있는 터에 어찌하여 산림에 이르는 꿈을 꾸었단 말인가? 그리고 또 어떻게 도원에까지 이를 수 있었단 말인가? 내가 서로 좋아하는 사람이 많거늘, 도원에 노닒에 있어 나를 따른 자가 하필이면 이 몇 사람이었는가? 생각건대, 본디 그윽하고 궁벽한 곳을 좋아하며, 마음에 전부터 산수 자연을 즐기는 생각을 가지고 있었고, 아울러 이들 몇 사람과의 교분이 특별히 두터웠던 까닭에 함께 이르게 되었을 것이다.

이에 가도可度(안견)로 하여금 그림을 그리게 하였다. 옛날부터 일컬어지는 도원이 진정 이와 같았을 것인지 여부는 알 수 없거니와, 뒷날 이 그림을 보는 사람들이 옛날 그림을 구하여 나의 꿈과 견주게 되면 무슨 말이 있게 될 것이다.

꿈을 꾼 지 사흘째에 그림이 다 되었는지라 비해당의 매죽헌에서 쓰다.[7]

몽유도원도 도해[8]

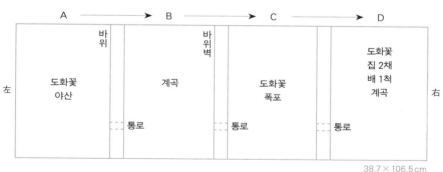

38.7 × 106.5cm

- 하늘이 트이고
- 적색이 없고 청색
- 정면(도원입구)에서 본 시각

- 점점 바위로 험해지고 하늘이 산으로 차단
- 입구의 끝은 바위로 차단
- 점점 적색(황금색)으로 변함
- 조감도적 시각

〈몽유도원도〉를 완성하고 난 3년 뒤 정월 초하룻날 밤에 대군은 다음과 같은 제시題詩를 남겼다.

세상의 어느 곳을 도원으로 꿈꾸었나?	世間何處夢桃源
야복과 산관이 아직도 완연하네.	野服山冠尚宛然
그림으로 만들고 보노라니 참으로 좋은 일이거니와	著畵看來定好事
천년을 전할 수 있으리라 스스로 만족하네.	自多千載擬相傳

안평대군은 글씨에도 매우 뛰어난 것으로 평가받고 있다.

〈몽유도원도〉 일부, 안평대군의 글씨

담담정의 풍류

담담정淡淡亭은 삼개(麻浦) 북쪽 기슭에 대군이 마련한 정자로 만 권의 서적을 쌓아두고 문사들을 모아서 혹 밤새도록 등불을 밝히고 담화를 하며, 혹은 배를 타고 달밤에 놀이를 했던 곳이다. 비해당匪懈堂과는 달리 담담정淡淡亭은 놀이 공간의 성격을 지니고 있다고 할 수 있다.

이용李瑢이 생일이므로 마포강麻浦江 정자亭子에서 잔치를 베풀었다. 고양현감高陽縣監 박하朴夏 등이 술과 고기를 가지고 와서 참석하고, 환관宦官 김연金衍·이귀李貴·한숭韓崧·최습崔濕·김득상金得祥·최득상崔得祥·최언崔彦·조희曹熙와 조사朝士 이현로李賢老·이명민李命敏·이석정李石貞·이의산李義山·조번趙藩·김정金晶 등 30여 인이 모두 모여서 술을 마시며 활쏘기를 하였다. 세조가 사람을 시켜 문안하니, 이용이 놀라 수박(西瓜)을 보내어 치사致謝하고 인하여 이를 엿보았다. 박하가 이용에게 아첨해 섬기기를 종(奴僕)처럼 하였는데, 일찍이 이용의 먹은 밥상을 거두어 와서 말꾼(馬卒)과 함께 먹으면서도 매우 만족한 빛이 있었다.[9]

강희맹姜希孟(1424~1483)이 지은 〈담담정십이영淡淡亭十二詠〉이다.[10]

차가운 구름은 조용하고 물은 천천히 흐르는데	寒雲漠漠水悠悠
양쪽 언덕의 푸른 단풍은 시름을 다함이 없네.	兩岸靑楓無盡愁
외로운 등불을 마주하고 앉아 한밤을 보내노라니	坐對孤燈過夜半
비바람 치는 온 강에 푸른 섬이 어둑하네.	一江風雨暗滄洲
	〈右麻浦夜雨〉
흰 빛이 하늘에 이어져 한 번 길게 자취를 남기는데	虛白連空一抹痕

가벼운 바람은 흰 빛을 이끌어 사립문에 닿았네.　　　　輕風引素接柴門

수풀과 떨어져 닭 울음과 개 짖는 소리를 듣는 듯한데　隔林彷彿聞鷄犬

강의 남쪽에 뽕밭 마을이 있음을 알겠네.　　　　　　知有江南桑柘村

〈右栗島晴嵐〉

몇 떨기 봄 구름이 푸른 산기운을 누르는데　　　　　數朶春雲壓翠微

담박하게 서로 마주하니 모두 기심을 잊네.　　　　　澹然相對兩忘機

무심히 산굴을 나와 내리는 비를 막으며　　　　　　無心出峀閑行雨

때때로 옛 산천에서 날던 곳을 날아가네.　　　　　　時向故山飛處飛

〈右冠岳春雲〉

온 수풀의 가을 기운이 강 언덕에 퍼졌는데　　　　　一林秋氣遍江皐

달은 유리에서 솟아 푸른 옥이 물결치네.　　　　　　月湧琉璃碧玉濤

난간에 기대어 산뜻하여 잠을 이루지 못하는데　　　倚遍欄干淸不寐

구천의 바람과 이슬에 학의 울음이 높네.　　　　　　九天風露鶴聲高

〈右楊花秋月〉

가을바람이 산들거려 물에 물결을 보태는데　　　　　秋風嫋嫋水增波

악어북이 둥둥 뱃노래를 내네.　　　　　　　　　　鼉鼓逢逢發棹歌

해가 맑은 강에 떨어지니 하늘은 만리인데　　　　　日落江澄天萬里

돛의 나는 그림자가 거울 속을 지나가네.　　　　　　衆帆飛影鏡中過

〈右西湖帆影〉

모래밭은 트이고 하늘은 나지막하여 물은 절로 흐르는데　沙闊天低水自流

천 줄로 무리를 이끌고 모래섬으로 내려가네.　　　千行引隊下汀洲

차가운 소리를 푸른 안개 바깥에 울며 내리니　　　寒聲叫落蒼煙外

또 온 강에 갈대와 억새가 여무는 가을이네.　　　又是一江蘆荻秋

〈右南郊鴈聲〉

긴 모래섬에 따뜻한 기운이 드니 파란 빛이 점점 짙어지는데 暖入長洲綠漸肥

시내 다리의 안개비에 가랑비가 어둑하네.	溪橋煙雨暗霏微
해마다 왕손의 안타까움을 견디지 못하는데	年年不耐王孫恨
또 봄 향기를 당겨서 한창 빛을 내리네.	更惹春香半落暉
	〈右仍火芳草〉
호수 가의 숲속 정자는 끊어진 고개와 떨어졌는데	湖上林亭隔斷坡
석양의 까마귀 등에는 금빛 물결이 번쩍이네.	夕陽鴉背閃金波
긴 다리의 서쪽 두둑에는 푸른 물결이 펼쳤는데	長橋西畔滄溟闊
무수한 푸른 산이 파란 소라가 점찍은 듯하네.	無數靑山點碧螺
	〈右喜雨斜陽〉
물이 빠지고 강이 비니 가을밤이 차가운데	水落江空秋夜寒
비 내리는 수풀의 끝에는 고기잡이 등불이 나왔다 사라지네.	漁燈出沒雨林端
밤이 깊으니 도롱이가 무거움을 더욱 깨닫는데	夜深更覺簑衣重

담담정 터 표지석. 담담정 자리에는 현재 빌라가 들어서 있다

맑은 빛을 흔들흔들하며 갈라진 여울을 지나네.	搖曳淸光過別灘
	〈右龍山漁火〉
나무꾼의 길이 작고 아득하여 물가를 구르는데	樵路微茫轉水涯
강 건너 누에 재에는 둥둥 뜬 눈썹이 아득하네.	隔江蠶嶺遠浮眉
갑자기 몇 줄기 소리가 구름 밖에서 일어나니	數聲忽起雲林外
참으로 가을 산이 어둑해질 때이네.	正是秋山欲暮時
	〈右蠶嶺樵歌〉
물이 펑퍼짐한 낚시터를 부딪쳐 흐르니 백 길이나 깊은데	水激盤磯百丈深
푸른 벼랑에 길이 있어 호수의 중심을 누르네.	蒼崖有路壓湖心
외 배의 도롱이와 대삿갓에 차가운 강이 저무는데	孤舟簑笠寒江晚
낚시를 마치고 돌아가려니 눈이 숲에 가득하네.	捲釣歸來雪滿林
	〈右盤磯釣雪〉
질그릇 굽는 집이 거듭 몇 집이 있는 마을을 만드는데	陶家仍作數家村

화나무와 버드나무 그늘에 반쯤 문이 닫혔네.
쌓이는 비가 막 차가운 산 빛을 거두는데
한 구역의 그을음과 야화는 태평의 자취이네.

槐柳陰中牛掩門
積雨初收山色淨
一區煙燹太平痕
〈右甕村新煙〉

현실의 소용돌이

세종이 한 사람을 섬기고 부모에게 효도하라는 뜻에서 안평대군에게 지어준 비해匪懈라는 당호는 이미 당대에 정치적 소용돌이에 휘둘리면서 상황이 바뀌고 말았다. 일방적으로 어느 한 편을 지지하기는 어렵지만, 계유년癸酉年(1453)의 정변은 비해당과 담담정을 중심으로 한 문화공간을 무너뜨리고 말았다.

혜빈惠嬪이 밀계密啓하기를,
"이용李瑢이 사직社稷을 위태롭게 하기를 꾀하여 여러 무뢰배를 모으고, 이현로李賢老의 말을 듣고서 무계정사武溪精舍를 방룡소흥旁龍所興의 땅에 지었으니, 마땅히 미리 막아야 합니다."
하였다. 성녕대군誠寧大君의 종 김보명金寶明이 풍수의 설說을 거짓으로 꾸며서 용瑢을 유혹하여 이르기를,
"보현봉普賢峯 아래에 집을 지으면, 이것은 『비기秘記』에 이른바, '명당明堂이 장손長孫에 이롭고 만대萬代에 왕이 일어난다.'는 땅입니다."
하였으므로, 용瑢이 무계정사武溪精舍를 짓고서 핑계하여 말하기를,
"나는 산수를 좋아하고 홍진紅塵을 좋아하지 아니한다."
하였다. 뒤에 김보명金寶明이 죽자, 용瑢의 계집종 약비若非가 자성왕비慈聖王妃에게 아뢰기를,

"잘 죽었다. 살았으면 매우 큰 죄를 지었을 것이다."

하였다. 백악산白岳山이 뒤에 왕이 일어날 땅이라 하고 장손長孫에 이롭다고 일컬었는데, 여러 사람들의 듣는 것을 속이었지만 실은 의춘군宜春君을 가리킨 것이었다. 용瑢이 널리 조사朝士와 결탁하려고 '시가詩家'라고 칭탁하니, 이현로李賢老·이승윤李承胤·이개李塏·박팽년朴彭年·성삼문成三問 등이 교결交結하여 마음으로 굳게 맹세하고 '문하門下'라고 칭하고, 모두 도서圖書의 헌호軒號를 지어서 서로 한때의 문사임을 자랑하였으나, 모두 농락籠絡당한 것이었다. 이현로 등이 용瑢을 칭하여 '사백詞伯'이라 하고, 또 '동평東平'이라고도 칭하였다. 김종서金宗瑞가 매양 용瑢에게 글을 보낼 때 '맹말盟末'·'맹로盟老'라고 자칭하고 동료로써 대하니, 용瑢의 거짓된 명예가 이미 넘쳐서 임금의 자리(神器)를 엿보게 되었다. 이에 권세 있고 부유한 것을 가지고 사람을 멸시함이 아주 많았고, 참람僭濫한 물건을 많이 만들어 착용하였으며, 계契의 모임에서 시문을 지어서 등급을 매기고, 큰 인장印章을 만들어 찍었다. 일이 많이 이와 같았고, 또 마음대로 역마驛馬를 사용하기에 이르러, 한때 용瑢에게 아첨하는 자들이 용瑢에게 글을 보내는데 한결같이 계서啓書와 같이 하여, '용비龍飛'·'봉상鳳翔'·'번린攀鱗'·'부익附翼'·'계운啓運'·'개치開治' 등과 같은 용어를 쓰고도 의혹하지 않았으며, 혹은 신이라 칭하는 자도 있었다. 정난靖難한 뒤에 많이 얼굴을 바꾸고 꼬리를 흔들었으나, 세조는 모두 묻지 않았다.[11]

그리고 성현成俔(1439~1504)이 『용재총화』에 기록한 다음과 같은 내용은 새삼 반추할 만하다.

비해당匪懈堂 안평대군安平大君은 왕자로서 학문을 좋아하고 시문을 잘하였으며, 서법이 기절奇絶하여 천하제일이었다. 또 그림 그리기와 거문고 타는 재주도 훌륭하였다. 성격이 부탄浮誕하여 옛것을 좋아하고 경승景勝을 즐겨 북문北門 밖에다 무이정사武夷精舍를 지었으며, 또 남호南湖에 임하여 담담정淡淡亭을 지어 만 권의 책을 모아두었다. 문사文士를 불러 모아 12경시景詩를 지었으며, 또 48영詠을 지어 혹은 등불 밑에서 이야기 하고 혹은 달밤에 배를 띄웠으며, 혹은 연구聯句를 짓고 혹은 바둑 장기를 두고 풍류가 끊이지 않았으며, 항상 술 마시고 놀았다. 당시의 이름 있는 선비로서 교분을 맺지 않은 이가 없었고, 무뢰하고 잡업雜業을 하는 이도 많이 모여들었다. 바둑판과 바둑알은 모두 옥玉으로 만들었고, 또 금니金泥를 글자에 입히고 사람에게 명주와 생초를 짜게 하여, 곧 붓 가는 대로 글씨를 쓰다가 진초眞草와 난행亂行을 구하는 사람이 있으면 모두 내주는 일이 많았다. 나의 중씨仲氏인 성간成侃이 유명하다는 소문을 듣고 사람을 시켜 부르므로, 중씨가 가서 뵙고는 정자 가운데 있는 여러 시에 화답하니 시구가 뛰어나고 절묘하여 안평대군安平大君은 드디어 공경히 대접해 보내면서 뒷날 다시 만나기를 기약하였다. 그런데 대부인께서 중씨에게 일러 말하기를, "왕자의 도道는 문을 닫아 손을 멀리하고 근신하는 길밖에 없는 것인데, 어찌 사람을 모아 벗을 삼느냐. 패할 것이 뻔하니 너는 같이 사귀지 말아라." 하시므로, 그 뒤에 재삼 불렀으나 끝내 가지 않았더니, 얼마 안 가서 패사敗死하였다. 온 집안은 모두 대부인의 문장과 감식鑑識에 탄복하였다.[12]

성현은 중형인 성간成侃(1427~1456)의 사례를 들어 안평대군의 성격과 처신에 문제가 있었음을 지적하고 있다. 이미 성현이 안평대군과는 다른 길을 걷고 있는 사람들의 시대에 속하고 있었기 때문에 안평대군의 평가에 자유롭지 못했던 점은 인정할 수 있지만, 특히 왕자의 도리에 대한 경계는 새삼 경청할 수 있는 부분이기도 하다. 사람을 사귀는 데에 조심하지 않은 부분, 사치스러운 생활 등은 일반 사람들도 늘 신경을 써야 할 내용인 것이다.

그런데 성간은 그의 문집인 『진일유고眞逸遺稿』에 〈담담정사수淡淡亭四首〉, 〈담담정사시淡淡亭四時〉, 〈마포야우탄麻浦夜雨歎〉 등의 작품을 남기고 있어서 담담정에서 안평대군과 풍류를 즐긴 것으로 확인할 수 있거니와, 일찍 세상을 떠나는 바람에 성현이 속한 시대와는 차별성을 드러낼 수 있게 되었던 것으로 보인다.

그리고 다음의 기록에서 확인할 수 있는 바와 같이 뒷날 안평대군의 집터는 효령대군에게 소속되고, 담담정은 금릉군부인金陵君夫人에게 넘어갔다가[13] 신숙주의 소유로 되었던 것으로 보인다.

효령대군孝寧大君의 집은 인왕산仁王山 기슭, 넓은 골짜기 깊숙한 곳에 있으니 바로 비해당匪懈堂의 옛 집터이다. 시내가 흐르고 바위가 있는 경치 좋은 곳이 있어서 여름철에 노닐고 구경할 만하고, 다리가 있는데 기린교麒麟橋라 한다.[14]

주)

1 김남이, 『집현전 학사의 삶과 문학 세계』(태학사, 2004) 참조.

2 『세종실록』 92권, 23년(1441) 1월 10일(무신).

3 『시경(詩經)』 「대아(大雅)」 〈증민(蒸民)〉, 장재(張載), 〈서명(西銘)〉.

4 古之君子, 其居必于廣, 而其宅必于安, 期處于高明博厚之地. 其安也歷萬古而不墮, 其廣也極天下以無外, 固不待於上棟下宇之制也. 而必寓諸居室, 以自警省焉, 晦菴之敬齋, 西山之思誠, 是已. 正統壬戌夏六月有日, 安平大君入侍宸闥, 上從容問曰, 某之堂名云何. 安平對以無. 上誦蒸民之詩, 且及西銘曰, 宜扁以匪懈. 安平拜手稽首, 且喜且驚, 遂徵言於禁垣諸儒, 以演其旨. 是蓋欲侈上之賜而 缺 勉也. 僕竊聞而歎之曰, 大哉, 王言也. 其我國家子孫 缺 之謨訓也. 嘗觀乾之象曰, 天行健, 君子以, 自強不息. 夫天晝夜相代, 四時迭運, 動之爲雷霆風雨, 形之爲昆蟲草木, 缺 極矣, 而無一息之或停者, 何哉. 惟其誠而已. 人則不然,

缺 非上聖之資, 不能無作輟之患. 雖以顏氏之賢, 唯不違三月而已, 況其下者乎. 試卽居處而譬之, 聖人之道, 如門階堂室, 等級斬然, 固不可陵躐而進也, 亦不可畫焉而止也, 若無至誠不息之功, 則鮮有能入乎其室者也. 此吉甫所以首發匪懈之頌, 而橫渠又益之以存養之說, 則其言又切矣. 是誠聖門之極功, 而學道者之大方也. 今安平天資卓越, 好學樂善之心, 出於至誠, 造次必於儒雅, 其勤至矣. 聖上特以是命焉, 非唯勉之, 乃所以嘉之也. 愈加夙夜從事於斯, 以無負聖上之意, 則其行益與天同健, 其居益與天下同廣. 是堂也乃與國家同休於罔極矣, 聖上之命, 豈不永有光於後世乎. 僕文拙, 不能鋪張盛美, 以宣上意. 但記命名之歲月云.『朴先生遺稿』『한국문집총간』9, 475면.

5   〈수성궁몽유록〉이라 알려진 〈운영전(雲英傳)〉에서는 수성궁(壽聖宮)이 안평대군의 구택이라고 하고, 장안의 서쪽 인왕산 아래에 있으며 사직(社稷)이 남쪽에 있고 경복궁(景福宮)이 그 동쪽에 있다고 기술하고 있다.

6   어숙권,『패관잡기』.

7   「몽유도원도기문」, 안휘준·이병한,『안견과 몽유도원도』(예경, 1993), 164~167면.

8   김윤식,『황홀경의 사상』(홍성사, 1984), 18면.

9   『단종실록』3권, 즉위년(1452) 9월 19일(무신).

10   강희맹,『사숙재집』권1,『한국문집총간』12, 8면.

11   『단종실록』권6, 원년(계유, 1453) 5월 19일(을해).

12   성현,『용재총화』권2.

13   『단종실록』10권, 2년(1454) 2월 12일(계사).

14   유본예,『한경지략』

한강 가의 누정 공간과 잔치와 전별

한강 주변의 지세

한강漢江은 한양 도성 남쪽을 흐르는 강인데, 옛날에는 한산하漢山河라 하였고, 신라 때에는 북독北瀆이라 하였으며, 고려 때에는 사평도沙平渡, 사리진沙里津이라고 하였다. 『동국여지승람』에서는 다음과 같이 기록하고 있다.

> 오대산에서 발원하여 충주 서북쪽에 이르러 달천과 합하고, 원주 서쪽에 이르러 안창수安昌水와 합하며, 양근 서쪽에 이르러 용진龍津과 합한다. 광주에 이르러 도미진度迷津이 되고, 광나루(廣津)가 되며, 삼전도三田渡가 되고, 두모포豆毛浦가 되며, 경성 남쪽에 이르러 한강 나루가 된다. 여기서 서쪽으로 흘러서 노량露梁이 되고, 용산강龍山江이 되며, 또 서쪽으로 가서 서강西江이 되고, 양화도楊花渡가 되며, 양천 북쪽에서 공암진孔巖津이 되고, 교하 서쪽에 이르러서 임진강과 합하며, 통진 북쪽에 이르러 조강祖江이 되어 바다로 들어간다.[1]

한강 중에서도 삼전도에서 양화진까지를 경강京江이라 하고, 마포, 서강, 양화진 일대를 서호西湖, 두모포 일대를 동호東湖, 용산강 일대를 남호南湖

또는 용호龍湖라고도 한다. 한강 주변에는 조선 초부터 풍광이 빼어난 곳에 누정樓亭을 세워서 외국 사신을 위한 잔치를 베풀기도 하고, 임금과 가까운 사람들을 위한 유식의 공간을 마련하기도 했다. 그리고 지방관이나 고향으로 돌아가는 사람들을 위하여 전별餞別의 자리를 마련하기도 하였다.

우선 성현의 『용재총화』에 기록된 내용부터 확인할 수 있다.

성 밖 3면에 **사대원**四大院이 있는데, 세조世祖가 재간 있는 중에게 명하여 이를 수축하게 하였다. 보제원普濟院은 동대문 밖에 있고, 3월 상사上巳와 9월 중양重陽에는 누樓 위에서 기로耆老와 재추宰樞들에게 연회를 베풀었다. 홍제원弘濟院은 사현沙峴 북쪽 교외에 있는데, 들 가운데 높은 언덕이 있고, 푸른 소나무가 그 위에 가득 찼으며, 위에 조그마한 정자가 있다. 중국 사신이 들어오는 날에는 이 정자에 머물러 옷을 갈아입었다. 그뒤 정자가 허물어지자 지금은 천사가 원院에서 쉰다. **제천정**濟川亭은 한강 북쪽 언덕 위에 있는데 경치가 뛰어났다. 유람하려는 중국 사신은 우선 이 누에 오르며 벼슬아치로서 객을 영송迎送하는 사람들이 나날이 모여든다. 사평원沙平院은 한강의 남사南沙 교외에 있는데 지세가 낮아 오직 날이 저물어서 강을 건너지 못하는 행인만이 자고 가는 곳이다. 양화도楊花渡 북쪽 언덕에는 **희우정**喜雨亭이 있는데, 효령대군孝寧大君의 집이었다가 나중에 월산대군月山大君의 소유로 되었다. 성종成宗이 해마다 농형農形을 살필 때와 세곡稅穀을 실어 나르는 배를 모아 수전水戰을 익힐 때면 친히 임행臨幸하였는데, **망원정**望遠亭이라 이름을 바꾸었다. 어제御製 시 몇 수가 있었는데, 문명文名 있는 조신에게 명하여 모두 차운次韻하게 하여 판板을 둘러 정자 위에 걸어두었는데, 대군大君이 죽은 뒤로는 성종成宗이 정자에 가지 않았으며, 제천정에 자주 행차했으나 정자가 좁은 까닭으로 개영改營하게 하였다. 어떤 중이 전천교箭串橋를 구축할 때 많은 돌을 채벌하여 대천을 건너는 다리를 만들었는데, 다리가 3백여 보를 넘고 안전하

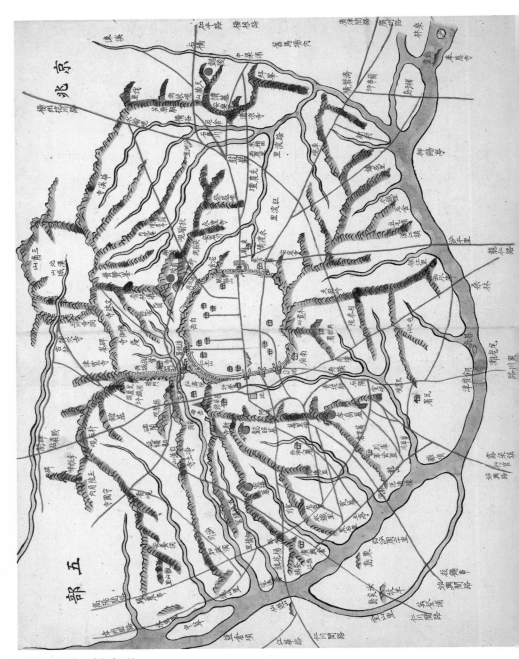

김정호의 〈동여도〉, '경조' 오부

기가 집 안에 있는 것과 같아서 행인이 평지를 밟는 것과 같았다. 그리하여 성종成宗이 그 중을 유능하다고 여겨 구축하도록 명하였다. 관력官力을 번거 롭게 하지 않으려고 미포米布를 많이 급여하였는데, 중은 낭비만 하고 수 년 이 되어도 성과가 없이 겨우 동우棟宇만을 세워 성종이 끝내 올라가 보지 못 하였으므로 백관百官이 슬퍼하였다. 그뒤에 천사天使 왕헌신王獻臣이 올 때 조 정에서는 수축을 마치고 단청을 가하였다. 그뒤에 전교箭郊에 큰 다리를 만들 어 제반교濟盤橋라 하고, 또 동대문 밖 왕심평往尋坪에 큰 다리를 구축하여 영 도교永渡橋라 하였는데, 어필御筆로 정하였다.[2]

이 글에는 사대원四大院과 몇 개의 정亭에 대한 설명이 있는데, 한강 주변 에는 위에서 설명한 한강 북쪽 언덕에 제천정濟川亭, 양화도 동쪽 언덕의 희 우정喜雨亭과 망원정望遠亭을 비롯하여 태종이 세운 낙천정樂天亭 세종이 세 운 화양정華陽亭, 양녕대군의 별장이었던 영복정榮福亭, 안평대군의 별장이 었던 마포의 담담정淡淡亭, 두모포 북쪽 언덕에 연산군이 지은 황화정皇華亭, 이사준李思準이 한강 언덕에 세운 침류당枕流堂, 한명회가 두모포 남쪽 언덕 에 세운 압구정押鷗亭 등의 정자가 있었다.

희우정喜雨亭과 망원정望遠亭

희우정은 서호에 있던 효령대군孝寧大君의 별장으로, 세종 30년(1448) 봄에 세종이 형님인 효령대군에게 희우정이라는 이름을 내려준 것이다. 변계량 卞季良(1369~1430)이 쓴 「희우정기喜雨亭記」에서 그 자세한 경위를 알 수 있다.

세상 사람들이 용산龍山 입석리立石里에 산수山水의 즐거움이 있다고 말하는데, 한양과의 거리가 겨우 몇 리밖에 되지 않는다. 효령군孝寧君이 옛날 그곳에 별장을 두었는데, 그 뒤에 마치 용이 서려 있는 것처럼 굽이쳐 솟은 언덕에 정자를 지어 휴식의 장소로 삼았다.

효령군이 계량에게 말하기를, "주상전하께서 일찍이 농사의 상황을 살피고자 밖에 나오셨다가 이 정자에 들르시어 나에게 주식酒食과 안장지운 말을 하사하였다. 그때는 한창 곡식을 파종할 때인데 비가 흡족하지 않았다. 술이 웬만큼 취했을 때 느닷없이 비가 오기 시작하여 온종일 내리자 희우정이라는 정자의 이름을 하사하였다. 내가 감격스러운 마음을 금치 못하여 우리 성상聖上께서 하사하신 것을 빛내고자 이미 부제학副提學 신장申檣으로 하여금 '희우정喜雨亭' 세 글자를 크게 쓰게 하여 벽에다 붙여 놓았으니, 그대는 글을 지어 사실을 기록해 주었으면 한다." 하였다. 이에 어느 날 효령군을 따라가 그 정자에 올라가 보았는데, 규모가 거창하지도 않고 초라하지도 않았다. 정자 뒤에는 화악華嶽이 굽어보고 앞에는 한강漢江이 흐르며, 서남쪽에는 아득히 가물거리는 푸른 산들이 구름과 안개 저편으로 모습을 드러냈다가 사라지곤 하였다. 굽어보면 물고기를 하나하나 셀 수 있고 돛단배와 물새들이 자리 아래에서 오가는가 하면 울창하고 짙푸른 천여 그루의 소나무가 술상에 어른거렸다. 관현악管絃樂이 울려 퍼지는데 청풍淸風이 솔솔 불자 날개를 달고 창공을 오른 것처럼 황홀하고 바람을 타고 봉래산蓬萊山에서 노니는 것처럼 시원스러워, 사람으로 하여금 눈이 휘둥그레지고 모발이 서게 하였으므로 한참 동안 생각에 잠겨 말하는 것도 잊고 있다가 돌아왔다.

일찍이 생각해 보니, 사람과 천지天地는 본래 일체一體이기 때문에 '사람이 중화中和의 도리를 미루어 극진히 하면 천지가 제자리를 찾아 안정되고 만물이 제각기 잘 생육된다.'고 말한 것이다. 그러므로 미미한 말 한 마디나 생각 하나에 이르기까지 하늘과 사람이 서로 감응感應하는 것이 환하여 속일 수 없는 것이다. 그러나 큰 덕도 있고 작은 덕도 있는가 하면 높은 지위도 있고 낮은 지위도 있는 만큼, 하늘과 사람이 서로 감응했을 때 그 효과도 여러 가지로 다르기 마련이므로, 감응의 묘리를 다할 수 있는 것은 제왕帝王의 책임을 진 사람이나 성인聖人만이 할 수 있는 일이다.

삼가 생각건대, 주상전하는 세상에 드문 하늘에서 타고난 자질로 성인의 학문을 닦아 중화의 덕을 이룩하여 천지가 제자리를 찾아 안정되고 만물이 제각기 생성되었으므로 그 위대한 효과를 무어라고 이름붙일 수 없으니, 오늘날의 일은 하나의 단서만 나타난 것이라고 하겠다. 대체로 우리 전하의 마음 속에 백성을 걱정하는 마음이 깊이 쌓였으므로 어느 날 교외로 나가 농사의 상황을 살필 적에 비를 바라는 측은한 마음을 금할 수 없었는데, 얼마 안 되어 하늘이 감응한 것은 이로 인한 것이 아니겠는가. 전하의 깊고 두터운 은택이 이 비와 다름없이 두루 퍼져 천지

희우정 현판

의 사이에 충만함으로써 걱정하던 사람은 기뻐하고 병든 사람도 나을 터인

희우정 전경, 반대편에 망원정 현판이 있다

데, 풀 한 포기 나무 한 그루라도 번식의 본성本性을 이루지 않을 수 있겠는가. 비가 내리는 것을 기뻐하여 이 정자의 이름을 지었으니, 이는 하늘이 준 것에 감사하여 잊지 않으시려는 것이다.

아, 진한秦漢 이후로 중화를 이룩하지 못한 제왕이 많아 만물이 시달리고 천지가 삭막하였으므로 애처롭기만 하였다. 그러니 금세에 태어나 전하의 은택을 입은 자라면 하찮은 금수나 초목이라도 어찌 영광스럽고 다행스럽지 않겠는가. 더구나 청포青袍나 자포紫袍를 걸치고 조정에 나아가 전하의 특별한 은총을 입은 사람이야 말할 나위가 있겠는가. 정말 이는 천재일시千載一時로서 쉽게 만날 수 없는 좋은 기회이다. 효령군은 왕실王室의 의친懿親이므로 그 숭고함과 부귀를 비할 데가 없는데다가 전하의 깊은 사랑까지 받고 있으니 말할 것이 있겠는가. 더구나 전하께서 천승千乘의 지존至尊으로 이 정자에서 한결같이 세자 시절처럼 효령군과 조용히 술잔을 나누었으니, 효령군의 그 영광이야말로 필설筆舌로 형용하기 어렵다. 이는 우리 전하의 천성적인 우애의 덕이 지성에서 우러나온 것으로 자신이 억조 창생의 임금이라는 것을 잊은 것이니, 아, 지극하도다. 효령군은 겸손하고 온후한데다가 부귀에 처신處身을 잘하여 교만한 기가 없으니, 종실宗室의 모범이 되고 왕가王家의 울타리가 되어 이처럼 지극한 전하의 사랑을 받을 만도 하다.

그런데 이 경내의 명승지는 천지가 생길 적부터 있었을 터인데, 어인 일로 유구한 세월 속에 숨겨져 있다가 오늘날 발견되었단 말인가? 아마도 효령군이 비록 명예와 부귀 속에 살아도 속세를 벗어난 유연悠然한 생각이 산악山嶽과 강호江湖의 사이에 왕래하지 않은 적이 없었기 때문에 하늘과 땅의 신神이 이것을 누리게 하여 위로한 것이 아닌가 싶다.

그 산천의 아름다운 풍경이나 조석과 사시로 변화하는 경관에 대해, 내 비록 병이 들었지만 후일에 다시 효령군을 따라가 이 정자에서 한가로이 노닐면서 효령군을 위해 시를 짓기로 하고, 우선 거친 글을 지어 나를 비루하게 여기지 않은 효령군의 은혜에 보답하기로 한다. 다만 성상聖上께서 이 정자를 명명하신 뜻을 제대로 밝히지 못하였으니, 마치 표주박으로 하해河海를 헤아리고 붓끝으로 천지를 그리는 것에 벗어나지 않을 것이다. 그러나 이 희우정기로 인하여 나의 성명을 써 넣게 되었으니, 어찌 나의 영광이 아니겠는가. 반딧불 같은 하찮은 것이 일월을 의지해 오래도록 존재하고 초목 같은 미미한 것이 천지에 의존하여 불후不朽한 것처럼 스스로 다행스럽게 여기며 흔쾌히 희우정기를 쓰고 또 다음과 같이 노래를 지었다.

저 곳에 우뚝 선 새 정자	翼彼新亭
봉황처럼 날아갈 듯하구나	如鳳斯騫
어떤 사람이 지었는가	誰其作之
어지신 효령군이라네	君侯之賢
왕께서 서교로 나가신 것은	王出西郊
유흥도 아니고 사냥도 아니었지	匪游匪畋
백성들이 오곡을 파종하면서	民方播種
들판에서 가뭄을 걱정하였네	憂旱于田
왕께서 정자에 계시는데	王在于亭
그때 마침 비가 흠뻑 내렸었네	時雨霈然
왕께서 효령군과 연회를 여니	王宴君侯
북소리 둥둥둥 울리었네	其鼓淵淵
정자의 이름을 지어주시니	錫之亭名
그 영광 전에는 없었다네	榮耀無前
효령군이 머리를 조아리며	君侯稽首
성상의 덕을 하늘처럼 떠받들고	聖德如天
효령군이 머리를 조아리며	君侯稽首
임금님 만수무강하시길 빌었다네	我后萬年

문인의 손을 빌려서	思託文人
오래도록 전하려고 하였네	以永厥傳
신이 절하고 글을 엮어	臣拜撰辭
선비들 앞장서서 주도하였네	爲多士先
저 곳에 화악산을 바라보니	瞻彼華峯
석벽에 이 글을 새길 만하였네	維石可鐫
거기에 이 칭송의 글을 새기니	刊此頌章
천만년토록 뚜렷이 전해지리[3]	千古昭宣

희우정과 관련한 시문으로는, 이직李稷(1362~1431)의 〈차희우정시운〉을 비롯하여, 양성지楊誠之(1415~1482)의 〈호행희우정응제扈幸喜雨亭應制〉, 신숙주 申叔舟(1417~1475)의 〈성수찬삼문 임강완월도시서成修撰三問 臨江翫月圖詩序〉, 서 거정(1420~1488)의 〈희우정야연도喜雨亭夜宴圖에 대한 시. 제공諸公의 운에 차 하다〉 등이 있다.

망원정望遠亭은 효령대군의 희우정 터인데, 뒷날 성종成宗 임금이 형님인 월산대군月山大君에게 하사하였고, 월산대군이 '희우'에서 '망원望遠'으로 이 름을 바꾼 것이다.

성종 15년(갑진, 1484) 10월 15일 기사에 다음과 같은 내용이 실려 있다.

월산대군月山大君 이정李婷이 글을 올리기를,

"효령대군孝寧大君이 희우정喜雨亭을 신에게 주었는데, 신이 인해 고쳐 짓고 이름을 망원정望遠亭이라 하고서 여러 번 어제御製를 청하였으나, 윤허를 얻 지 못하였습니다. 옛 제왕帝王이 혹은 시詩, 혹은 부賦, 혹은 기記, 혹은 서書 를 후세에 전하는 것이 또한 많습니다. 신이 어제를 감히 청하는 것은 여리閭 里에 자랑해 보이려는 것이 아니라 후세에 전하고자 하는 것입니다."

하였는데, 임금이 글을 승정원에 보이고 물으니, 도승지都承旨 김종직金宗直
등이 아뢰기를,

"이는 지친至親 사이의 일이니, 비록 어제御製를 내릴지라도 무엇이 방해롭겠
습니까?"

하자, 임금이 망원정시望遠亭詩와 아울러 서序를 지어 내렸다.[4]

임금이 내린 어제시는 8수인데, 그중 한 수는 다음과 같다.

푸른 숲 사이에 화려한 정자 있으니	華亭翠靄間
그림으로 경치를 구경하는 것 같구나	雲物畫圖看
비취빛은 봄 물가에 흐르고	翡翠流春渚
연꽃은 눈 산봉우릴 깎아 놓은 듯	芙蓉削雪巒

한 털끝도 물상은 밝게 드러나고   一毫明物象

온갖 경치는 유람이 극에 달하네   萬景極遊觀

하늘이 근심 없는 지경 빌려 주어   天借無憂域

끝내 한 낚싯대를 드리웠구려[5]   終垂一釣竿

그리고 망원정을 읊은 시문은 서거정의 〈차망원정운次望遠亭韻〉을 비롯하여, 김종직金宗直(1431~1492), 홍귀달洪貴達(1438~1504), 성현成俔(1439~1504), 김흔金訢(1448~?), 이식李湜(1458~1487), 홍언필洪彦弼(1476~1549), 김안국金安國(1478~1543) 등의 작품이 전하고 있다.

그런데 널리 알려진 월산대군의 다음 시조가 이곳에서 지내면서 지은 것으로 추정할 수 있다.

秋江추강에 밤이 드니 물결이 츠노미라

낙시 드리치니 고기 아니 무노미라

無心무심흔 달빗만 싯고 뷘 빈 저어 오노미라.

한편 월산대군은 안국방 집 서쪽 동산에 풍월정風月亭이라는 정자를 지었는데, 성종이 친히 왕림하여 '풍월風月'이란 두 글자를 하사하여 현판으로 하게 하고, 여섯 수의 시를 지어서 문신들이 화답하게 하였다.

낙천정樂天亭

낙천정은 살곶이(箭串)에 있던 정자로, 태종이 세종에게 왕위를 물려 준 뒤에 동교 높은 곳에 이궁離宮을 세우고 정자를 낙천정樂天亭이라 했다. 변계량의 「낙천정기樂天亭記」에서 자세한 사정을 알 수 있다.

낙천정은 우리 상왕전하上王殿下께서 가끔 노닐던 장소이다. 전하께서 재위在
位한 지 19년째 되던 가을 8월에 우리 주상전하主上殿下에게 왕위를 이양하
고 농사가 한가한 때를 틈타 동교東郊로 나가 노닐었는데, 언덕 하나가 둥그
렇게 높이 솟아 마치 엎어 놓은 솥처럼 생겼으므로 대산臺山이라고 이름지었
다. 그 위에 올라가 사방을 돌아보면, 큰 강물과 못들이 서로 뒤섞여 굽이쳐
흐르는가 하면 연달은 산봉우리와 첩첩 쌓인 절벽이 번갈아 나타나며 대산
을 향해 모여들어 그 형세가 마치 뭇 별들이 북극성을 에워싸는 것 같으니,
이는 정말 하늘이 조성한 명승지라
고 하겠다.

전하께서 대산의 동북쪽에다 이궁

낙천정 현판

낙천정

離宮을 건축하여 비바람을 피할 수 있도록 하고, 대산의 위에 정자를 지어 좌의정左議政 박은朴블에게 정자의 이름을 지으라고 명하였다. 박은이 『주역周易』의 계사繫辭 중에서 '낙천樂天' 두 글자를 취하여 올렸는데, 이는 전하께서 실행한 사실을 총괄하여 정자의 이름에다 그 의의를 붙인 것이고, 또 오늘의 즐거움을 기록한 것이었다.

이에 신 계량에게 글을 지어 기록하라고 명하였다. 계량이 삼가 생각건대, 천天이라는 것은 이치일 뿐이고, 낙樂이라는 것은 애쓰는 바가 없이 자연히 이치에 합치되는 것을 말한다. 대체로 무극無極의 진眞과 음양오행陰陽五行의 정精이 합하여 응결되면 사람이 태어나는데, 이때 사람에게 부여되는 천리天理는 모두 다 똑같다. 그러나 범인凡人이 태어날 때에는 기질이 잡되고 물욕이 가리므로 비록 노력을 기울여 천리를 따르고 싶어도 되지 않는데, 더구나 자연히 천리와 합치되기를 기대할 수 있겠는가.

삼가 생각건대, 전하께서는 하늘이 낸 자질로 만물에 우뚝 뛰어나 몸이 깨끗하고 밝아 항상 덕성대로 하고 있으므로 그 실행하는 바가 천리의 유행이 아닌 것이 없다. 전하께서는 일찍이 잠저潛邸에 계실 적에 신의모후神懿母后의 상을 당하고 애통해하여 인간 만사를 버리고 제릉齊陵의 곁에서 여묘살이를 하였고, 고려高麗 말엽에 임금이 어리석고 정승이 잔인하여 우리 태조太祖를 제거하려는 음모가 매우 다급하자, 의병을 일으켜 나라를 세워 태조를 천승千乘의 지존至尊으로 추대하였다. 무인년(1398, 태조 7)에는 권신權臣이 우리 태조께서 병이 난 틈을 타 어린 왕자를 끼고 난을 조성하려고 하자 사전에 이를 알아 섬멸하였으니 이는 종사宗社를 안정시킨 것이고, 여론이 전하를 추대하여 왕으로 모시려고 하였으나 상왕에게 사양하였으니 이는 적장자嫡長子를 존중한 것이었다.

전하께서 왕위에 오른 뒤로 항상 태조를 조석으로 모시지 못하는 것을 한스러워하여 병술년(1406, 태종 6)에 왕위를 이양하고 태조를 모시려는 뜻을 이루

려고 하자, 신하들이 불가하
다고 만류하였고 태조께서도
극력 저지하였다. 그 뒤 3년
이 지나 무자년(1408, 태종 8)
에 이르러 태조께서 승하하
시자, 애통함을 금치 못하고
예를 갖추어 거상居喪하였다.
태조의 신주神主를 종묘宗廟
에 모실 때 한창 장마가 져
비가 쏟아졌는데, 전하께서
걱정하시자 신주를 모시는

낙천정 터 표지석

저녁 때에 이르러 천지가 맑게 개었다가 일을 끝마치고 3일이 지나자 비가 다
시 내리기 시작하였으니, 이는 하늘이 전하의 효성을 도와 준 것이다.

전하께서 상왕에게 사랑과 공경을 기울여 갈수록 더욱 독실하였으므로 청사
靑史에 기록되었으니, 이는 옛날에도 없었던 일이다. 회안대군懷安大君의 죄를
처벌하지 않고 용서하였으니, 이는 순舜 임금이 상象을 용서한 것을 따르고
주공周公이 관숙管叔과 채숙蔡叔을 처벌한 것을 본받지 않은 것이었다. 왕씨王
氏의 후손을 보존시켜 편안히 생업을 꾸리게 하였으니, 이는 천하 국가를 공
평하게 하는 천지 같은 국량으로서, 탕湯 임금이 하夏나라를 멸망시키고 기杞
나라를 보존시켜 하나라의 제사를 받들게 한 것이나 무왕武王이 은殷나라를
멸망시키고 송宋나라를 보존시켜 은나라의 제사를 받들게 한 것과 똑같은 의
의인 것이다. 대국大國을 예로 섬기자 두 번이나 고명誥命을 받을 때 천자께
서 매양 전하의 지성을 칭찬하였고, 소국小國을 인仁으로 어루만지자 50년 동
안이나 괴롭히던 왜구들이 이마를 조아리고 귀순하여 신하가 되기를 원하였
다. 궁중에 계실 적에는 화기애애하였고 제사를 지낼 때에는 엄숙하고 경건

하였다. 충직忠直한 사람을 등용하고 간사奸邪한 사람을 쫓아냈으며, 간하는 말을 따르고 배우기를 좋아하고 검소한 생활을 숭상하여 용도를 절약하였으며, 하늘의 경계를 조심하고 백성의 고통을 구제하는 등 신심身心에 내재해 있다가 모든 행사行事에 나타나는 것들이 순수하게 하나같이 이치에 따르고 억지로 힘써서 한 적이 없었으니, 이는 우리 전하의 천성이 그러하였다.

20년 간이나 사방이 태평하여 창고에 곡식이 가득하고 백성은 병화兵火를 겪지 않았으며 하늘에서 감로甘露가 내렸으니, 그 태평의 극치야말로 옛날에 드물었던 것이다. 선유先儒가 이른바 "천리를 따르면 자연히 불리할 게 없다."고 한 말이 정말 그렇지 않은가. 지난해 세자에게 왕위를 이양한 것은 춘추가 쇠약한 것도 아니고 병환으로 일을 처리하지 못할 정도도 아니고, 더더구나 사세에 제약을 받아 부득이 그런 것도 아니었다. 그래서 대소신료大小臣僚들이 며칠 동안 대궐 뜨락에 서서 통곡하였으나, 결국 전하의 뜻을 되돌리지 못하여 하루아침에 신발을 벗듯이 왕위를 이양하고 말았으니, 이는 고금의 제왕帝王 중에 없었던 일이었다. 지금 우리 주상전하께서는 총명하고 효성스럽고 우애하며 인자하고 근검한데다가 모든 일마다 여쭈어 물려준 중책을 계승함으로써 전하의 걱정을 덜어 드리니, 이것이 낙천정을 짓게 된 까닭이다.

신이 이 정자를 보건대, 훈훈한 봄바람이 불면 아름다운 초목이 앞다투어 꽃을 피워 홍색과 녹색이 어우러지고, 쇠를 녹일 듯한 더위가 오면 대지大地가 마치 불이 이글거리는 화로火爐와도 같지만 시원한 바람이 솔솔 불고, 강산에 가을빛이 물들면 거울 같은 호수와 비단 병풍 같은 산들이 좌우에서 아른거리고, 펑펑 쏟아지던 눈이 막 갤 때 정자에 기대어 멀리 바라보면 천리가 일색一色으로 변해 있다. 우리 전하께서 상왕을 모시고 이 정자에 올라 술상을 차려 놓고 말없이 서로 권하면 주상전하께서는 그 사이에서 심부름을 하는데, 형은 우애하고 아우는 공순하며 아버지는 사랑하고 아들은 효도하여 화기애애하니, 천하의 즐거움 중에 이보다 더한 것이 있겠는가.

대체로 우리 전하께서 즐거워하는 것은 천리天理이고 즐거워하지 않는 것은 천위天位이므로, 순舜 임금과 우禹 임금이 불여不與한 것과 그 궤도가 똑같다. 그렇지만 종사와 백성의 대계大計는 어찌 잠시라도 잊을 수 있겠는가. 하늘에서는 새들이 날고 연못에서는 물고기가 뛰노는 것은 도道의 광대한 유행이고, 산천山川은 인자仁者와 지자智者가 좋아하는 것이다. 위에서 하늘이 운행하는 것은 잠시도 멈추지 않는 기氣가 밝은 것이고, 아래에서 대지가 고요한 것은 후덕厚德의 상象이 드러난 것이다. 우리 전하께서 이 정자에 올라 우러러 보고 굽어볼 때 흔연欣然히 깨달아 스스로 그 즐거움을 즐기시는 것에 있어서는 어떻게 필설筆舌로 만분의 일이라도 묘사할 수 있겠는가. 신이 쓴 것은 전하께서 천리를 즐기신 것이 여러 일을 하는 가운데 실질적으로 드러난 것일 뿐이다. 무릇 여러 일을 하는 가운데 실질적으로 드러난 것은 신민臣民들이 다 같이 아는 것이니, 그렇다면 그것을 보고 순수한 천성天性에서 감동하고 흥기되어 각자가 어버이에게 효도하고 각자가 어른에게 공경하여 인륜人倫의 도리를 다하여 전하께서 즐거워하는 것을 즐거워하지 않을 수 없을 것이다. 그러면 우리 조선의 아름다운 풍속이 우虞나라나 주周나라처럼 되어 왕업王業이 저 산이나 강물과 더불어 끝없이 영구할 것이다. 아, 훌륭하도다.[6]

제천정濟川亭

제천정은 한강 북쪽 언덕에 있던 정자로 풍경이 빼어나고, 중국 사신이 오면 잔치를 베풀던 곳이며, 지방관을 전송하던 곳이기도 하였다. 용산구 한남동 805번지와 543번지 사이에 있었던 것으로 추정된다.

성종 7년(병신, 1476) 2월 26일 기사에 중국 사신이 제천정에 오르고 한강을 유람한 내용이 나온다.

제천정 터 표지석

두 사신使臣이 한강漢江에 나가 놀면서 제천정濟川亭에 오르니, 관반館伴인 노사신盧思愼·서거정徐居正과 무송부원군茂松府院君 윤자운尹子雲·영산부원군永山府院君 김수온金守溫·서하군西河君 임원준任元濬·지중추부사知中樞府事 성임成任·예조판서禮曹判書 이승소李承召가 각기 행례行禮하고 자리에 나아갔다. 도승지都承旨 유지柳輊와 우부승지右副承旨 임사홍任士洪이 선온宣醞을 가지고 가서 또한 들어가 행례行禮하고 연회宴會를 베풀었다. 두 사신使臣이 서거정徐居正에게 청하여 먼저 시詩를 짓도록 하고는 정사正使가 즉시 이에 화답和答하였고, 자리에 앉아 있던 사람들도 모두 화답和答하였다. 마침내 누각樓閣에서 내려와 배에 올라가서 물결을 따라 내려오는데, 정사正使는 강산江山의 좋은 경치에 끌려서 술잔에 술을 부어 마시는 사이에도 시詩를 지어 읊기를 그치지 않았다. 처음에 윤자운尹子雲이 비밀히 노래하는 기생妓生을 두 배에 나누어 싣고서 하류下流에 갖다 대고 있도록 했는데, 두 사신使臣의 주흥酒興이 한

참 일어나기를 기다려 문득 끌어 올리니, 두 사신이 처음에는 좋아하지 않는 듯했으나, 마침내 이를 허락하였다. 양화도楊花渡에 이르렀다가 또 잠두령蠶頭嶺에 올라서 술자리를 베푸니, 두 사신이 매우 즐거워하고, 양화도의 나루를 가리키면서 말하기를,

"이 땅은 바로 오중吳中의 경치景致와 같구나."[7]

제천정에 대한 시문을 남긴 사람은 변계량卞季良(1369~1430), 서거정, 김종직, 홍귀달, 성현, 정수강丁壽崗(1454~1527), 이현보李賢輔(1467~1555), 박상朴祥(1474~1530), 이행李荇(1478~1534), 신광한申光漢(1484~1555), 송인수宋麟壽(1487~1547), 김구金絿(1488~1534), 정사룡鄭士龍(1491~1570) 등이 있다.

한편 제천정은 지방관으로 나가는 관리들을 전별餞別하는 공간이기도 하였다. 이현보가 영원히 귀향하려 할 때에 도성의 관리들이 제천정에 나와서 전별하기도 하였다.

중종 37(1542)

7월 병을 들어 목욕을 청하여 윤허를 받다.

기망旣望에 고향 출신의 여러 사람들이 와서 모여 함께 회포를 풀다.

다음날 배사拜辭하고 도성을 나서 제천정濟川亭에서 술을 마시며 전별餞別하다. 〈제천정차전별제공 도저자도濟川亭次餞別諸公 到楮子島〉(권1)를 짓다.

두모포豆毛浦에 이르러 여러 사람들이 뒤쫓아 와 전별餞別하다.

배를 빌려 물결을 거슬러 오르다.

임금께서 호행리護行吏를 보내어 돌아가는 길을 편안히 하다.

삼전도三田渡에서 자다. 〈숙삼전도억재경자제宿三田渡憶在京子弟〉(권1)를 짓다.

저자도楮子島에 이르러 여러 사람들이 뒤쫓아 와 송별送別하다.

이틀을 묵고 여흥驪興에 이르러 고인故人을 만나 기쁨을 나누다.

흥원참興原站에서 자고 호행리護行吏를 돌려보내다. 〈숙흥원참 송호행리宿興原站 送護行吏〉(속집 권1)를 짓다.

안정安珽(1494~?)의 〈동호운東湖韻〉에 추가로 화답하다.[8]

이에 앞서 이현보가 42세인 중종 3년(1508) 9월에 외직을 청하여 경상도 영천군수에 제배되어 나갈 때, 이때 사귀던 여러 사람들이 한강 가의 제천정에서 전송하였는데 이희보, 신상, 김세필, 김안국, 소세량, 최숙생, 류운, 이자, 류인귀, 김영, 서후, 황효헌, 심의 등이 시를 지었고 이희보가 서문을 지었는데, 이 전별의 자리를 그림으로 그렸다.

〈제천정전별도〉, 이현보 후손가 소장

잠두봉蠶頭峰

잠두봉은 도성 밖 서쪽 10리 양화도의 동쪽 언덕에 있는 산으로, 시속에서는 가을두加乙頭라 부르고, 용두봉이라고도 하였다.

『동국여지승람』에 강희맹이 서술한 내용을 보면 위치와 형상을 짐작할수 있다.

서호는 도성에서 10리도 떨어지지 않았는데, 산이 푸르고 물이 푸르러 형승이 국내에서 제일 간다. 호수의 남쪽에 끊어진 언덕이 있는데, 형상이 큰 자라 머리 같으며 혹은 잠두蠶頭라고 이름한다. 언덕의 발뿌리가 호수 가운데 뾰족하게 바늘처럼 나왔는데, 형세가 또 높아서 호수 가운데의 승경을 모두볼 수 있다.[9]

김종직은 〈5월 초이튿날에 김맹성, 유호인, 조위, 신종호, 강중진 등과함께 양화도의 잠두봉에 놀다. 이날 비가 내릴 듯하다가 내리지 않았는데, 음산한 바람이 불었다.(五月初二日, 與金善源·俞克己·曺大虛·申次韶·康甥 遊楊花蚕頭峯. 是日, 欲雨不雨, 而有陰風)〉라는 시에서 잠두봉 놀이의 광경을 핍진하게 그려놓았다.

도성의 서쪽 십 리에 양화도를 당도하니	城西十里楊花渡
기심 있어 갈매기 못 친할까 염려되누나	却恐機心未狎鷗
비올 기미 보이다가 구름은 이내 멀개지고	雨意欲成雲淡淡
바람 소리 세차더니 물결 이내 잔잔해지네	風聲方緊水油油
봉우리에 서로 베고 있으니 낮닭이 울어대고	崗頭枕藉雞將午
시 속의 세월은 보리가 또 가을이로다	詩裏光陰麥又秋

한나절의 한가한 틈도 즐기기에 만족한데   半日偸閑猶足樂

더구나 일생을 푸른 물가에 붙였음에랴[10]   況持身世付滄洲

한편 이행李荇은 지정止亭 남곤南袞, 읍취헌挹翠軒 박은朴誾 등과 뱃놀이를 하면서 지은 시를 모아 〈제잠두록후題蠶頭錄後〉라고 하였다.

임술년이라 칠월 기망에   壬戌七月望之旣

두 벗이 날 불러 잠두에 노닐자네   兩君呼我遊蠶頭

잠두의 놀이 즐겁기 비길 데 없으니   蠶頭之遊樂難似

예전 어울릴 적엔 이런 풍류 없어라   夙昔相從無此流

고금의 기이한 일 절로 운수 있느니   古今奇事自有數

반가운 만남 또 벗들과 도모하도다   邂逅又與吾輩謀

소낙비 내린 강촌에 저녁 물이 불어   急雨江村生晚漲

큰 파도 하늘과 잇닿아 하늘이 뜨겠네   巨浸連天天欲浮

황혼 무렵 마포 나루에서 닻을 푸니   黃昏解纜麻浦口

질펀한 물살이 곧장 두우에 닿겠어라   浩浩直擬凌斗牛

뱃사공이 말하길 율도가 경치 좋아   舟人報道栗島好

십 리라 백사장이 맑고도 그윽하다네   白沙十里淸而幽

컴컴한 구름장 아래 물빛은 뻗치고   雲陰黯黲水光立

어둑한 빛 띠고 내 낀 나무 빽빽해라   暝色熹微煙木稠

은행정이 경치 빼어나다 들은 지 오래   勝絶久聞銀杏亭

지척에서 노 돌려도 난 이미 구경했지   咫尺返棹吾已媮

두건 벗고 옷 벗고 다리 뻗고 앉아서   脫巾解衣坐盤礴

술잔 들고 담소하매 서로 반가운 눈길   舉觴一笑靑兩眸

지정의 취묵은 하늘이 준 기이한 재주   止亭醉墨天與奇

한강 건너편에서 바라본 잠두봉. 현재는 절두산 성지로 알려져 있다

종이 가득 거침없는 필치 용이 서린 듯   滿紙夭矯纏龍虯

가야 길손은 기쁜 기운이 미간에 일어   伽倻喜氣發眉宇

지은 시구가 일일이 명구에 어울리도다   句語一一諧鳴球

묘한 글씨 맑은 시 둘 다 몹시 빼어나니   妙筆淸詩擅兩絶

조물주도 이렇게 묘사하긴 절로 힘들리라   造物亦自困彫鎪

아 나는 약한 힘으로 강한 벗 만났으니   嗟吾弱力値強伴

절름발이 자라가 어찌 천리마를 따르랴   跛鼈豈能追驊騮

술 취해 떠들 땐 내가 광태 가장 심해   高言放飮我最顚

흥이 무르익자 소동파 불러오고 싶어라   乘興欲喚蘇黃州

무창이라 적벽은 대체 어드메에 있느뇨   武昌赤壁在何許

당시의 풍류가 오늘과 비교해 어떠한가   風流得似今日不

전일에는 달이 떴고 오늘은 비가 오니   前日之月今日雨

하늘이 혹 이로써 좋은 놀이 나누려는지   天或以此分勝遊

둘을 겸할 수 없고 둘 다 싫지 않으니   兩不相兼兩不厭

지금이 못하지 않고 옛날이 낫지도 않네   今不爲少前不優

소동파가 넋이 있으면 외려 부끄러우리   黃州有魂還自愧

당시의 두 손님은 우리 벗들만 못하느니   當時二客非吾儔

호방한 적벽부만 천지 사이에 전해 오니   豪賦空傳天地間

옷깃 여미고 한 번 읽으매 병이 낫겠구나   斂襟一讀如病瘳

한밤에 스산하게 바람이 더욱 차운데   夜半蕭蕭風更寒

만경창파에 조각배 띄워 경치를 찾노니   一葦萬頃窮冥搜

사방에 인적이 끊어져 만뢰가 고요한데   四無人聲萬籟靜

괴이한 새 우는 품이 흡사 짝을 찾는 듯   怪鳥鳴喚如有求

상선이 와서 부딪치매 노하여 흘겨보니   商船相觸怒相眄

이 몸이 어찌 허주에 부끄럽지 않을쏘냐   此身豈不愧虛舟

楊花津
謙齋

정선의 〈양화진〉, 서울 개인 소장

몇 잔을 흔쾌히 들이켜고 함께 취하노니	數杯欣然便同醉
다시금 그대들과 뉘우침과 허물 버리고저	更欲與爾遺悔尤
달빛은 구름 틈새로 나오려 아니 하니	月光闔雲不肯放
틀림없이 내 맑은 흥 식을까 염려해서이리	定自恐我淸興休
술 한 말에 시 백 편은 내 어찌 가능하랴	斗酒百篇吾豈敢
시령은 엄하기가 영통사에서와 꼭 같구나	令嚴自與靈通侔
시낭은 바닥이 없고 동이는 비지 않으니	詩囊無底尊不空
이 밖에 나머지는 모두 의미가 없어라	此外餘事俱悠悠
밤이 새도록 괴로이 시 읊어 마지않으니	苦吟終夜不能已
강신이 날 보고 시름도 많다 비웃겠구나	江神笑我多窮愁
인생에 즐겁게 노는 건 현재가 중요하니	人生快意貴眼前
미천한 옷 입고도 왕후를 가벼이 보도다	短褐亦可輕王侯
권문은 분분히 겨우 하루 기염 토하지만	炙手紛紛一日炎
영웅은 만고토록 이름을 길이 남기는 법	英雄萬古名長留
하늘 우러러 크게 숨 쉬매 하늘이 넓거늘	仰天大噓天宇寬
무엇하러 잔달게 하루살이 인생 슬퍼하랴	何用屑屑悲蜉蝣
강 물고기 강 새가 나의 좋은 벗이 되고	江魚江鳥吾伴侶
좋은 산과 좋은 물이 나의 은거지로구나	好山好水吾菟裘
우리들 백 년 인생 아무리 오래 살지라도	吾人百年縱不死
어찌 다시 육십 년을 기다릴 수 있으리오	安能更待六十秋
서로 만나면 곧 취하고 취하면 시 읊어	相逢卽醉醉卽吟
맑은 시편 주노니 암중에 주는 건 아닐세[11]	贈以淸篇非暗投

이렇듯 잠두봉은 서호에서 가장 풍광이 좋은 곳으로 많은 사람들이 뱃놀이를 하면서 풍류를 즐기던 곳이었다. 잠두봉 유람을 시로 형상화한 사

람은 이식李湜, 박은朴誾, 신광한申光漢, 정사룡鄭士龍, 이황李滉(1501~1570) 등이 있다.

허강許橿(1520~1592)은 〈서호별곡〉에서 서빙고 부근에서 배를 타고 잠두봉 근처까지 한강 유람을 가사로 형상화하였는데, 잠두봉을 덜머리(加乙頭)라고 하였다. 그 일부를 들어보도록 한다.

제천濟川 주즙舟楫은 부암傅巖 은열殷說이오
완전宛轉 용담龍潭은 용문龍門 팔절八折이오
십리十里 평무平蕪는 낙양洛陽 천진天津이오
용산龍山 낙모대落帽臺는 맹가孟嘉 진적陣跡이오
박지撲地 여염閭閻은 등왕滕王 고군古郡이오
마포麻浦 아장牙檣은 기원淇園 녹죽綠竹이오
옹점瓮店 연화煙花는 우씨虞氏 하빈河濱이오
서강西江을 바라하니 임처사林處士 서호西湖오
덜머리 구버하니 소선蘇仙의 적벽赤壁이론 듯[12]

제천정에서 용담을 지나 십리 평평한 들판을 거쳐서 용산에는 여염집이 펼쳐진다고 하였다. 마포에는 돛을 단 배들이 늘어섰고, 옹기점에서는 연기가 피어오르며, 서강을 바라보면 서호에서 지냈던 임포가 떠오르고, 잠두봉을 굽어보면 소동파의 적벽부의 광경을 보는 듯하다고 하고 있다.

압구정押鷗亭

압구정은 상당부원군 한명회韓明澮가 광주목廣州牧인 두모포 남쪽 언덕에 지은 정자이다. 명나라에 가서 한림학사 예겸倪謙에게 청하여 이름과 기문을 받아오기도 하였다.

김수온이 지은 「압구정기狎鷗亭記」이다.

숭산嵩山 화산華山에 올라서 광활한 조망眺望을 구하는 자는 반드시 삼성參星 정성井星의 높이를 지나야 하고, 강하江河를 건너서 어조漁鳥를 구경하는 자는 반드시 주즙舟楫의 위험을 밟게 마련이다. 만약 높이 오르지도 않으며 위험을 밟지도 않는다면 시정市井과 지척이요, 도성과 멀지 않은 곳으로 강산의 승경을 겸비할 수 있는 땅이 있다면 이는 대개 하늘이 만들고 땅이 감추어 그 사람에게 물려주려는 것이니, 어찌 용이하게 얻을 수 있으랴.

왕도王都에서 남으로 5리쯤 가면 양화진楊花津의 북쪽과 마포麻浦의 서쪽에 언덕 하나가 우뚝 솟아 환히 트이고 강물로 빙 둘러 있어 세상에서 화도火島라 일컫는다. 이전에는 우양牛羊의 놀이터로 되어 위는 민둥민둥하고 아래는 황폐하여 어느 누구도 거기를 사랑하는 자가 없었는데 상당부원군上黨府院君 한공韓公이 그 위에다 정자를 짓고 노니는 땅으로 삼았다. 공이 이 정자에 오를 적에 흰 갈매기가 날아서 울고 지나가니 공은 말하기를, "이상하도다. 갈매기라는 새는 대개 천지와 강해江海로 집을 삼고 예나 지금이나 풍월로 생애를 삼아서 뜰 듯 잠길 듯하며 자기들끼리 서로 친근하여, 올 적에는 조수를 따라오고, 갈 적에는 조수를 따라가니 아무튼 천지간에 하나의 한가한 물건이다. 사람치고 기심機心을 잊어버린 것이 저 갈매기와 같은 자가 어디 있으랴." 하였다. 명나라에 사신으로 갔을 적에 한림翰林 예공倪公에게 정자 이름을 청하니 예공이 압구狎鷗로 하기를 청하자 공은 더욱 흔연히 허락하며, "내 정자의 이름으로는 가장 적당하다." 하고, 드디어 압구로 편액함과 동시에 나를 불러서 기를 짓게 할 작정이었다.

나는 보니 이 정자의 승경勝景이 한강 하나에 있다. 정자를 경유하여 내려갈

수록 물이 더욱 크고 넓어서 넘실넘실 굽이치며, 바다로 연하고 해상에 널려 있는 모든 도서島嶼가 멀고, 아득한 사이에서 숨었다 나타났다 나왔다 사라졌다 하여 간혹 상선商船들이 꼬리를 물고 노를 저으며 오락가락하는 것이 얼마인지 알 수 없고, 북으로 바라보면 세 봉우리가 중중첩첩으로 솟아나서 새파란 빛을 더위잡을

압구정 터 표지석

만큼 울울창창하여 궁궐을 옹위하고 있으며, 무르익은 빛이 뚝뚝 떨어지려는 듯하고 푸른 빛깔이 젖을 듯하며 말이 뛰어 내닫는 듯한 것은 남쪽을 끼고 있는 관악산冠岳山이요, 놀랜 파도는 우레를 울리고 솟는 물결은 해를 적실 듯하여 콸콸 쏟아져 바다로 닫는 것은 동에서 오는 한강이요, 무릇 산빛과 물빛이 가까이는 구경할 만하고 멀리는 더위잡을 듯하며, 이의二儀(천지)의 높고 깊음과 삼광三光(일日·월月·성星)의 서로 가름하여 밝은 것과 귀신의 으슥한 것과 음양陰陽·풍우風雨의 어둡고 밝음의 변화하는 것이 모두 궤석几席 아래 노출되지 않은 것이 없다. 공은 휴가를 얻으면 구경을 나와서 종자(騶從)들을 물리치고 이 정자에 올라 머뭇거리고 서성대며 내리보고 쳐다보며 바야흐로 강산을 의복으로 하고 천지를 문호門戶로 삼아 정신을 발양하며 물상物象에 흥취를 부칠 적에는 시원한 맛이 마치 바람을 타고 공중에 노니는 것 같으며, 활발한 생각이 날개가 돋혀서 봉래蓬萊·방장方丈을 오르는 듯하니, 그 고상한 정회는 바로 세상을 벗어나 홀로 서서 홍몽 세계 밖에 뛰어나 언어로 형용할 수 없는 무엇이 있을 것이다.

정선의 〈압구정〉, 간송미술관 소장

공은 본시 세상을 경륜經綸하는 데 뜻이 있으니 강산을 구경하는 것은 들에서 계획하는데 밑천이 적당할 뿐이므로 아무리 자주 나가 노닐지만 사람들이 놀음에 빠졌다 아니하고, 공은 본시 도체道體에 마음을 두어 그 솔개가 날고 고기가 뛰는 것을 관찰하는 것은 단지 도道를 묵계默契하는 자료에 적당할 뿐이므로 아무리 행차를 간단하게 해도 사람들이 인색하다 아니한다. 옛날 사안謝安은 동산東山에 오르려면 반드시 기녀들을 불렀으니 이는 그저 소일거리에 불과할 따름이요, 하지장賀知章은 경호鏡湖를 하사받아서 낭만으로 자처하였으니 이는 세상과 인연을 끊은 청광淸狂에 그칠 따름이다. 이는 모두 천년 전의 한 이야깃거리는 될지언정 어찌 공과 더불어 같이 따질 수 있으랴. 예로부터 나라가 일어나려면 반드시 놀라운 재주와 큰 덕을 지닌 사람이 그 사이에 나서 처음에는 유악帷幄에서 보좌하여 승부勝負를 결단하고, 나중에는 묘당廟堂에 앉아서 교화와 육성育成을 도와서 큰 공을 이루고 명예를 누리며 국가의 주석柱石이 되고 사직의 안위가 매이나니, 이를테면 한漢나라 소찬후蕭鄼侯(소하蕭何)나 송宋나라 조한왕趙韓王(조보趙普) 같은 이가 바로 그런 사람이다. 오직 공은 한 나라의 총재冢宰가 되고 두 번째 국구國舅가 되어 거듭 해바퀴(日轂)를 붙잡았으니 거룩한 그 공명과 그 덕업德業은 고금에 짝이 드물어 장차 이윤伊尹·부열傅說·주공周公·소공召公을 기약하며 한漢·송宋의 신하 쯤은 미치지 못할 바가 있을 것이다. 지위가 인신人臣으로서 극진한 자리에 있으되 마음을 더욱 나직하게 갖고, 공은 인주人主를 진동할 만하되 덕은 더욱 겸손하며, 오직 그 세력을 잊을 뿐만 아니라 그 부귀까지 잊어버리고, 오직 그 부귀를 잊을 뿐만 아니라 그 뜻은 항상 강호江湖나 산림山林의 궁벽한 데에 있으니, 나는 이 때문에 말하기를, "태산이 높고 높아 하늘에 솟은 것은 바로 공의 거룩한 공명과 덕업이요, 만경창파에 흰 갈매기가 떠 다니는 것은, 바로 공의 강호江湖 밖에서 모든 일을 잊어버린 것이요, 오직 능히 훈공勳功과 녹위祿位로 밑 마음을 더럽히지 않는 것은, 이야말로 능히 국가를 안보하고 백성을 무궁한 장래까지 안정시키려는 것이 아니냐." 하였다.[13]

한강 주변의 경관 복원

현재 한강 주변은 큰 도로가 뚫리고 강줄기는 곧게 뻗어졌다. 재빠르게 이동하기에는 편리하게 되었지만, 당시에 유람을 하고 풍류를 즐기던 일을 회복하는 일은 쉽지 않아 보인다. 경관을 회복할 수 있는 방안은 무엇일까? 최근 한강 주변 도로를 지하화한다는 보도가 들리는 것을 보면 한강 주변의 경관을 복원하겠다는 의지가 새롭게 일어나고 있는지도 모르겠다.

주)

1 『신증동국여지승람』 권3, 한성부.

2 성현, 『용재총화』 권9.

3 변계량, 『춘정집』 권5.

4 『성종실록』 권171, 15년(1484) 10월 15일(기사).

5 김종직, 『점필재집』 제19권, 〈御製望遠亭〉.

6 변계량, 『춘정집』 권5.

7 『성종실록』 권64, 7년(1476) 2월 26일(경자).

8 이현보, 『농암집』.

9 『신증동국여지승람』 권3.

10 김종직, 『점필재집』.

11 이행, 『용재집』.

12 이상보, 『이조가사정선』 151면.

13 김수온, 『식우집(拭疣集)』 권2.

북악 주변의 문화공간과 풍류

북악 주변의 형세

북악北嶽 또는 백악白嶽은 도성 북쪽 평지에 솟아 있는 산으로 경복궁이 그 아래에 있고, 정북正北을 가로막고 있다. 한양도성이 북소문인 창의문을 지나 북악을 에워싸고 오르다가 북문인 숙정문을 지나 동소문인 혜화문으로 이어지는데, 북악이 그 버팀목이 되고 있다.

북악 주변의 풍류를 주도했다고 할 수 있는 문화공간으로 대은암大隱巖과 청풍계淸風溪를 지적할 수 있다. 대은암은 15세기 후반 이후 18세기 후반에 이르기까지 지속적으로 이른바 백악시단白嶽詩壇이라는 이름으로 핵심적인 역할을 맡았고, 청풍계는 16세기 후반 이후 풍류의 중심으로, 정치의 핵심으로 작용하면서 정치사와 문화사에서 매우 중요한 공간이 되었다.

대은암의 풍류와 각 시기의 인물

대은암大隱巖은 서울 종로구 세종로 산 1번지 북악산 남쪽 기슭에 있는데, 중종 시대의 문인인 남곤南袞(1471~1527)의 집이 그 앞에 있었다. 대은大隱은

몸은 속세에 있지만 뜻은 현원玄遠한 사람을 가리킨다. 백거이白居易의 〈중은中隱〉이라는 시에, "대은은 조시에 살고, 소은은 울타리 언덕으로 들어가네. 울타리 언덕은 매우 영락하고, 조시는 매우 떠들썩하네. 중은이 되는 것만 못하나니, 달을 따라 봉전이 있다네.(大隱住朝市, 小隱入丘樊. 丘樊太冷落, 朝市太囂誼. 不如作中隱, 隨月有俸錢)"라고 하여, 대은, 중은中隱, 소은小隱을 변별하고 있다. 소은은 산속에 은거하는 것이고, 중은은 한직에 있으면서 재능을 숨기는 것을 가리킨다.

대은암은 남곤의 집 뒤에 있는 바위인데, 남곤과 절친하게 지내고 있던 박은朴誾(1479~1504)과 이행李荇(1478~1534)이 남곤의 집에 놀러갔으나 매일 공무公務에 분주하여 자리를 함께 하지 못하는 남곤을 비꼬는 뜻에서 바위에 대은大隱이라는 이름을 붙였다고 한다. 『동국여지승람』에는 다음과 같이 기록하고 있다.

대은암大隱巖·만리뢰萬里瀨 모두 백악산白嶽山 기슭에 있는데, 곧 영의정 남곤南袞의 집 뒤이다. 박은朴誾이 이름을 붙이고 시를 짓기를, "주인이 산봉우리에 있는데, 우리 집 향 피우는 화로라네. 주인이 계곡에 있는데, 우리 집 낙숫물이라네. 주인이 벼슬 높아 세력이 불꽃 같으니, 문 앞에 거마車馬들 많이도 문안 왔네. 3년 가야 하루도 동산은 들여다보지 않으니, 만일에 산신령 있다면 응당 꾸지람을 받았으리. 손이 왔는데 다른 사람 아니고, 주인의 친구로세. 문 앞을 지나며 들어가지 않는 것도 차마 할 수 없고, 발걸음 당장 돌리는 것도 도리 아니라. 바위 사이에서 잠시 쉬니, 풍경은 참으로 뜻밖에 만났네. 물결이 감추어져 안개로 쌌다가 나를 위하여 열리니, 울던 학과 우는 원숭이 놀라지도 않누나. 주인이 금옥金玉 있으면, 열 겹으로 싸 두어 누구에게 함부로 주리오. 자물쇠 굳게 봉하여 밤중에도 지키나, 시내와 산에 한낮이 옮아간 줄을 모르네. 앉아 있은 지 오래매 날 저무는데, 흰 구름 먼 산에서 일어

정선의 〈대은암〉, 간송미술관 소장

나네. 무심하기는 내가 저 구름보다 못하고, 자취 있으니 스스로 부끄럽네."
라고 하였다.

"대은암 앞에 쌓인 눈은, 봄들어 또 한 경치일세. 우연히 흥이 나서 놀러 왔
고, 주인과는 기약도 없었네. 혼자 서 있으니 우는 새 가까이 오고, 길게 읊자
니 붓 들기 더디어지네. 그대 집에서는 나의 방광放曠함을 용납하겠지만, 지

금 사람들 해괴하게 여길까 두렵네."라고 하였다.[1]

한편 어숙권의 『패관잡기』에서는 다음과 같이 기록하고 있다.

남지정 곤이 백악산록에 집을 지으니 그 북쪽 동산은 천석이 빼어남이 있었다. 박취헌 은이 매양 이용재 행과 더불어 술을 가지고 가서 놀았는데, 지정은 승지로 새벽에 들어가서 밤에 돌아오므로 더불어 놀 수 없었다.
취헌이 장난으로 그 바위를 대은大隱이라 하고 그 시내를 만리萬里라 했다. 대개 그 바위가 주인이 알아주는 바가 되지 못하니 그런 까닭으로 대은이 되는 것이며, 시내는 만리 밖 먼 곳에 있는 것 같다고 해서 그렇게 일컬었다고 한다.[2]

박은은 〈정월 열아흐레에 택지와 지정의 집에서 술을 마시고 그 이튿날 시를 지어 장난삼아 지정에게 드리고 용재에게 올린다(正月十九日, 與擇之飮止亭, 明日, 爲詩戲贈止亭, 兼奉容齋)〉라는 시에서 그들이 함께 지낸 풍류를 다음과 같이 기술하고 있다. 그리고 스스로 "매양 택지와 함께 만리뢰로 찾아가서 술을 달라고 하여 통음하고 담소하며 즐기느라 빈주의 분별로 몰랐다. 주인은 관사에 매인 몸이라 번번이 참석하지 못했기 때문에 이 시로써 희롱한 것이다."라고 주석을 붙였다.

그 누가 말했던가 왕자유는	孰謂王子猷
풍류가 참으로 불후하다고	風流端不朽
다만 주인의 대만 구경했을 뿐	但賞主人竹
주인의 술을 마시지 못했나니	不飮主人酒
나는 대를 보고 좋은 술 마셨으니	對竹飮佳酒

내가 왕자유보다 못할 게 무엇이람	吾於爾何有
도성이라 티끌이 자욱한 속에서	京師塵霧中
집은 비좁아 머리 들기 어려운데	阤隘難擧首
북산이라 수석이 빼어난 곳에	北山水石勝
남씨 집이 대부분 땅 차지했어라	南家占十九
흥이 일면 늘 홀로 찾아가서	興來每獨往
술 내놓으라고 먼저 소리치는데	索酒先叫吼
주인이 없다고 덜 주지 않고	無主不加少
주인이 있어도 더 주지 않는다	有主不加厚
술이 취하면 곧바로 나오나니	取醉輒徑出
그리하여 내 뜻대로 자적하노라	適意斯不負
어제 만리뢰 여울을 지나노라니	昨過萬里瀨
우연히 춘설이 내린 뒤를 만났네	偶逢春雪後
노병을 놓친 것은 괜찮느니	老兵失亦可
그래도 나의 벗 만나 다행일세	猶幸得吾友
계산은 나를 반겨 맞아 주고	溪山自靑眼
새들은 마치 나를 부르는 듯	禽鳥如相詋
술잔을 들고 좋은 연구 읊으니	擧杯聯好詩
해가 서쪽에 기운 것도 몰랐어라	未覺日已酉
솔숲 사이로 벽제 소리 들리니	松間聞喝道
그윽한 흥취를 홀연 망쳤도다	幽趣忽鹵莽
가까이 와서 보니 아는 이라	迫則斯可耳
어찌 담장을 넘어 도망치리오	寧更踰垣走
서로 손 잡고 다시 통음하니	相持還劇飮
도무지 누가 누군지를 몰라라	蒙不辨誰某

앉아서 보니 옥산이 무너지고	坐見玉山摧
곁의 사람들이 손뼉 치고 웃네	旁人爭拍手
진솔하기 그야말로 이와 같건만	眞率乃如此
덧없는 세상 오래 머물 수 있으랴	浮生能耐久
부디 주인에게 말해 주구려	幸爲報主人
다시금 술 한 말 갖다 달라고[3]	更置酒一斗

이렇듯 대은암이 북악의 중심적인 문화공간으로 자리잡게 된 데에는 15세기 후반 박은과 이행의 공이 컸다고 할 수 있다. 이들 세 사람은 대은암의 풍류를 중심에 두었을 뿐만 아니라, 한강 가의 잠두봉에서 함께 노닐기도 하고, 개경의 천마산을 유람하기도 하였다. 뒤에 정치적 입지가 달라지면서 박은은 갑자사화(1504)에 유명을 달리했고, 이행은 유배의 고통을 겪기도 했으며, 남곤은 기묘사화(1519) 이후 영의정에 오르는 등 영화를 누리기도 하였다. 같은 문화공간에서의 결속이 같은 운명을 여는 것은 아닌 모양이다.

이행은 〈천마록 뒤에 적다題天磨錄後〉라는 시에서 개경의 천마산을 함께 유람하면서 지은 시들을 보면서 먼저 세상을 떠난 박은을 떠올리고 있다.

책권 속에 어린 천마산 빛에	卷裏天磨色
흐릿한 눈 오히려 번쩍 떴노라	依依尙眼開
이 사람 이미 세상 떠났으니	斯人今已矣
고도가 날로 아득해 가누나	古道日悠哉
영통사에는 가랑비가 나리고	細雨靈通寺
만월대에는 석양이 비끼었어라	斜陽滿月臺
사생에 늘 서로 만나기 어려웠나니	死生曾契闊

백발의 노쇠한 몸 홀로 배회하노라[4]   衰白獨徘徊

　영화를 누리던 남곤도 환갑을 채우지 못하고 세상을 떠나면서 대은암을
중심으로 한 15세기 후반에서 16세기 초까지의 풍류는 일단 멈추게 되었
다. 뒷날 대은암을 찾은 최경창崔慶昌(1539~1583)은 〈대은암大隱巖〉이라는 시
에서 한때의 영화가 부질없음을 안타까워하기도 하였다.

문 앞의 수레와 말은 연기처럼 흩어지고   門前車馬散如烟
상국의 번화는 백년도 채우지 못했네.   相國繁華未百年
깊은 마을은 쓸쓸하여 한식이 지나는데   深巷寥寥過寒食
옛 담가에 수유 꽃만 피었네.[5]   茱萸花發古墻邊

　그런데 16세기 중반 이후 대은암의 문화공간은 신응시辛應時(1532~1585)
가 차지하고 있었던 것으로 확인된다. 그가 백록白麓으로 호를 삼은 것을
보아도 백악을 자신의 중심으로 삼은 것으로 볼 수 있다. 그는 〈대은암연
구大隱巖聯句〉에서 몇몇 사람들과 함께 대은암에서 노니는 모습을 형상화하
였다. 아계 이산해李山海(1538~1609), 구봉 송익필宋翼弼(1534~1599), 제봉 고경
명高敬命(1533~1592) 등이 그들이다. 당시 북악의 중간 지대인 대은암 주변에
는 신응시가 거주하고 있었고, 그보다 높은 지역에는 송익필이 살고 있었으
며, 북악의 아래 지역은 이이(1536~1584)가 자리를 잡고 있었던 것으로 전해
진다.

풀 옷을 입은 서너 사람이   衣草人三四
진세 바깥에서 노니네.   於塵世外遊
　아계鵝溪(이산해)

골짜기가 깊으니 꽃 피려는 마음이 게으르고   洞深花意懶
산이 겹치니 물소리가 고요하네.   山疊水聲幽
백록白麓(신응시)

끊어진 산은 술잔 속의 그림이요   斷嶽盃中畵
먼 데서 불어오는 바람은 속속들이 가을이네.   長風裡裡秋
구봉龜峯(송익필)

흰 구름이 바위 아래에서 피어오르니   白雲巖下起
돌아가는 길에 푸른 소를 타리.   歸路駕靑牛
제봉霽峯(고경명)[6]

　1592년 임진왜란이 일어나면서 경복궁이 불에 타고 북악 주변은 많은
변화를 겪게 되었던 것으로 보인다. 17세기 이후 폐허가 된 경복궁 터를 보
면서 많은 사람들이 안타까워하기도 하고, 경복궁 터를 놀이터로 생각하기
도 하였다.

　17세기 후반에는 김창협金昌協(1651~1708), 김창흡金昌翕(1653~1722) 형제들
이 대은암 지역을 관장했던 것으로 보이고, 18세기 초반에는 김창흡의 문
인으로 백악하白嶽下라는 호를 쓰기도 했던 이병연李秉淵(1671~1751)이 중심
인물이 되었다.

　한편 18세기 후반에는 성대중成大中(1732~1812)과 이한진李漢鎭(1732~1815)
등이 대은암을 중심으로 시회를 열면서, 대은아집大隱雅集이라 하기도 하였
다. 자세한 사정이 「대은아집첩발大隱雅集帖跋」에 드러나고 있다.

　큰 산을 지고 사는 곳은 모두 이름 있는 구역이다. 그런데 대은암이 가장 뛰

어나서, 처음에 남곤南袞이 살았으며 읍취헌挹翠軒(朴誾의 호) 등 여러 분이 아울러 함께 놀았다. 사람의 맑음과 더러움이 비록 다르나 땅은 드러나게 되었다. 중간에 신백록辛白麓(辛應時)의 소유가 되었다가, 농암農巖, 삼연三淵 두 선생에 이르러 북록의 문채가 더욱 드러나게 되어, 풀과 나무와 바위와 샘이 오늘날까지 빛나게 되었는데 하물며 대은大隱임에랴? 사천槎川 이공이 이어서 일으켜서, 이름 있고 빼어난 사람이 그 문에 노닐어 한 시대를 기울였다. 그리하여 아회雅會라고 하면 곧 모두 대은大隱으로 귀결시키게 되었다. 사천이 세상을 떠난 뒤에 악하嶽下의 풍류 또한 쇠미해졌다. 그러나 좋은 날의 아름다운 경물에 벗을 부르고 술을 청함은 선배가 남긴 풍류와 같아서 이 첩은 곧 그중의 하나이다. 대은의 빼어남은 다시 인하여 뚜렷해졌으니 또한 그 옛날을 상상해 볼 수 있을 것이다.

신해년(1791) 초가을에 모인 사람이 아홉 명인데, 사람마다 각각 시를 짓고, 그리고 경산京山(李漢鎭의 호)이 또 각각 화운하여 이어서 첩을 이루었다. 이제 십여 년이 갑자기 지나니 산 사람과 죽은 사람이 반반인데, 오르고 가라앉음은 진실로 그 나머지이다. 그러나 날고 날아 장부에 나누어 아름답게 나라의 보배가 됨은 아울러 오직 첩 가운데에서 뽑은 것이다. 이것 밖은 비녀끈에 드나드는 것과 같아 서울에 의지하고 멈추었다. 그러나 유독 경산은 궁박한 산속에 유락하여 세상과 서로 잊으며, 때때로 간혹 나귀를 타고 도성에 들어와서 문득 요동의 학의 느낌과 같으니, 이 첩을 보는 사람은 또한 마땅히 탄식이 일어날 것이다. 그러나 악록嶽麓은 바로 도하의 빼어난 곳이고, 우리나라 계산溪山에서 빼어난 곳은 동음洞陰만한 곳이 없으며, 그리고 또한 농암과 삼연이 옛날에 지낸 곳이다. 경산이 지금 홀로 주인이 되었으니, 대은의 놀이를 본 것과 어떠한가? 마음대로 옥병玉屛과 금수金水 사이에서 서로 따르고자 하나 늙어서 할 수가 없다. 내가 탄식하며 바라는 것은 경산이 대은을 생각하는 것보다 매우 더할 것이다. 마침내 한숨을 쉬면서 그 첩에 적는다.[7]

한편 박지원朴趾源은 영조 34년(1758) 서울 북악北岳 동쪽 기슭의 대은암에서 이희천의 당숙부堂叔父인 이구영李耉永(1736~1787), 이희천의 족숙부族叔父인 이서영李舒永(1736~1800), 연암과 과거科擧 공부를 같이 하던 한문홍韓文洪(1736~1792) 등과 모임을 가지고 「대은암창수시서大隱菴唱酬詩序」를 쓰기도 하였다.

무인년 섣달 열나흗날 국지國之(이구영李耉永), 의지誼之(이서영李舒永), 원례元禮(한문홍韓文洪)와 함께 밤에 백악白岳(북악산北岳山) 동쪽 기슭에 올라 대은암大隱巖 아래 줄지어 앉았노라니, 시냇물 언 것이 똑똑 떨어져 새어나오면서 층층이 얼어서 쌓여 있고, 얼음 밑의 그윽한 샘에서는 옥이 부딪듯 맑은 소리가 쓸쓸하게 들렸다. 달은 몹시 차고 눈은 가무스름하여, 지경은 고요하고 정신은 차분하였다. 서로 바라보며 웃고, 농담하면서 즐겁게 시를 주고받다가, 이윽고 탄식하며 이렇게 말했다.

"여기는 옛날 남곤 사화南袞士華가 살던 곳이다. 박은 중열朴誾仲說은 온 나라에 이름난 선비였는데 중열이 술을 마시려면 반드시 이 대은암으로 왔으며, 그가 시를 지을 적에는 사화와 더불어 짓지 않은 적이 없었다. 이 당시에 문장과 교유가 융성하여, 관리로 선발된 그 시대의 우수한 인재들을 망라하였다고 할 만했으나, 수백 년이 지나는 사이에 앞사람들의 명승고적은 모두 이미 묻히고 사라져서 알 수 없게 되었으니, 그렇다면 더군다나 남곤 같은 자에 있어서랴.

지금 그 무너진 담장과 황폐해진 집터 사이에서 감개하여 서성대는 것은, 성쇠盛衰가 때가 있음을 슬피 여김과 동시에 선악善惡은 민멸될 수 없다는 것을 아는 때문이다. 그런데 지금 원례가 이곳에 잠시 거처하여 시를 노래하며 즐겁게 놀면서 흉금을 털어놓는 것이 거의 장차 중열과 맞먹을 정도인 데다, 시냇물과 솔바람에는 아직도 여운이 남아 있다.

아아, 그 두 사람이 여기에서 노닐 적에 그들의 의기意氣의 융성함이 또한 어떠했겠는가. 실컷 마시고 한껏 취하여 둘이 서로 속내를 다 털어놓고는 손을 맞잡고 길게 한숨지을 적에, 그 기개는 산악을 무너뜨릴 듯하고 그 언변은 황하나 한수漢水(양자강의 지류)의 둑이 터진 듯하였을 것이니, 또한 천고千古의 인물들을 논평할 적에도 어찌 군자와 소인의 구별에 엄하지 않은 적이 있었겠는가.

그러나 중열은 연산군의 조정에서 간諫하다 죽었는데, 그의 시가 많지 않은 것은 아니지만 오히려 적다고 한스럽게 여기게 된다. 지금도 그의 시를 읽어 보면 늠름하여 확고히 설 수 있었음을 상상케 한다. 남곤은 북문北門의 화禍를 열어 바른 사람들을 참살하였는데, 남곤이 바야흐로 죽을 적에 자신의 글을 다 불태우면서 말하기를, '이 글을 후세에 전한다 하더라도 누가 보려 하겠는가.' 하였다.

이로 말미암아 본다면 문장과 특별한 교유도 진실로 하나의 여사餘事일 따름이니, 그것이 어찌 그 사람의 어질고 어질지 못함에 관계되는 것이겠는가. 그러나 군자인 경우에는 뒷사람이 그 자취를 사모하고 후세에까지도 그 전하는 시가 많지 않음을 한스러워하며, 소인인 경우에는 오히려 자기 손으로 글을 없애 버리기에 바빴는데, 하물며 다른 사람들에 있어서랴."

창수한 시는 대략 몇 편이다. 중미仲美(연암)가 서문을 쓰다.[8]

청풍계의 문화공간과 그 이면

경복궁이 불에 타고 법궁이 창덕궁 쪽으로 옮아가면서 대은암 일대는 위에서 살핀 바와 같이 많은 변모를 겪으면서도 아회雅會의 명맥을 이어가게 되었다. 그런데 그보다 조금 아래쪽이면서 인왕산仁王山에 가까운 곳에 청풍계淸風溪라는 새로운 문화공간이 형성되었다. 청풍계 지역은 김상용의 고조부 김영수金永銖(1446~1502)의 집터로 인왕산 동쪽 기슭의 북쪽 종로구 청운동 54번지 일대의 골짜기인데, 김상용 대에 이르러 별장으로 마련되었으며, 처음에는 청풍계靑楓溪라고 했다가 청풍계淸風溪로 쓰게 되었다고 하며, 한양 도성에서 가장 빼어난 명당으로 뒷날 안동 김씨 세도정치의 산실이 된 곳이다. 오늘날 청풍계淸風溪는 백운동白雲洞과 통합되어 청운동靑雲洞으로 되었고, 일설에는 창의동彰義洞이 장의동壯義洞으로 바뀌어 장동壯洞이 되었다고 한다.

16세기 이이는 〈청풍계동淸風溪洞〉에서 다음과 같이 읊었다.

새로 알게 된 사람과 옛 벗들과 함께	新知兼舊友
손을 끌고 거리낌 없는 놀았네.	携手得天游
비가 내린 뒤에 즈문 봉우리가 깨끗하고	雨後千峯淨
솔숲 사이에는 한 지름길이 그윽하네.	松閒一逕幽
선구는 겨우 반나절인데	仙區纔半日
진세는 참으로 삼추이리.	塵世定三秋
지척에 봉래산이 있는데	咫尺蓬萊在
어찌 모름지기 해외에서 찾으랴?[9]	何須海外求

푸른 단풍이 숲을 이루고 있거나 맑은 바람이 부는 곳인 청풍계에 대하여 이병연(1671~1751)은 〈태고정에서 원백(정선) 공미(박창언)와 더불어 두율운으로(太古亭. 與元伯, 公美. 拈杜律韵)〉라는 시에서 다음과 같이 읊고 있다.

이곳 처음 오지 않았으나	此處非初到
처음 왔어도 또한 알 수 있었으리.	初來亦可知

정선의 〈청풍계〉,
간송미술관 소장

문에 들어서 홀로 선 전나무 지나면 　　　　　入門由獨檜

청풍댁 세 못을 거치네. 　　　　　　　　清宅以三池

바위 골짜기에 술 항아리 남겨둔 지 오래니 　巖壑留樽久

구름 낀 봉우리 자리 따라 옮아가네. 　　　雲巒亦席移

성중 티끌이 만 섬이지만 　　　　　　　城中塵萬斛

한 점도 따라올 수 없구나.[10] 　　　　　一點不能隨

한편 김양근金養根(1734~1799)은 「풍계집승기楓溪集勝記」에서 청풍계의 유래와 구성에 대하여 다음과 같이 정리하고 있다.

청풍계는 우리 선세의 옛 터전인데 근래에는 선원선생의 후손이 주인이 되었다. 경성 장의동 서북쪽에 있으니 순화방 인왕산 기슭이다. 일명 청풍계青楓溪라고도 하는데 풍으로 이름지어 말함에는 반드시 그 뜻이 있겠으나 지금 상고할 길이 없다. 대체 백악산이 북쪽에 웅장하게 솟아 있고 인왕산이 서쪽으로 둘러쌌다.

한 시내가 우레처럼 돌아내리고 세 연못이 거울처럼 열려 있다. 서남쪽 봉우리들은 수풀과 골짜기가 더욱 아름다우니, 계산의 아름다움으로는 도중에서 가장 뛰어날 것이다. 서리서리 꿈틀거려 내려온 언덕을 와룡강臥龍岡이라 일컫는데 실은 집뒤 주산이 되고 그 앞이 곧 창옥봉이다.

창옥봉 서쪽 수십 보에는 작은 정자가 날아갈 듯이 시내 위에 올라앉아 있다. 따로 지붕을 이었는데 한 칸은 넘을 듯하고 두 칸은 못 되나 수십 인이 앉을 수 있으니 태고정太古亭이다. 오른쪽으로 청계를 끼고 왼쪽으로 삼각산을 끌어들이거늘, 당자서唐子西의 '산이 고요하니 태고와 같다.(山靜似太古)'라는 구절을 취하여 그것을 이름 지었다.

늙은 삼나무 몇 그루와 푸른 소나무 천여 그루가 있어 앞뒤로 **빽빽**이 에워싸고 정자를 따라서 왼쪽에 세 못이 있는데, 모두 돌을 다듬어서 네모나게 쌓아 놓았다. 정자 북쪽 구멍으로 시냇물을 끌어들여 바위 바닥으로 흘러들게 하니 첫째 못이 다 차고 나면 그 다음 못이 차고 그 다음 못이 다 차면 다시 셋째 못으로 들어가게 되었다. 윗 못을 조심지照心池, 가운데를 함벽지涵碧池, 아래를 척금지滌衿池라 한다. 우리 낙재 선조께서 삼당三塘이라고 호를 쓰신 것이 이 때문이다.

함벽지 왼쪽에 큰 돌이 있는데 평평하고 반듯한 표면은 두께가 서로 비슷하고 사방 넓이는 흡사 자리 몇 잎을 펴놓은 듯하여 앉아서 가야금을 탈 수 있으므로 처음부터 부르기를 탄금석彈琴石이라 했다. 들건대 충주 탄금대로부터 조선을 따라 온 것이라서 그렇게 이름 지었다고 하니 역시 그 유적이기 때문이었다. 탄금석 왼쪽에 4간의 마루와 2간의 방이 있는데 방 앞은 또 반 간 툇마루로 되었으니 곧 이른바 청풍지각靑楓池閣이다. 우리 창균 선조 김기보金箕報(1531~1599)께서 남쪽으로 돌아가신 뒤에 드디어 선원께서 꾸며 사시던 곳이다.

각액은 한석봉 호의 글씨이며 또 들보 위에 청풍계淸風溪 세 글자를 걸고 붉은 깁으로 둘러 놓은 것은 선조의 어필이고, 각의 동쪽이 소오헌嘯傲軒이 되는데 곧 도연명의 시 '동쪽 처마 밑에서 휘파람을 불어대니, 문득 다시금 이 삶을 얻은 듯하다.(嘯傲東軒下 聊復得此生)'라는 뜻이다. 헌 오른쪽 방은 온돌인데, 방안의 편액은 와유암臥遊菴으로 하였으니 종소문宗少文의 '명산에 누워서 유람한다(臥遊名山)'라는 뜻으로 산속 경치를 베개 베고 다 바라볼 수 있다. 남쪽 창문 위에는 소현세자께서 쓰신 '창문을 물 떨어지는 쪽에 내고 흐르는 물 소리 듣는데, 길손은 외로운 봉우리에 이르러 흰 구름을 쓴다(窓臨絶磵聞 流水 客到孤峰掃白雲)'라는 시를 새겨 걸었다. 견줄 데 없는 경지임을 상상할 만하다.

마당 남쪽에는 수백 길 되는 전나무가 있으니 나이가 수백 년은 됨직하나 한

백세청풍(百世淸風)의 각자

가지도 마르지 않아서 보기 좋다. 서쪽 창문 밖의 단상에는 두 그루 묵은 소나무가 있어 서늘한 그늘을 가득 드리우는데 특히 달밤에 좋아 송월단松月壇이라고 부른다. 단 북쪽은 석벽이 그림 병풍 같고 세 그루 소나무가 있다. 형상이 누워 덮은 듯하여 창옥병이라 하니, 청음淸陰께서 시로 읊으시기를 '골짜기 수풀은 그대로 수묵화인데, 바위벼랑 스스로 창옥병 이루었구나.(林壑依然水墨圖 岩厓自成蒼玉屛)'라고 하셨다. 또한 화병암이라고도 한다.

회심대會心臺는 태고정 서쪽에 있으며 무릇 3층인데, 진간문眞簡文이 이른바 '마음에 맞는 곳이 꼭 멀리 있어야 하는 것은 아니다.(會心處 不必在遠者也)'라는 뜻이다. 회심대 왼쪽 돌계단 뒤에 늠연사가 있으니 곧 선원의 영정을 봉안한 곳이다. 사당 앞 바위 위에 '대명일월大明日月'이라는 네 글자를 새긴 것은 우암 송선생의 글씨다.

천유대天遊臺는 회심대 위에 있는데 푸른 석벽이 우뚝 솟아 저절로 대를 이루었으며, 일명 빙허대憑虛臺라고도 하니 근처의 빼어난 경치를 모두 바라볼 수

있다. 석벽 위에 주희의 '백세청풍百世淸風' 네 글자가 새겨져 있으므로 또한 청풍대라고도 한다. … 11

정선의 진경산수의 산실

이곳 청풍계의 문화공간은 새로운 진경산수眞景山水의 예술을 탄생시키기도 하였는데, 그 일을 겸재 정선鄭敾(1676~1759)이 이룩하였다. 정선은 삼연 김창흡金昌翕(1653~1722)의 문하로 사천 이병연李秉淵(1671~1751)의 진경시眞景詩와 같은 맥락을 이루는 것으로 이해된다. 정선은 우리의 산천을 표현하는 방식에 있어서 골산骨山은 북방화법의 선묘線描로, 토산土山은 남방 화법

정선의 〈인곡정사(仁谷精舍)〉

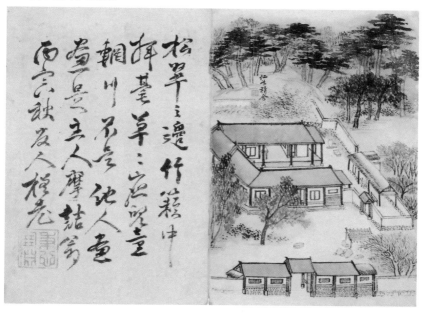

의 기본인 묵법墨法의 조화로 표현하게 된 것이다.

정선은 북악 주변의 문화공간에 대한 깊은 관심을 보여서 앞에서 소개한 〈대은암〉을 비롯하여 〈청풍계〉 등의 그림을 남기고 있으며, 자신이 살던 집을 그린 〈인곡유거〉 등의 작품이 있다.

백석동천의 문화공간

북악의 뒷자락 종로구 부암동에 북한산을 배경으로 한 백사골에 조성된 동천洞天(산천으로 둘러싸인 경치 좋은 곳)의 하나로 주변에 흰돌이 많고 경치가 아름답다고 하여 "백석동천白石洞天"이라 불린다. '백석'이란 중국의 명산인 '백석산白石山'에서 비롯된 명칭으로 흰 돌이 많은 백악산을 '백석산'에 비

백석동천의 주춧돌

백석동천과 월암 바위

견한 이름이다.

백석동천은 자연경관이 수려한 곳에 건물지와 연못지 등이 남아 있다. 약 3.78m 정도의 높은 대지 위에 사랑채와 안채의 건물지가 있고 사랑채는 담장과 석축 일부가 남아 있다. 건물지 아래쪽으로 연못지가 남아 있고 연못 한쪽으로 육각정자의 주춧돌과 돌계단이 남아 있다. 인근에 '백석동천白石洞天', '월암月巖'이라 새긴 바위가 남아 있다.

이곳은 백사실계곡이라 하여 백사 이항복의 호에서 연유되었다고 전하기도 하는데, 최근 추사 김정희가 마련한 공간이라는 것이 밝혀지기도 했다.

주)

1   『신증 동국여지승람』「한성부」, 主人有峰巒, 吾家之熏爐. 主人有澗谷, 吾家之簷溜. 主人官貴勢熏灼, 門前車馬多伺候. 三年一日不窺園, 儻有山靈應受訴. 客來非異人, 曾與主人舊. 過門不入亦不忍, 沿溪返棹計亦謬. 巖間得少憩, 景物眞邂逅. 湍藏霧斂爲我開, 鶴唳猿啼不驚透. 主人有金玉, 什襲豈輕授. 緘縢固鐍守夜半, 未信溪山移白晝. 坐久日向晚, 白雲生遠岫. 無心我不如, 有迹誠自疚. *是日, 君與荇携酒遊士華舍後園. 士華不之覺也. 君名其巖曰大隱, 瀨曰萬里, 乃調戲之也. 蓋巖未爲主人所知, 所以爲大隱. 而瀨若在萬里之遠

故云耳. 題此詩于巖石而還. 大隱巖前雪, 春來又一奇. 偶因淸興出, 不與主人期. 獨立鳴禽近, 長吟下筆遲. 君家容放曠, 却恐駭今時.

2 어숙권, 『패관잡기』.

3 박은, 『挹翠軒遺稿』 卷一, 『한국문집총간』 21, 21면.

4 이행, 『容齋先生集』 卷之二, 『한국문집총간』 20, 357면.

5 최경창, 『孤竹遺稿』, 『한국문집총간』 50, 7면.

6 『백록유고』 습유, 『한국문집총간』 41, 419면.

7 성대중, 『靑城集』 권8, 「대은아집첩발(大隱雅集帖跋)」, 負嶽而居者, 皆名區也, 而大隱巖最勝. 始南袞居之, 挹翠諸公, 並與之遊. 人之淸汚雖別, 地則顯矣. 中爲辛白麓之有, 及農·淵二先生, 而北麓之文采益顯. 草樹巖泉, 至今有耿光, 況大隱哉. 槎川李公繼而作焉. 名勝之遊其門者, 傾一世, 而雅會則皆以大隱爲歸. 槎川下世, 而嶽下之風流亦衰. 然良辰美景, 朋酒招邀, 猶先輩之遺風, 而是帖卽其一也. 大隱之勝, 復因之而彰, 亦可以想見其舊也. 辛亥首秋, 會者九人, 人各有詩, 而京山又各和屬成帖, 今遽十年有餘, 而存沒半之, 升沉固其餘也. 然翶翔笋班, 蔚爲國珍, 並惟帖中之選也. 外此猶出入簪組, 依止京輦, 而獨京山流落窮山, 與世相忘, 時或跨驢入都, 便同遼鶴之感, 覽是帖者, 亦當念之興吁也. 然嶽麓直以都下勝, 我東溪山之勝, 無如洞陰, 而亦農淵故居也. 京山今獨爲之主, 其視大隱之遊何如哉. 縱欲相從於玉屛金水之間, 老無能也. 我之悵望, 殆甚於京山之於大隱也, 遂喟然而書其帖.

8 박지원, 「大隱菴唱酬詩序」, 『연암집』 권3, 『한국문집총간』 252, 61면, 戊寅十二月十四日, 與國之誼之元禮, 夜登白岳之東麓, 列坐大隱岩下. 澗冰溜漏, 蹲蹲累積, 冰底幽泉, 琮琤蕭瑟, 月巖雪玄, 境靜神夷, 相視笑諧, 樂而和詩. 已而歎曰, 此昔南袞士華之遺址. 而朴闇仲說, 一國之名士也. 仲說之飮酒, 必於大隱之巖, 而其賦詩也. 未嘗不與士華相屬也. 當是時也, 文章交遊之盛, 可謂極一代之選. 流而數百年之間, 前人之勝迹, 皆已湮滅而不可知, 則而況於袞者乎. 今其頹垣廢址之間, 慨然而爲之躊躇者, 悲盛衰之有時, 而知善惡之不可磨也. 今元禮寓居於此, 歌嬉傾倒, 殆將軒輊仲說, 而澗流松風, 尙有餘韻. 嗚呼, 當二子之遊於此也, 其意氣之盛, 顧何如哉. 劇飮大醉, 兩相吐露, 握手獻欷, 氣可以崩山岳, 辯可以決河漢. 尙論千古, 顧何嘗不嚴於君子小人之辨哉. 然而仲說諫死於燕山之朝, 而其爲詩也不爲多, 然尙恨其少. 至今讀其詩, 凜凜乎想有以立也. 袞啓禍北門, 斬艾正類, 而袞之將死, 悉焚其藁曰, 使藁傳者, 孰肯觀之哉. 由是觀之, 文章奇遊, 信一餘事爾. 何與於其人之賢不肖, 而在君子則來者慕其迹, 後世尙恨其傳之不多也. 而在小人則猶且自削之不暇也, 而況於他人乎. 詩凡幾篇, 仲美, 序.

9 이이, 『율곡선생집습유』 권1, 『한국문집총간』 45, 472면.

10 이병연, 『사천시초』 권하.

11 김양근, 「풍계집승기(楓溪集勝記)」, 『안동김씨문헌록』.

집단의 자긍심과 동류의 모임

용두회, 한림회, 감찰계, 동년회

잘난 사람들의 자긍심

어느 시대에나 우수한 집단으로 중요한 직책을 맡고 있는 사람들은 자신들이 능력을 발휘하면서 사회를 움직여간다고 여기고 있다. 우수한 집단에 대한 인식은 차이가 있을 수 있지만 시험試驗을 통한 평가를 고려할 때, 높은 성적을 올린 사람들이 스스로 우수한 집단이라 자부했던 것이다. 과거科擧에서 좋은 성적을 올린 것이 그 예이다. 고려 광종 때부터 과거제도가 시행된 이후 과거를 통한 발신發身은 모든 사람들의 선망羨望이었다. 과거제도의 핵심 과목은 시문詩文이었는데, 시문을 통하여 이들이 집단의 자긍심을 드러내고 그들의 문화를 펼쳐나갔던 것이다. 그중에서도 장원들의 모임인 용두회龍頭會, 동년들의 모임, 글을 담당했던 한림원에 근무하는 사람들의 한림회翰林會, 조선 초기 사헌부로 권력의 중심이 이동하면서 조직된 감찰계監察契 등이 그러한 예에 해당한다.

장원들의 모임, 용두회

용두회龍頭會는 고려시대 이래로 문과文科에 새로 장원급제壯元及第한 사람
이 선배들을 초청하여 잔치를 베풀던 모임이다.
　다음 자료는 고려후기 용두회의 모임과 그 감흥을 형상화한 것이다.

　역대 과거의 장원이 베푼 잔치를 용두회라고 하는데, 무릇 영접과 전별과 경
축과 위로에 예법대로 하지 않음이 없음을 나는 요행스럽게 여긴다. 상헌(안
진의 호) 선생이 여러 해 동안 무양하셨으나 일찍이 한 번도 연회를 베푼 적이
없는데, 염동정(염흥방)에 이르러서 비로소 한 번 자리를 마련했다. 그러나
동정이 과거를 주관한 뒤에 그의 좌주 밀직 송선생(송천봉)을 오시도록 초대
하여 동정이 장수를 비는 술잔을 올리고 용두회라고 하였으니 그것은 실상
영친연과 같은 사례이다. 지금 순중(김자수의 자)은 회장인 동정의 지난번 과
거의 문생이다. 그가 고향으로 돌아갈 때에 나와 동정 및 정판서·윤부령·정
정언이 각각 주과를 가지고 그를 전별하는 일이 이루어졌다. 회장은 곧 가장
존귀하니 각기 한 잔씩을 올리고 파하였으나, 그 풍류의 한아함은 또한 족히
한 시대의 성대한 일이 될 것이다. 나는 병든 지 오래인데도 이 모임에 참여할
수 있었으니 어찌 천명이 아니겠는가? 돌아와서 곧 잠들었다가 이튿날 1수를
읊어 모든 회장 좌하께 기록하여 드린다.

우문禹門의 한 천둥소리에 물고기가 뛰는데　　　　　　禹門魚躍一聲雷
날아 오르면 변하여 뭇 용이 되어 왔다네.　　　　　　矯矯群龍變化來
다만 높낮이로 머리와 꼬리를 비교하지만　　　　　　只把高低比頭尾
만약 신령스럽고 기이함을 따진다면 생겨난 곳을 같이 한다네.

　　　　　　　　　　　　　　　　　　　　　　　　　若論靈異共胚胎

전야田野에 있어도 참으로 문명한 운명을 만남이요	在田政値文明運
만물에 은택을 베푸니 도리어 섭리의 재목과 같네.	澤物還同爕理才
앓은 뒤에 이 모임에 참여한 게 가장 기쁘거니와	寂喜病餘參此會
풍류로웠던 지난 일들이 눈 앞에 돌아온 듯하네.[1]	風流往事眼中回

다음 자료는 조선 초기에 권람權擥(1416~1465)이 쓴 「용두회 서문龍頭會序」
이다.

용두회龍頭會가 있은 지는 오래되었다. 전조前朝 중엽 이래로 성행했으니, 사
문斯文의 좋은 모임이 된다. 우리나라 초기에는 미처 계승할 겨를이 없었고
그 뒤에도 이래저래 행하지 못하였다. 지난 임술년 사이에 나의 선친 지재止
齋(권제權踶) 선생이 이러한 태평성대에 사문의 결함이 이보다 더 큼이 없다고
생각하여 옛 것을 회복시키고 의리를 불러일으킬 뜻이 있어 사문의 여러 늙
은이에게 청하였으니 이를테면 조영추趙領樞 말생末生과 지금 영상領相 하동
부원군河東府院君 정공鄭公과 안참찬安參贊 숭선崇善 등 여러 분이었다. 그래서
조영추가 제일 먼저 예를 행하고 내 선친이 모임을 마련하기로 했었다. 그런
데 집에 마침 연고가 있어 안참찬이 이어받아 행하고 을축년(1445) 여름에 내
선친이 미처 모임을 마련하지도 못한 채 돌아가시니, 이로부터 다시 중지되고
말았다.

7년이 넘은 경오년 겨울에, 나는 자격이 없는 몸으로 외람되이 분에 넘치는
과거에 올랐으니, 행운이기도 하려니와 한편 슬프기도 하다. 삼가 생각건대,
모임이야말로 참으로 태평의 기상이요, 사문의 성사이다. 그 흥폐는 내 선친
의 존몰과 관계된 것이었기 때문에 슬픔을 이길 수가 없어 마음속으로 선친
의 뜻을 완수하여 나의 슬픔을 펴고자 한 지 오래였는데, 불행히도 나라의
근심이 잇달아 지체되어 감히 실행하지 못하였다. 이제 임금께서 성문聖文하

고 신무神武한 자질로써 천명天命과 인심에 순응하여 난리를 평정하고 태평을 이루어 다스리시는 도가 빛나고 높아 천고에 뛰어났다. 그런데 정사에 바쁘신 중에서도 오히려 문풍文風이 떨치지 못할까 염려하여 날마다 유사儒師를 부르고 학생을 대궐로 불러들여 친히 좌석에 임하여 강구하시되 부지런하여 게으름을 잊으시니, 선비를 높이고 도를 중히 여김이 여러 임금보다 월등하셨다. 이렇듯 국가가 한가하고 성스러운 군주가 문文을 일으키는 때를 당하여 사문斯文의 옛일을 회복하여 태평한 정치를 빛내지 않는다면 마침내 이 일을 이룰 날이 없을 것이다.

더구나 지금 하동공河東公이 태종 공정대왕太宗恭定大王 갑오과甲午科에서 약관에 장원으로 뽑혔고 또 세종 장헌대왕世宗莊憲大王 정미丁未 복시覆試에서 다시금 장원으로 뽑혀 내외직을 지내고 벼슬이 재상의 자리에 올라 문석文席을 주관하였으며, 드디어 우리 전하를 도와 나이 60세가 되기 전에 두 번이나 공신의 반열에 참여하고 지위는 모든 관료의 우두머리가 되어 조정에서는 주석柱石의 신하요, 사문에서는 태산과 북두의 존재였으니, 그 훈명勳名과 공덕이 어찌 한 세대에만 빛날 뿐이겠는가. 비록 옛사람이라 할지라도 이보다 더함이 없을 것이다. 공이 건강한 이때 청해서 이 모임의 우두머리가 되게 한다면, 또한 사문의 큰 다행이다. 이에 날을 잡아 드디어 하동공 이하 각년各年의 방수榜首를 초청하여 조촐한 술자리를 마련하고 옛 분의 높은 발자취를 이으니, 다만 좋은 일의 계기가 될 뿐만 아니라 문화文化의 터전을 일으킴에 조금이라도 도움이 되고자 한다. 갑오년으로부터 지금 정축년까지 무릇 44년에, 식년과의 장원이 15명, 별시의 장원이 15명, 복시의 장원이 4명 도합 34명 중에서 이미 돌아가신 분이 13명이고 생존한 분이 20명인데, 연고가 있어 참석하지 못한 분이 반이나 된다. 삼가 하공동 이하 생존한 분의 성명을 왼편에 적고 아울러 참석치 못한 연유를 이름 밑에 주를 달아 뒷날의 열람에 이바지한다.[2]

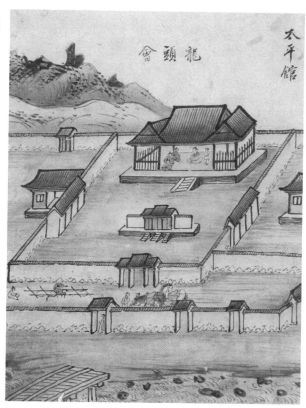

〈송도용두회도〉,
고려대학교박물관 소장

위의 용두회 그림은 광해군 4년(1612) 개성 지방의 동료 4명이 모두 장원 급제자였던 사실을 특별하게 여겨 모임을 열고 그림으로 그린 것이다.

이 모임에 참여한 사람은 기유년(선조 12, 1579) 식년문과式年文科에서 장원한 개성부유수 홍이상洪履祥(1549~1615), 경자년(선조 33, 1600) 별시문과別試文科에서 장원한 경력經歷 이시정李時楨(1568~?), 무자년(선조 21, 1588) 사마시司馬試에서 장원한 도사都事 윤영현尹英賢(1557~?), 계미년(선조 16, 1583) 알성문과謁聖文科에서 장원한 교수敎授 차운로車雲輅(1559~?) 등이다. 『송도용두회첩』이라고 제목을 붙여서 장원계의 모습 한 장면을 그리고 유근과 홍명한의 글을 수록하였으며 후반부에는 한명상韓命相, 김성행金聖行, 김종수金宗洙, 홍신규洪信圭, 이양호李養浩, 홍진용洪震龍, 허인許寅, 이환용李煥龍, 이장오李章五, 마지광馬之光, 김광국金匡國, 차석오車錫五 등 12명의 시를 싣고 있다. 위의 그림에 '용두회龍頭會', '태평관太平館' 등의 글씨가 쓰여 있어서 태평관에서 열린 장원급제자들의 모임을 주제로 그렸음을 알 수 있다. 태평관 안에는 붉은색 공복公服을 입은 홍이상과 나머지 세 명이 품계에 따라 자리를 달리하여 앉아 있다. 문 밖에는 이들이 타고 온 가마와 세 필의 말이 보인다. 개울과 판교板橋, 원산遠山 뒤에 돌출한 흑색 바위가 장소의 현실감을 더해주고 있다.[3]

한림회와 〈한림별곡〉

고려시대 한림원翰林院은 사명詞命의 제찬을 관장하던 관청으로 학사원學士院·한림원·문한서文翰署·사림원詞林院·예문관藝文館·예문춘추관藝文春秋館 등의 이름으로 불리었는데, 과거의 고시관 즉 지공거로서 과거를 관장하였으며, 우수한 선비들이 모여서 임금에게 시강하는 서연관의 기능도 맡았다. 특히 글을 좋아한 예종이 한림원 관원의 품계를 올리자 한림원의 관원은 같은 품계의 직위 중에서 가장 격이 높아졌고, 우수한 선비들이 모인 집단으로서 중요한 직책을 맡고 있다는 자부심이 강했다. 조선시대에는 예문관藝文館·집현전集賢殿·홍문관弘文館 등이 한림원의 성격을 계승했다고 할 수 있다. 특히 홍문관에 임용할 관원은 과거 합격자 중에서 따로 선발하여 홍문록弘文錄이라는 명부를 만들었다. 그러므로 홍문관 관원은 다른 부서의 관원보다 시문에 대한 자부심이 컸다고 할 수 있다.

다음은 『용재총화』에 기록된 일화이다.

새로 급제한 사람으로서 삼관에 들어가는 자를 먼저 급제한 사람이 괴롭혔는데, 한 편으로는 선후의 차례를 보이기 위함이요, 다른 한 편으로는 교만한 기를 꺾고자 함인데, 그중에서도 예문관이 더욱 심하였다. 새로 들어와서 처음으로 배직하여 연석을 베푸는 것을 허참이라 하고, 50일을 지나서 연석 베푸는 것을 면신이라 하며, 그 중간에 연석 베푸는 것을 중일연이라 하였다. 매양 연석에는 성찬을 새로 들어온 사람에게 시키는데 혹은 그 집에서 하고, 혹은 다른 곳에서 하되 반드시 어두워져야 왔었다. 춘추관과 그 외의 여러 겸관을 청하여 으레 연석을 베풀어 위로하고 밤중에 이르러서 모든 손이 흩어져 가면 다시 선생을 맞아 연석을 베푸는데, 유밀과를 써서 더욱 성대하게 차리는데, 상관장은 곡좌하고 봉교 이하는 모든 선생과 더불어 사이사이에 끼어 앉아 사람마다 기생 하나를 끼고 상관장은 두 기생을 끼고 앉으니, 이를 좌우보처라 한다. 아래로부터 위로 각각 차례로 잔에 술을 부어 돌리고 차례대로 일어나 춤추되 혼자 추면 벌주를 먹었다. 새벽이 되어 상관장이 주석에서 일어나면 모든 사람은 손뼉을 치며 흔들고 춤추며 〈한림별곡〉을 부르니, 맑은 노래와 매미 울음소리 같은 그 틈에 개구리 들끓는 소리를 섞어 시끄럽게 놀다가 날이 새면 헤어진다.[4]

이러한 한림회翰林會의 모임은 현직에 있을 때에도 마련되었지만, 현직을 떠나서 지방에서도 이어진 것으로 확인된다. 이행이 쓴 〈쾌심정快心亭〉의 서문이다.

정덕正德 경진년, 내가 사명使命을 받들고서 영남을 경유하여 호남을 두루 돌았는데, 전주부윤全州府尹 정공鄭公 순붕順朋이 쾌심정 위에서 나를 기다렸다. 때는 마침 윤팔월閏八月 보름이요 좌중에 있는 이들은 모두 한림翰林의 옛 선생들이라 주흥이 무르익고 달이 떠오르자 드디어 다시 한림연翰林宴을 베풀었는데, 역임歷任한 지 가장 오래라고 나를 상관장上官長으로 추대하고 나머지는 각각 차례에 따라 직위를 나눠 가졌다. 부윤공府尹公은 봉교종사관奉教從事官을 맡고 최군중연崔君重演은 도사都事, 이군홍간李君弘幹은 대교待教, 구례현감求禮縣監 안군처순安君處順은 검열檢閱을 각각 맡아서, 천화행주薦花行酒(기생을 앉히고 술을 마시는 것)하기를 한결같이 고풍古風을 따르고 소라고동 잔을 앵무잔鸚鵡盞이라 일컬어 마음을 전하는 물건으로 삼았으며 상하上下에 술잔을 세는 산가지가 없었다. 술이 취해서는 다 함께 일어나 상관장을 위해 술을 따라 올리는 주례酒禮를 행하고 다 같이 〈한림별곡翰林別曲〉을 불렀는데, 늘어선 기생들이 화답하여 그 소리가 드높은 하늘에까지 닿을 정도였고, 돌아보니 달은 이미 중천에 떠 있었다. 이는 참으로 세상에 드문 기이한 모임이라 길이 전하지 않을 수 없겠기에, 드디어 절구 한 수를 짓고 모임의 관료官僚들에게 이어 화답하게 함으로써 「쾌심정한림회제명기快心亭翰林會題名記」로 삼았다.

덕수德水 이모李某는 쓰노라.

이십 년 전 한림에 있던 늙은이들이　　　　　　二十年前老翰林
쾌심정 위에서 함께 마음을 나누노라　　　　　快心亭上共傳心
한 해에 두 번 중추절 달을 보내니　　　　　　一年再度中秋月
이 밤 풍류야말로 고금에 으뜸이어라[5]　　　　此夜風流擅古今

이 자리에는 관례적으로 〈한림별곡〉을 불렀던 것으로 확인된다. 〈한림별곡〉은 고려 때에 좌주문생연座主門生宴에서 불린 것으로, 오랜 시간 한림원을 중심으로 향유되었던 것이다. 그중에서도 4,5,6장이 퇴근 뒤 이들의 풍류 문화를 대변하는 것으로 볼 수 있다.

황금주黃金酒 백자주栢子酒 송주예주松酒醴酒

죽엽주竹葉酒 이화주梨花酒 오가피주五加皮酒

앵무잔鸚鵡盞 호박배琥珀盃예 ᄀ득브어

위 권상勸上ㅅ 경景 긔 엇더ᄒ니잇고

葉 유령도잠劉伶陶潛 양선옹兩仙翁의 우령도잠劉伶陶潛 양선옹兩仙翁의

위 취醉홍 경景 긔 엇더ᄒ니잇고 (4장)

홍모란紅牧丹 백모란白牧丹 정홍모란丁紅牧丹

홍작약紅芍藥 백작약白芍藥 정홍작약丁紅芍藥

어류옥매御柳玉梅 황자장미黃紫薔薇 지지동백芷芝冬栢

위 간발間發ㅅ 경景 긔 엇더ᄒ니잇고

葉 합죽도화合竹桃花 고온두분 합죽도화合竹桃花 고온두분

위 상영相暎ㅅ 경景 긔 엇더ᄒ니잇고 (5장)

아양금阿陽琴 문탁적文卓笛 종무중금宗武中琴

대어향帶御香 옥기향玉肌香 쌍가야雙伽倻ㅅ고

금선비파金善琵琶 종지해금宗智稽琴 설원장고薛原杖鼓

위 과야過夜ㅅ 경景 긔 엇더ᄒ니잇고

葉 일지홍一枝紅의 빗근 취적吹笛 일지홍一枝紅의 빗근 취적吹笛

위 듣고야 ᄌᆷ 드러지라 (6장)

1장의 시장試場, 2장의 서책書冊, 3장의 글씨에 이어서 4장은 술, 5장은 꽃, 6장은 음악이다. 황금주와 백자주를 비롯한 온갖 술이 준비되고 홍모란과 백모란 등의 이름을 가진 기생들이 즐비하게 늘어선 자리에 아양의 거문고와 문탁의 피리 등 음악이 갖추어진 잔치 마당에서, 글을 잘 할 뿐

만 아니라 자부심이 대단한 선비들이 모여서 시를 읊고 노래를 부르는 것이 〈한림별곡〉의 무대 설정이다. 4장의 "권상"과 "취한 경", 5장의 "간발"과 "상영", 6장의 "과야"와 "듣고야"의 대비가 규범과 일탈이라는 이들 문화의 특성을 반영하는 것이라 할 수 있다. 이어서 7장은 산천, 8장은 그네뛰기인데, 1,2,3장에 바탕을 두고 4,5,6장의 상황이 제시된 것이라면, 4,5,6장의 분위기에서 7,8장으로 전환되는 것은 이들 문화의 또다른 특성이라 지적할 수 있다.

감찰계監察契와 〈상대별곡〉

조선 초기 사헌부가 권력의 중심이 되면서 상대 즉 사헌부의 관원들이 자긍심을 가지게 되어서 집단적인 모임이 이루어지고 〈상대별곡〉을 지어 부르게 되었다. 실제로 정종 2년(1400) 조박趙璞이 맡고 있던 사헌부의 대사헌직을 권근權近(1352~1409)이 정당문학겸대사헌이 되어 맡고 난 뒤부터, 사헌부의 위상이 높아지고 권력의 중심으로 부각되었던 것으로 확인된다. 사헌부의 탄핵 기능을 강화하거나 사병을 혁파하는 일 등을 시행하면서 본격적으로 풍헌관의 소임을 강조하기도 하였다.

예문관과 홍문관 출신들이 한림회를 만들었듯이, 사헌부 출신들이 모여서 감찰계監察契를 조직하여 집단의 자긍심과 동류의 문화를 이어가기도 하였다.

대관臺官과 간관諫官이 일체라고는 하나 실은 같지 않다. 대관은 풍교를 규찰하고, 간관은 임금의 과실을 바로잡는다. 대관의 일위가 다른 일위보다 엄하다. 지평持平이 섬돌 밑에서 장령掌令을 맞아들이고, 장령은 집의執義를 맞

사헌부 터 표지석. 경복궁 앞 서쪽에 있다

으며, 집의 이하는 대사헌大司憲을 맞는 것이 상례이다. 평상시에는 다시청茶時廳에 앉고 제좌齊坐 날에는 제좌청齊坐廳에 앉는다. 그 날은 새벽에 사대장四臺長이 먼저 청에 들어가고 집의는 따로 청에 들어가는데, 만약 하관이 아직 이르지 않았으면 상관이 먼저 왔더라도 의막에서 하관을 기다린 연후에야 들어간다. 대헌이 문에 들어서면 사대장은 중문 밖에서 공손히 받아들이고, 집의執義는 중문 안에서 맞아들이며, 다시 청으로 들어간다. 대헌이 대청에 앉으면 도리都吏는 대장청臺長廳에 나아가, "제좌"라고 네 번 외치고, 집의청執義廳에 나아가서 "제좌"라고 한 번 외치며, 또 대헌 앞에 나아가 "제좌"라고 한 번 외친 뒤에 물러난다. 집의가 대청 북쪽 바라지문의 발을 걷고 들어 와서 재배례再拜禮를 마치고 사대장이 뜰 아래 있는 북문으로 들어와 섬돌 위에 열을 지어 선 뒤에 청 위로 올라가서 재배례를 끝낸다. (이 예가 끝나면) 모든 감찰監察이 뜰에 들어와 뵈옵기를 청하는데, 분대分臺의 서리가 달려와서 고하면 감찰이 차례대로 청 위로 올라가서 절을 하고 물러난다. 그 다음에 서리와 나장羅將이 차례대로 들어와 재배한다. 이윽고 각자가 자리에 나아가는데, 대사헌은 의자에 앉고 나머지는 모두 승상繩床에 앉는다. 아전 여섯 사람이 각각 탕약 그릇을 들고 여러 사람 앞에 무릎을 꿇으면 한 아전이 "봉약집종奉藥執鍾"이라고 외치고, 또 "정음正飮"이라고 외치면 이를 마시고, "방약放藥"이라고 외치면 그릇을 물리친다. 또 한 명의 아전이 "정좌정공사正坐正公事" 하면 여러 사람이 일어나 읍揖하고 다시 자리에 돌아가, 이윽고 둥근 의석을 당 위에 깔고 모두 자리에 앉는다. 배직拜職한 사람이 있으면 서경署經하고 탄핵할 사람이 있으면 이를 논박한다.

이 날의 청사廳事가 끝나면 집의 이하는 청으로 다시 나아가는데, 한 하인이 중문 안에서 "신시申時"라고 세 번 외치고, 또 한 사람의 아전이 문 안에서 "공청봉궤公廳封匱"라 외치면 대장臺長이 나온다. 이리하여 차례로 공손히 전송하며 길을 갈 때에도 역시 각각 차례대로 가는데, 이것이 그 대례臺例이다. 간관은 그렇지 않으므로 존비의 예가 없다. 상·하가 기다리지 않고 들어가는데, 만약 상관이 먼저 들어오고 하관이 나중에 들어오면 상관이라 할지라도 북면하고 서서 하관을 기다려 서로 읍하고 자리에 앉는다. 제좌하는 날에 약을 마시는 것과 공사를 행하는 것은 한결같이 대부臺府와 같이 하며, 완의석完議席을 베풀고 술상을 차려 아란배鵝卵杯로 서로 주작하여 술이 취해야 술자리를 거둔다. 또 뒤뜰의 모정茅亭에 나아가 옷도 벗고 누워서 쉬며, 원중院中이 추우나 물건이 없으며 선생의 책상을 가져다 앉기도 하고, 표범과 사슴의 껍질을 깔기도 한다. 원苑의 배나 대후를 따라서 각 사로 돌려 팔기도 하는데, 포물을 얻으면 반드시 주식酒食의 비용에 충당한다. 평상시에 소용되는 경비는 오로지 헌부憲府에 유지한다. 간직을 배수한 사람은 으레 술자리를 차려 동료를 청하여 함께 마시고 여러 곳에서 모여 마실 때에도 역시 참석한다.[6]

〈상대별곡〉은 1장이 사헌부의 위치를, 2장이 출근 광경을, 3장이 사헌부의 업무를, 4장이 퇴근 뒤의 풍류를, 5장이 총마회집을 각각 내용으로 하고 있다.

화산남華山南 한수북漢水北 천년승지千年勝地
광통교廣通橋 운종가雲鍾街 건나드러
낙락장송落落長松 정정고백亭亭古栢 추상오부秋霜烏府
위 만고청풍萬古淸風ㅅ 경景 긔 엇더ᄒ니잇고
葉 영웅호걸英雄豪傑 일시인재一時人才 영웅호걸英雄豪傑 일시인재一時人才
위 날조차 몃 분니잇고

계기명鷄旣鳴 천욕효天欲曉 자맥장제紫陌長堤
대사헌大司憲 노집의老執義 대장어사臺長御史
가학참란駕鶴驂鸞 전가후옹前呵後擁 벽제좌우辟除左右
위 상대上臺ㅅ 경景 긔 엇더ᄒ니잇고
(葉) 싁싁ᄒ뎌 풍헌소사風憲所司 싁싁ᄒ뎌 풍헌소사風憲所司
위 진기퇴강振起頹綱ㅅ 경景 긔 엇더ᄒ니잇고

각방배各房拜 예필후禮畢後 대청제좌大廳齊坐
정기도正其道 명기의明其義 참작고금參酌古今
시정득실時政得失 민간이해民間利害 구폐조조救弊條條
위 장상狀上ㅅ 경景 긔 엇더ᄒ니잇고
葉 군명신직君明臣直 태평성대太平聖代 군명신직君明臣直 태평성대太平聖代
위 종간여류從諫如流ㅅ 경景 긔 엇더ᄒ니잇고

원의후圓議後 공사필公事畢 방주유사房主有司

탈의관脫衣冠 호선생呼先生 섯거안자

팽룡포봉烹龍炮鳳 황금예주黃金醴酒 만루대잔滿鏤臺盞

위 권상勸上ㅅ 경景 긔 엇더ᄒ니잇고

葉 즐거온뎌 선생감찰先生監察 즐거온뎌 선생감찰先生監察

위 취醉혼 경景 긔 엇더ᄒ니잇고

초택성음楚澤醒吟이야 녀는 됴ᄒ녀

녹문장왕鹿門長往이야 녀는 됴ᄒ녀

명랑상우明良相遇 하청성대河淸盛代예

총마회집驄馬會集이야 난 됴ᄒ이다   『악장가사』

그런데 17세기 초반에도 사헌부에서 함께 근무했던 사람들이 감찰계를 만들어 동류의식을 고취하고, 〈상대별곡〉의 풍류를 이어가는 모임이 지속되고 있음이 확인된다. 임진왜란으로 권력의 판세가 달라지면서 나타난 문화 현상이라고 할 수 있을 것이다.

이호민李好閔(1553~1634)의 〈제감찰계축 이절題監察禊軸 二絶〉이다.

젊은 시절 일찍이 상대곡(상대별곡)을 읊으며   少年曾賦霜臺曲

상대에서 노래하니 즐거운 일도 많았어라   唱向霜臺樂事多

흰머리 오늘에 거듭 이 노래를 읊으니   白首如今重賦此

상대에서의 즐거운 일이 앞과 견주어 어떠한가   霜臺樂事較前何

경복궁 거리 서쪽에 보리 물결이 쌓였는데   景福街西麥浪堆

길가는 사람은 아직도 옛 상대라고 아네   行人猶辨舊霜臺

| 그대에게 권하나니 일찍이 뜰 앞에 잣나무를 심게나 | 勸君早種庭前栢 |
| 대가 이루어지면 잣나무는 재목을 삼을 수 있으리[7] | 臺到成時栢可材 |

다음은 장유張維(1587~1638)의 〈감찰계축監察契軸〉이다.

이 관직 이름만도 영광이라 할 것인데,	且喜官名在
게다가 은미한 옛날의 도를 논하다니.	堪論古道微
전추도 공연히 불러대는 예전 직함,	前騶空舊號
지금은 모두 현달하여 호화 주택에 사는도다.	甲第摁朱扉
차가운 빛 머금고 줄지어 선 잣나무들,	列栢凝寒色
저녁 햇살 받으면서 서식하는 까마귀들.	栖鳥帶夕暉
대석에 참여해도 한가한 날 많으리니,	臺參多暇日
이 좋은 모임을 뜸하게 갖지 말지어다.[8]	良會莫教稀

동년 모임과 그 확산

과거에 함께 급제한 사람을 동년同年이라 한다. 이 동년들끼리 매우 돈독한 관계를 유지하는 것이 관례였다.

　동년들의 모임은 그의 자제들이 어버이를 위한 모임으로 확대되기도 한다. 16세기 초반 삼청동에서 이루어진 모임에 대한 기록이다.

　나의 선군의 갑오방(성종 5, 1474) 동년으로 살아계시는 분이 거의 없다. 계미년(1523) 여름에 고 장령 유정수柳廷秀(1451~1501)의 아들 판결사 관灌(1484~1545)과 고 정공 윤숭尹崇의 아들 우통례 세림世霖이 방중의 자제들과 약속하여 선방의 남은 노인 여러 어른을 위하여 도성 안의 삼청동에서 수연을 베풀기로 하였다. 여러 공들 중에서 살아계시면서 서울에 있는 사람들이 각각 자제를 이끌고 나아갔다. 가까운 고을에 사는 사람들도 또한 소문을 듣고 와서 모였는데, 방중의 옛 사람들의 자제들로 참가한 사람이 또한 많았다. 차례로 나아가 축수의 잔을 올리니, 거동과 법도가 어그러짐이 없었고, 늙은 얼굴에 흰 머리로, 훌륭한 자제들이 모시어, 즐겁게 취하여 조용하니, 바라보매 신선과 같아서 참으로 한 때의 성대한 일이었다. 권석순權碩淳이 고향으로 돌아감에 정수강丁壽岡(1454~1527) 상공이 다시 그의 집에 초대하여 전별하면서 시를 주어 헤어지고, 또 그 모임의 내용을 차례로 기록하니, 산 사람과 죽은 사람에 대해 느끼는 생각, 지금과 옛날에 대한 생각이 일어남, 슬퍼하며 탄식하는 뜻이 글 바깥으로 넘쳤다.

방중의 노인으로 성담령成聃齡 선생이 이천에 사시는데 안국安國이 사는 마을과 서로 가까우나 병으로 모임에 나아가지 못함을 안타깝게 여겼다. 이에 정상공의 운을 따서 근체시 한 수를 보태어 보내면서 화운을 구하기에, 안국이 엎드려 열람하고 외면서 읊으니, 눈물이 소리를 따라 떨어짐을 깨닫지 못하였다. 안국은 불행하여 일찍이 아버지를 잃는 바람에, 추모의 마음을 머무를 곳이 없어서, 때때로 선생을 뵙고, 갱장羹墻의 슬픔을 흘렸다. 그 다른 선방의 여러 분은 비록 그리워하고 우러르는 정이 간절하나 일이 얽매이는 바가 되어, 때때로 뵙고 절할 수 없어서, 늘 가슴 속에 끼어 있었다. 이제 판결사 여러 공의 이번 일은 한 자리의 위에서 축배를 들 수 있으며, 효사추모孝思追慕의 지극한 마음을 펼 수 있으니, 윤리를 바꾸는 데 도움이 되고 풍속을 두텁게 함이 크니, 안국이 미칠 바가 아니다. 안국은 마침 궁박한 마을에 자취가 막혀서 높은 자리 사이에 달려가서 작은 정성의 만분의 일이라도 펼칠 수 없으니, 안타까움을 헤아릴 수 있으랴? 삼가 운에 이어서 다시 보내니, 아울러 비루한 뜻이 판결사 여러 공에게 다다를 수 있기를 바란다.[9]

집단의 풍류를 되살리는 방안

집단의 자긍심을 살리면서 풍류의 문화를 되살리는 길은 무엇일까?

일이 긴장을 유발하는 데 비해 풍류는 긴장을 풀면서 여유를 주는 것이다. 집단의 자긍심을 지키면서 풍류의 문화를 되살리기 위해 몇 가지 제안을 할 수 있다.

첫째, 공동체를 중심으로 한 집단의 정서를 모을 수 있는 장치를 마련하는 일이다. 개인이 중심이 되는 사회에서 집단의 정서를 배려할 수 있는 방안을 생각해야 할 것이다.

둘째, 집약된 정서를 조정하고 형상화는 방안이 필요할 것이다. 일과 놀이, 긴장과 이완, 낮의 풍류와 밤의 풍류를 고려하면서 새롭게 배치하거나 다른 방식으로 구성할 수 있을 것이다.

셋째, 아울러 개인의 정서를 감싸줄 수 있는 틀을 유지해야 할 것이다. 개인이 가진 존엄성과 창의성을 발휘할 수 있는 방향으로 길을 안내해야 할 것이다.

집단의 풍류를 되살리는 일은 신명나는 삶을 예고하는 것이다.

주)

1 『역주 목은시고』 9(월인, 2006), 09-25-013, 歷科壯元作讌曰, 龍頭會. 凡於迎餞慶慰, 無不如禮, 僕之僥倖也. 常軒先生無恙數年, 然未嘗一會, 至廉東亭始辨一席. 然東亭主文之後, 其座主宋先生密直召至, 東亭獻壽觴, 以龍頭會爲名. 其實榮親之例耳. 今純仲, 會長東亭之前門生也. 其還鄕也, 僕與東亭及鄭判書尹副令鄭正言各以酒果, 會餞于成, 會長乃尊之第一, 獻一酬而罷, 其風流閑雅, 亦足爲一時盛事. 吾病也久矣, 而獲與斯會, 豈非天乎. 旣歸便睡, 明日吟成一首, 錄呈諸會長座下.

2 『동문선』 권94

3 『송도용두회첩』

4 『용재총화』 권4

5 이행, 『용재집』 권7

6 『용재총화』 권1

7 『五峯集』 卷1

8 『계곡집』 권29

9 『慕齋集』 卷4, 『한국문집총간』 20, 73면, 吾先君甲午榜同年, 存者無幾. 癸未夏, 故掌令柳公廷秀之子判決事灌與故正尹公之崇之子右通禮世霖, 約榜中子弟, 爲先榜遺老諸公, 設壽宴于都城內之三淸洞. 諸公存而在京者, 各奉子弟往赴, 其居近鄕者, 亦聞而來會, 榜中故家子弟參赴者亦多. 迭進上壽, 儀度莫愆, 蒼顔白髮, 蘭扶玉侍, 歡醉從容, 望若神仙, 誠一時盛事也. 及權公碩淳之還鄕也, 丁相公壽岡, 復邀餞于其第, 詩以贐別, 且敍記其會之實, 感念存沒, 興懷今昔, 慨嘆之意, 溢於言外榜老成先生聃齡居利川, 與安國村寓相近, 以疾未赴會爲恨. 乃次丁相公韻, 加以近體一首, 投送索和, 安國伏閱而諷詠之。不覺淚隨聲零. 安國不幸早失所天, 無所寓其追慕之懷, 時謁先生, 以洩羹墻之悲. 其他先榜諸公, 雖切慕仰之情, 事故所麋, 不得以時謁拜, 常用介介于中. 今判決諸公之是擧, 乃能稱觴于一席之上, 以伸孝思追慕之至心, 其裨倫化厚風俗, 大矣, 非安國之所及也. 安國適滯迹窮村, 未及趨走於尊俎之間, 以展微誠之萬一, 恨可量歟. 謹賡韻以復, 兼用達鄙意於判決諸公云.

사가독서의 공간과 재충전의 시간

사가독서의 유래

사가독서賜暇讀書는 젊고 유능한 문신에게 말미를 주어 학문에 힘쓰도록 한 제도로, 세종 임금 때에 집현전의 학사들을 대상으로 처음 실시된 이후 여러 차례 변화를 겪는 등 우여곡절을 거쳐 규장각의 설립과 함께 없어졌다.

처음 확인되는 기록은 세종 8년(1426)에 권채權採, 신석견辛石堅, 남수문南秀文에게 말미를 주어 산사山寺에서 글을 읽게 하였다는 기사가 있으며, 세종 24년(1442)에는 박팽년, 이개, 성삼문, 하위지, 신숙주, 이석형 등을 삼각산 진관사津寬寺에 보내어 글을 읽게 하였다. 그 다음에는 창의문 밖 장의사에서 사가독서를 하기도 하였다. 장의사 터는 현재 세검정초등학교가 들어선 자리로 추정된다.

성현은 『용재총화』에서 창의문 밖 장의사 앞 풍광을 다음과 같이 기록하고 있다.

성 밖의 놀 만한 곳으로는 장의사藏義寺 앞 시내가 가장 아름답다. 시내물이 삼각산三角山 여러 골짜기에서 흘러나오고 골짜기 속에 여제단厲祭壇이 있으며, 그 남쪽에 무이정사武夷精舍의 옛터가 있다. 절 앞에 돌을 쌓은 것이 수십 길이나 되어 수각水閣을 이루고 절 앞 수십 보 떨어진 곳에 차일암遮日巖이 있는데, 바위가 절벽을 이루어 시내를 베고 있는 것 같으며, 바위 위에 장막을 둘렀던 우묵한 곳이 있다. 바위가 층층으로 포개져 계단과 같으며, 흐르는 물이 어지러이 쏟아지는데, 맑은 날의 우레처럼 귀를 시끄럽게 한다. 물은 맑고 돌은 희어 선경仙境이 완연宛然하니, 와서 노는 사대부들이 그치지 않는다. 물줄기를 따라 몇 리를 내려가면 불암佛巖이 있는데, 바위에 불상을 새겼고, 시냇물이 꺾여 돌아 북쪽으로 가다가 또 곧장 서쪽으로 흐른다. 그 사이에다 옛날에는 물방아를 놓았으나 지금은 없어졌다.

거기서 얼마를 더 내려가면 홍제원洪濟院이다. 홍제원 남쪽에는 조그만 언덕이 있어 큰 소나무가 가득하다. 옛적에는 이곳에 정자가 있어 중국 사신이 옷을 갈아 입던 곳이었는데, 정자가 없어진 지 이미 오래다. 사현沙峴 남쪽 모화관慕華館 사이에는 좌우에 큰 소나무와 밤나무 숲이 서로 짙은 그늘을 이루었으므로 사회射會하러 오는 도인都人이 여기에 많이 모여들었으나 흐르는 시내가 맑지 못하다. 목멱산木覓山 남쪽 이태원李泰院의 들에는 높은 산에서 샘물이 솟아나고 절 동쪽에는 큰 소나무가 골에 가득 차 빨래하는 성중城中 부녀자들은 많이 이곳으로 간다. 우리 백씨 집 뒤뜰 높은 언덕은 종약산種藥山이라고 하는데, 북쪽으로는 도성 안의 많은 부락을 바라보고, 서쪽으로는 큰 강을 바라다볼 수 있어 안계眼界가 넓으나 물과 골짜기가 없는 것이 한이다. 서쪽의 진관津寬·중흥中興·서산西山 등의 골짜기와 북쪽의 청량淸涼·속개俗開 등의 골짜기, 동쪽 풍양豊壤과 남쪽의 안양사安養寺와 같은 곳은 모두 높은 산과 큰 시내이므로 놀 만한 곳이 한두 곳이 아니나, 서울에서 거리가 가깝지 않아 놀러가는 사람이 드물다.[1]

세조가 집권하면서 집현전의 학사 출신들이 자신의 집권에 저항하였다는 이유로 사가독서의 제도는 이어지지 못했다. 그 이후 성종이 왕위에 오르면서 7년(1476)에 예문관을 설치하고 채수, 권건, 허침, 유호인, 조위, 양희지 등을 뽑아서 사가독서하게 하였다.

이들이 장의사에서 글을 읽었을 것으로 추정할 수 있는데, 김종직金宗直의 〈장의사에서 글을 읽는 제공에게 바치다(呈藏義寺讀書諸公)〉라는 시에서 추정할 수 있다. 다음과 같은 설명을 포함하고 있으며, 7언절구 7수로 되어 있다. 특히 김종직은 자신의 문하인 유호인, 조위, 양희지를 특별히 챙기고 있어서 사가독서에 거는 기대가 매우 컸음을 짐작할 수 있다.

앓은 나머지 시詩를 짓지 않은 지 오래인데, 밤에 정신이 약간 나아지므로 우연히 절구絕句 7수를 읊어 극기克己·가행可行·대허大虛에게 기록해 보이고, 나머지 삼군자三君子에게는 정중한 뜻에서 보이지 못한 것이니 괴이하게 여기지 말지어다. 이날이 7월 23일이다.

육군은 청전 선발에 만 번이라도 맞히리니	六君萬中靑錢選
요순 시대 만들 책임이 한 몸에 있다오	陶鑄唐虞在一身
지금 조정의 인재 전형하는 솜씨를 보게나	請看廊廟權衡手
절반은 바로 세종대왕이 양성한 인재라네	半是英陵儲養人

불사에서 연마하기를 서청과 같이 하여	劚切金地擬西淸
주조한 철연이 지금은 많이 닳았겠지만	鐵硯如今鑄欲平
눈으론 기러기 보면서 입으로만 왕패를 논하면	目送飛鴻口王霸
조정은 끝내 헛된 명성만 채택할 뿐이네	朝廷終是采虛名

위편은 오래 전에 행단의 먼지가 되었으니	韋編久作杏壇塵

만고의 연원은 다만 하나의 봄춘 자인데   萬古淵源只一春

고기 뛰고 솔개 나는 게 활발한 곳이니   魚躍鳶飛潑潑地

자사가 일찍이 향방을 가리켜 준 사람일세   子思曾是指南人

전후의 사마씨만이 참다운 역사가로서   前後典午眞太史

악와의 천마가 홀로 창공을 달리듯 했고   渥洼天馬獨行空

후세에 다시 춘추 같은 필법이 있었으니   後來更有春秋筆

운곡이 참으로 지공 무사함을 게시하였네   雲谷誠能揭至公

가림은 정하지 못했고 말은 어이 자상했던가   擇焉不精語何詳

백가들이 다 꽉 막혀 대도가 묵었는데   百氏膠膠大道荒

중류의 지주로 태산 북두를 짝한 이 있으니   砥柱中流配山斗

지금까지 전후로 한유 구양수를 말한다오   至今韓後說歐陽

사부는 시끄러이 각각 웅을 겨루었으나   詞賦紛紛各鬪雄

고래로 다만 두릉옹이 있었을 뿐이라오   古來只有杜陵翁

그대에게 무사송을 많이 읽도록 당부하노니 憑君三復無邪頌

달과 이슬 바람과 꽃은 안중에 없는 걸세   月露風花眼底空

육군의 성명은 이미 영각에 올랐는데   六君名姓已登瀛

더구나 뛰어난 문장 다시 노련해졌음에랴   何況波瀾更老成

나무 흔드는 개미가 참으로 가소로워라   撼樹蚍蜉眞可笑

병든 내가 너무도 자상한 게 아닌가 싶네[2]   病夫無奈太丁寧

용산 독서당으로

성종 14년(1483)에 용산의 폐사 터에 독서당을 짓게 하였는데, 이를 남호당南湖堂이라고도 한다. 이곳은 안평대군의 별장이 있던 담담정淡淡亭에서 가까운 곳이다.

조위曹偉가 남긴 「독서당기讀書堂記」에 자세한 사정이 나온다.

커다란 집을 짓는 자는 먼저 경남梗楠과 기재杞梓의 재목을 몇십백 년을 길러서 반드시, 공중에 닿고 동학에 솟은 연후에 그것을 동량棟梁으로 쓰게 되는 것이요, 만 리를 가는 자는 미리 화류驊騮와 녹이騄駬의 종자를 구하여 반드시 꼴과 콩을 넉넉히 먹이고, 그 안장을 정비한 연후에 가히 연나라와 초나라의 먼 곳에 닿을 수 있는 것이니, 국가를 경영하는 자가 미리 어진 재주를 기르는 것이 이와 무엇이 다르리요. 이것이 곧 독서당讀書堂을 지은 사유이다.

삼가 생각하건대, 본조本朝에 열성列聖이 서로 계승하고 문치文治가 날로 높아, 세종대왕께서 신사神思·예지睿智가 백왕百王에 탁월하여 그 제작의 묘함이 신명神明과 부합되어 생각하기를, "전장典章과 문물은 유학자가 아니면 함께 제정할 수 없다." 하고는, 널리 문장文章의 선비를 뽑아서 집현전을 두고 조석으로 치도治道를 강하고 또 이르기를, "의리義理의 오묘함을 연구하고, 뭇 글의 호양浩穰함을 널리 종합하려면 전문의 업이 아니면 능히 할 수 없으리라." 하고는 비로소 집현전 문신文臣 권채權採 등 세 명을 보내되, 특히 긴 휴가를 주어 산 절에서 글을 편히 읽게 하였고, 그 말년에는 또 신숙주申叔舟 등 6명을 보내어, 마음껏 싫도록 학업에 힘을 쓰게 하였었다. 문종文宗께서도 이 뜻을 이어 유아儒雅에 뜻을 돈독히 하여, 또 홍응洪應 등 6명을 보내어 휴가를 주었다. 이에 인재의 성함이 한때에 극하고, 저작의 아름다움이 중국中

國에 비기게 되었다. 지금 임금께서 위에 오르시자 먼저 예문관藝文館을 열어 옛 집현전의 제도를 회복하고 날로 경연經筵에 앉아 문적의 연구에 정신을 두어, 유술儒術을 높이고 인재를 양육하되 옛날에 비하여 더하였다.

병신년에 다시금 조종祖宗이 한 것처럼 채수蔡壽 등 6명에게 휴가를 주었고, 올 봄에 또 김감金勘 등 8명에게 휴가를 내리되, 장의사藏儀寺에서 글을 읽게 하고, 옹인饔人을 시켜 식사를 보내고, 주인酒人으로 하여금 단술을 담게 하고, 때로 중사中使를 보내어 하사물이 빈번하였다. 그리고 이내 정원政院에 교서教書를 내리기를, "마땅히 성 밖에 땅을 골라 당堂을 열어서 독서할 곳을 만들어라." 하였더니, 정원에서 아뢰기를, "용산龍山의 작은 암자가 이제 공해公廨에 소속되어 폐기되었으니, 잘 수리한다면 상개하고 유광하여, 장수藏修·유식遊息하는 장소로서 이곳이 가장 마땅하옵니다." 하였다. 임금이 그 청을 옳게 여기어 관원을 보내 역사를 독려하여 두 달 만에 이룩되었다. 집이 겨우 20칸이었으나 서늘한 마루와 따뜻한 방이 각기 갖추어졌다. 이에 독서당讀書堂이라 사액하고 신에게 명하여 기문을 짓게 하시었다. 신은 생각하건대, 『시경詩經』〈한록편旱麓篇〉에 이르기를, "개제愷悌한 군자여, 어찌 인재를 일으키지 않으리요." 하였으니, 인재의 일어남은 윗사람의 진흥 여하에 있을 뿐이다. 실로 잘 기른다면 저 제제濟濟한 다사多士가 나라에 날 수 있겠지마는, 잘 기르지 못한다면 온 나라에 인재다운 사람이 없을 것이니, 뉘와 더불어 다스릴 것인가.

만일에 한갓 선비를 기른다는 이름만 연모하여 구차히 취한다며, 닭 울음, 개 짖는 소리를 하는 무리들이, 가만히 그 사이에 스며들 것이니 어찌 삼가지 않을 수 있으랴. 삼대의 인재는 모두 학교로 말미암았으나, 주나라의 선비 기르는 방법이 가장 상세하였고, 한나라의 교재翹材나 당나라의 등영登瀛에 이르러서는 모두 구차히 일시의 이름만을 얻었으니, 어찌 족히 이를 수 있겠는가. 오직 우리 국가에서는 백 년 동안을 함양涵養하여 교화·개도開導의 방법

〈독서당계회도〉, 서울대학교박물관

이나 장려獎勵·양성하는 규모야말로, 실로 주나라의 선비 기르는 법과 더불어 서로 표리가 되어, 반궁泮宮과 옥당玉堂 밖에도 또 양현養賢하는 장소가 있어 고르기를 정밀히 하고 대우를 도탑게 한다면 시경에 이른바, "먹을 때마다 남음이 없어 처음(權輿)을 잇지 않는구나."에 비하여 어떠하겠는가. 역경易經에 이르기를, "성인이 어진 이를 길러 만민에 미친다." 하였거늘, 전傳하는 이는 말하기를, "어진 이를 기르는 것은 곧 만민을 기르는 것이다." 하였으니, 오늘에 관館을 빌려 음식을 제공함은 치도治道에 아무런 관계가 없을 듯싶고, 만기萬機의 번영함에도 불구하고 특히 신념宸念(천자의 생각)을 함은 일에 긴절한 것이 아닌 듯하지마는, 그러나 뒷날 다스림을 경륜하고 임금의 법도를 꾸밀 때는 미상불 이런 일로 말미암아 태평을 장식하고, 생민에게 은택이 입혀져 그 공리가 먼 곳에 미치는 것이 대개 가히 셀 수 없을 것이다.

비유하건대, 경남梗楠과 기재杞梓, 화류驊騮와 녹이騄駬가 일시에 수용됨에 비하여 그 거리가 얼마나 먼가. 그러면 전하殿下의 급선무는 높이 전대前代에 솟을 것이다. 그리하여 이에 뽑히는 이로서 임금의 낙육樂育의 은혜를 생각하지 않겠는가. 성인의 도는 글 속에 다 실려 있어 경經의 연선淵線과 모든 사史의 이동異同, 백가百家의 호한浩汗한 것을 반드시 포라包羅·해괄該括하여, 그 흐름을 섭렵하여 정수를 뽑고, 그 귀추를 살펴 그 요령을 들고, 지극히 넓어서 간략함에 돌아간 연후에 능히 깊이 나아가 그 근원을 찾을 것이다. 황왕皇王·제패帝霸의 도와 예악禮樂·형정刑政의 근본, 수제修齊·치평治平의 요점이 모두 이에 있으니, 사업에 베푸는 것은 노력에 있는 것이다. 동자董子의 이른바, "힘을 다하여 학문을 하면 문견이 넓어지고 슬기가 더욱 밝아지며, 힘을 다하여 도를 행하면 덕德이 날마다 흥기되어 크게 공이 있을 것이다." 한 말이 가히 그 효과를 볼 것이다. 그렇지 않고 한갓 그 찌꺼기를 취하여 기송記誦의 자료로 삼고, 기려奇麗를 조직하여 성률聲律의 문장으로 만든다 하여, 이것으로서 세상에 과장하고 속인을 속인다면 이는 조정에서 선비를 기르는

용산의 독서당 터

용산 독서당 터 주변의 근래 모습. 정자 아래 대나무가 있는 곳

뜻이 아니다.

아, 슬프외다. 글을 배우는 공력은 변화함이 귀하거늘, 이제 오늘에 한 책을 읽고서도 오히려 같은 사람이라면, 비록 아무리 크다손 치더라도 무엇을 하리요. 공자孔子는 말하기를, "배우기만 하고, 생각을 하지 않으면 속이는 것이다." 하였고, 또 자하子夏에게 말하기를, "너는 부디 군자의 선비가 될 것이요, 소인의 선비는 되지 말라." 하였으니, 어찌 가히 이를 힘쓰지 않으리요.[3]

그런데 『동국여지승람』에서는 용산의 독서당과 두모포로 옮겨 지은 내력만 기술하고 있다.

독서당讀書堂 옛 용산龍山의 폐지한 절인데, 강 북쪽 언덕에 있다. 성종이 고쳐 지어 당堂을 만들고, 홍문관弘文館의 글 읽는 곳으로 삼았으며, 일찍이 궁중의 술을 하사하고 수정배水精杯에 부어 권하고 관원에게 맡겨 두었다. 도금鍍金하여 받침(臺)을 만들고 거기에 새기기를, "맑으면 흐리지 않고 비면 받아들일 수 있다. 그 물건을 덕으로 여겨 저버리지 말기를 생각하라." 하였다.
『신증』 지금 임금 10년에 옮겨 지었는데, 두모포豆毛浦 남쪽 언덕에 있다.[4]

한편 중종 2년(1507)에는 정업원淨業院을 사가독서의 장소로 정하고, 이행, 김세필, 김정, 김안국, 홍언충, 김안로, 소세양, 정사룡, 신광한, 김구 등에게 말미를 주어 글을 읽게 하였다. 정업원은 도성에서 여승女僧들이 거처하던 곳인데, 정업원의 소재지에 대해서는 응봉鷹峰 아래 창경궁昌慶宮의 서쪽이었다는 설과 흥인문 밖 동망봉東望峰 아래였다는 주장이 있다. 단종왕비 정순황후定順王后가 궁궐에서 물러난 뒤에 거처하던 곳이며, 성종 20년(1489)에 인수대비가 불상을 만들어 정업원에 보냈다는 기록도 있다.

동호 독서당으로

중종 10년(1515)에 두모포 월송암 근처에 독서당을 마련하였다. 정업원 근처가 사가독서하기에는 적합한 장소가 아니라는 지적에 따른 것이다.

> 홍문관교리弘文館校理 홍언필洪彦弼이 대제학大提學의 뜻으로 아뢰기를,
> "사가독서賜暇讀書하는 인원이 정업원淨業院에 우거寓居하는 것은 적합하지 않은 것 같습니다. 용산龍山 독서당 옛자리는 기울고 무너져서 고쳐 지을 수 없습니다. 두모포豆毛浦의 월송암月松庵 근처에 넓고 평평하여 집을 지을 만한 곳이 있는데, 나무와 돌을 수운輸運하기도 편리하고 가까우니, 날을 정하여 집을 지어, 독서하게 하는 것이 어떠합니까?"
> 하니, '그리하라.'고 전교하였다.[5]

다음은 김안로가 『용천담적기』에서 정리한 내용이다.

명나라 고황제高皇帝가 나이 어린 사람 가운데서 학문에 가장 우수한 선비를 뽑아서 궁중에 있게 하고 그들로 하여금 궁중의 서적을 마음대로 찾아 보도록 하여 장래에 쓰려 하였다. 광록시光祿寺에서 술과 성대한 밥상을 공급하고, 태자와 친왕親王들이 번갈아가며 그들을 접대하였다. 황제가 때로 친히 와서 논란을 벌이고는 백금과 말·의복 등의 물건을 내렸으니, 이들에 대한 융성한 은총이 일찍이 옛날에는 없던 것이었다. 우리 왕조 세종이 비로소 이 제도를 모방하여 서생들에게 특별히 휴가를 주어 독서하도록 하였으나, 거기에 선발된 사람은 전후 삼사 명에 불과하였다. 성종 때에 이르러 이 규정이 점점 갖추어져 처음 여섯 명을 선발하여 오랜 휴가를 주어 장의사藏義寺에서 그들 마음대로 책을 보도록 하였다. 중년에는 용산龍山의 황폐한 절간

을 중수하여 한림원 학사들을 한 달씩 번갈아 쉬게 하였다. 그 뒤에는 다시 일곱 명을 뽑아서 일 년마다 교대하도록 하고 나라에서 술·음식·종이 같은 여러 가지 비품을 나누어 주었으니, 옛날보다 더 좋은 조건이었다. 그리고 용산당龍山堂을 넓게 중축하려고 내신內臣을 보내어 시찰하고 짓도록 하였는데 담장·마구간·부엌·창고 등 아무 부족한 것 없이 모두 완전하게 구비되었다. 조위曺偉에게 명하여 기문記文을 짓게 하고, 또 편액에다 독서당讀書堂이라는 글자를 크게 쓰도록 하고 술과 풍악을 베풀었으며, 승지承旨를 보내어 낙성하도록 하여 춤추며 노는 지극한 즐거움이 만연히 무르익어서야 모두들 파하였다. 다음 날 아침 사례하는 소장을 써서 대궐에 보내는데 붉은 비단으로 싼 함을 메고 앞에 나가며 여악女樂이 따르게 하였으니, 임금의 하사를 영화로 여긴 것이다. 거리의 남녀들이 놀라 어리둥절하였으니, 진실로 천고千古에 없던 유학의 일대 성대한 사건이었다.

극도로 성하게 되면 쇠망衰亡하는 것이 사물의 이치인 만큼 중년에 연산군 시대에 폐지되었던 것이 다시 당대에 복구되었으니, 어찌 서당이 폐지되었다가 다시 복구된 것도 세상의 융성하고 침체한 풍조에 따라간 것이 아니겠는가. 용산당龍山堂의 폐허에는 이제 단지 빈 터만 남아서 정업원淨業院을 빌려 임시로 사용하게 하였는데, 그 후에 공부하는 곳이 동리와 저자 곁에 있는 것이 옳지 않다 하여 다시 동호東湖 북쪽 기슭에 깨끗한 터를 마련하니, 크고 아름다운 품이 용산의 옛 제도보다 훨씬 뛰어났다. 나라에서 내리는 공급품의 풍성함도 옛날 법식보다 넉넉하였으나 차차 형식으로 흘러서 서당은 비록 폐지되지 않았으나, 언제나 비어 있고 그 일은 벌써 중요시 되지 않게 되었다. 나와 같이 못난 사람도 일찍이 시종 여러 선비들의 말석末席을 차지하고 있었으니, 점점 옛날 같지 못함은 어찌 이런 때문이 아니겠는가. 그리워하며 많이 탄식하지 않은 적이 없다.

내부內府에 수정으로 만든 잔 한 쌍이 있는데, 하나는 네모이고 또 하나는 둥근 것으로 크기는 반되 들이이고, 깨끗하기로는 티 한 점도 없다. 술을 따르면 금빛 물결이 가늘게 일어 찰랑찰랑 그 가운데 찬다. 멀리 떨어져서 보면 맑기가 털끝 하나 섞이지 않은 듯하고 은은하기로는 물빛과 달빛이 서로 비춰 하늘에 닿은 듯하니, 정녕 세상에 보기 드문 절묘한 보배이다. 일찍이 중국 사신을 접대할 적에 이 두 잔을 붉은 비단으로 받침하여 금 그릇·옥 그릇과 나란히 하여 술상 위에 섞어 놓았더니, 중국 사신 정동鄭同이 보고 찬탄하여 그중 하나라도 얻어가기를 원하였으나, 성종께서 조종조祖宗朝에서 보존해 온 것이라 하여 허락지 않으셨다. 어느 날 승정원에 술을 내릴 때 임금이 둥근 잔을 내어 따르게 하였는데, 그 부어지는 모습이 하늘에 노을이 일 듯하고 깨끗한 얼음이 투명한 듯하며 붉고 흰 빛이 서로 엉켜 안팎이 투명하니, 불 피워 밥해 먹는 자의 입에 댈 것이 아니었다. 적영반赤瑛盤에 앵두를 담아 하사했다는 영화도 이에 비길 바 못 되며, 파리배玻瓈杯에 포도주 따르는 사치스러움도 어찌 이에 비길 수 있으랴. 모두들 경탄하여 이 진기한 잔을 받는 즉시 들이켜니, 흠뻑 취함을 미처 깨닫지 못하였다.

성허백당成虛白堂은 본시 술을 마실 줄 몰라 여러 차례 잔을 사랑스레 만지작거리면서 차마 놓지 못하고 하리下吏에게 차를 따르라 하기에, 하리가 끓는 물을 불쑥 부으니 잔 가운데가 갑자기 터지고 말았다. 모두들 술에서 깨어나 이를 알고는 하루 종일 애석해 마지않았다. 다른 네모난 잔을 독서당讀書堂에 내리면서 전교傳敎하기를, "그대들로 하여금 술만 먹게 하려 함이 아니라 나의 진중珍重한 뜻을 보이기 위함이니라." 하였다. 그때에 강혼姜渾 공·신용개申用溉 공·김감金勘 공·김일손金馹孫 군 등이 독서당에 있었는데, 엎드려 그것을 받아 갑匣 속에 싸 간직하면서 오랫동안 보전할 계책을 도모하되 이에 관한 글이 반드시 있어야 한다 하고, 금으로 잔대를 만들고 거기에 명문銘文을 새기기를, "청정함은 변색되지 않고, 비었기 때문에 받을 수 있으며, 내려주신 물건을 덕德으로 삼아 오래도록 저버리지 말기를 생각하라." 하였다.

그 뒤로는 술이 내려오면 임금이 예例대로 하고 나서 술잔을 한 바퀴 돌리자마자 곧 갑속에 간직하니, 혹시 떨어트려 부수지나 않을까 해서이다. 연산조燕山朝 때 독서당이 폐지되자 잔을 옥당玉堂으로 옮기고, 옥당이 없어지자 또 시강원侍講院으로 옮겼다. 성조聖朝(중종中宗)가 중흥하자 다시 옥당에서 독서당으로 옮겨 왔는데, 그것이 옥당에 있을 때 구경하던 자가 실수하여 한 쪽이 약간 흠이 생겨 지금까지도 보는 자들이 한탄하는 바이다. 독서당의 존폐存廢가 무상하니 잔도 이리저리 옮겨 다녔고, 그것을 간수하는 사람이 여러 번 바뀌어서 보존에 태만하기 쉬워 위태로운 순간이 또한 한두 번이 아니었으나 아직도 거의 온전히 보존하여 성종의 보화를 보배로 여기지 않고 어질고 착함을 보배로 여기시던 거룩한 뜻을 빛내게 되었으니, 어찌 지극한 보배를 신들이 아껴 여지껏 사문斯文을 위해 보존하여 성상의 은택을 영원히 불멸하도록 한 것이 아니겠는가.[6]

그 이후 명종, 선조대를 거치면서 유망한 선비를 뽑아 말미를 주어 글을 읽게 하는 제도는 지속적으로 시행되었다. 다만 임진왜란 등의 전란을 겪으면서 국가의 재정에 어려움이 생겨서 운영의 문제가 제기되기도 했지만, 인조가 즉위하면서 문학하는 선비들을 선발하여 사가독서하게 하였다.

문학하는 신하 이민구李敏求 · 조익趙翼 · 임숙영任叔英 · 오숙吳翿 · 이명한李明漢 · 정백창鄭百昌 · 김세렴金世濂 · 장유張維 · 이식李植 · 정홍명鄭弘溟 등 10인을 선발하여 호당湖堂에서 사가 독서賜暇讀書하도록 명한 뒤에 피선자 중 파직된 인원은 서용하라고 명하였다.[7]

이식은 「독서당讀書堂의 옛 터에 대한 기록(記書堂舊基)」에서 동호 독서당의 구조와 배치에 대해 상세하게 증언하고 있다.

나는 두 번 사가독서賜暇讀書 요원으로 선발되었고, 세 차례나 외람되게 문형文衡의 자리를 차지하였다. 하지만 그 당시에는 독서당이 복구되지 않았던 탓으로, 서적을 임시로 한강漢江가에 소장해 두었기 때문에, 그때까지도 옛날 독서당의 규모나 위치를 알 수 없었으므로 늘 꺼림칙하게 생각하였다.

그러다가 이번에 호상湖上에서 대죄待罪하면서 우연히 독서당의 옛날 관리였던 김국金國이라는 사람을 만나게 되었다. 그리하여 독서당의 고사에 대해서 두루 물어 보는 한편, 그와 함께 직접 독서당의 옛 터를 찾아가 보았는데, 그가 가르쳐 준 대로 기록함으로써 뒷날 상고할 수 있는 자료로 제공하고자 한다.

독서당은 산허리에 자리 잡고 있었는데, 한강과는 소 울음소리가 들릴 정도로 가까운 거리였으며, 마치 군림하듯 위에서 아래로 내려다보고 있었다 한다. 좌우의 가파른 골짜기에서 물 네 줄기가 흘러내렸는데, 그 사이에 기암괴석과 폭포가 있었으며, 가뭄이 들어도 그 물만큼은 마른 적이 없었다 한다. 그리고 산은 현재 모두가 모래와 돌이 드러나면서 헐벗은 모습을 보여 주고 있는데, 옛날에는 푸른 소나무로 울창하게 뒤덮여 있었다고 한다.

독서당 건물 북쪽으로 흙봉우리 하나가 둥그렇게 빼어난 모습을 홀로 보이며 서 있고, 그 위의 소나무 숲 가운데 정자 하나가 있어 이름을 망호정望湖亭이라 하는데, 그 정자가 호산湖山의 승경勝景을 독점했으리라는 것은 두말할 필요도 없겠다.

정당正堂은 통산 열두 칸으로 계산이 된다. 우측에는 서상방西上房 세 칸이 있었고, 그 앞에 누각 세 칸짜리가 있었으니 이것이 이른바 남루南樓이다. 좌측으로는 똑같이 세 칸짜리 동상방東上房이 있었고, 그 앞에 여덟 칸짜리 문회당文會堂이 있었으며, 누각과 방옥房屋이 자리하고 있었는데, 지형을 보건대 평평하게 아래쪽으로 내려와, 동방東房에서 그 건물들을 굽어다보는 형태를 취하였다. 정당과 동방 사이에는 장서각藏書閣 두 칸이 있었는데, 같은 건물

안에서 벽만을 사이에 두고 있었다. 그 북쪽에는 보루실報漏室이 있었고, 보루실 북쪽으로 측영대測影臺가 있었으니, 이는 시각을 기록하고 독서당의 과정課程을 일깨워 주기 위함이었다.

서쪽 모서리 담장 밖으로 바위 사이의 오솔길을 따라 내려가면, 시내 위에 걸쳐 놓은 돌다리와, 그 시냇물을 끌어당겨 만든 몇 이랑 정도의 연못이 나타나고, 세 칸짜리 정자가 아담하게 서 있다. 그리고 그 북쪽으로 삼중三重의 섬돌이 보이는데, 이곳은 각종 화초와 수목을 심었던 곳이다.

서방西房의 담장 안에는 세 칸짜리 푸줏간이 있었고, 동쪽 담장 밖에는 세 칸짜리 마구간과 서리書吏의 방 세 칸, 그리고 대문 한 칸이 서 있었다. 또 그 문 아래로 수십 보를 걸어가면 물을 끌어당겨 만든 연못이 있었고, 그 위에 자그마한 정자 두 칸이 있었는데, 이곳은 외부의 손님을 접대하는 곳이었다.

이 정자를 비롯해서 푸줏간과 서리의 방은 모두 한 칸마다 네 개의 기둥으로 이루어졌으며, 아래에 늘어선 정당을 비롯해서 여러 방들과 누각은 앞뒤로 부속 건물이 딸려 있고 여덟 개의 기둥으로 이루어졌다. 현재 주춧돌이 땅속에 묻혀 있어 확실하게 수치를 셀 수 없기 때문에 대략 칸 수를 가지고 기록해 놓는다.

김국의 말에 의하면, 성대했던 시대의 사가독서賜暇讀書는 으레 12원員을 선발한 뒤에 번番을 두 개로 나누어 직숙直宿하면서 독서하게 하였는데, 대제학大提學이 날마다 지어야 할 글을 부과하여 성적을 매긴 다음 위에 보고하였다 한다. 그리고 달마다 세 번씩 궁중의 술이 하사될 때에는 별도로 제술製述 시험을 보여 은상恩賞을 내리곤 하였는데, 수석에게는 호피虎皮가 하사되고 차석에게는 표피豹皮·마장馬裝·호초胡椒·단목丹木 등 물건이 주어졌다 한다. 이와 함께 관에서 아침저녁으로 물자를 공급하였고, 독서당에서 필요한 물품을 또 요구하면 내외의 관사官司를 막론하고 감히 그 요구를 거절하지 못했다고 하는데, 이에 대해서는 우리들이 전배前輩로부터 익히 들어 잘 알고

동호의 독서당 터

있는 바이다.

또 김국의 말에 따르면, 독서당에 들어오는 인원은 모두가 삼사三司의 명관名官들이라서 자주 자리를 옮기거나 정고星告를 하였기 때문에, 항상 번番의 숫자를 채우지 못했고 어떤 때는 3, 4원 정도로 그치는 경우도 있었다고 한다. 그렇지만 으레 지급되는 한 달치의 취사용 쌀 15석石과 콩 15석은 물론이요, 내섬시內贍寺에서 날마다 각 인원에게 공급하는 술 한 병과 염장鹽醬, 소채蔬菜, 시탄柴炭 등은 원래 규정대로 꼬박꼬박 지급되었다고 한다. 그리고 독서당 관원이 출입할 적이면 역마驛馬를 이용하였고, 이 밖에 방주方舟 두 척을 아름답게 꾸며서 연회를 베풀며 노닐도록 배려하는 한편, 이런 때에는 장악원掌樂院의 기악妓樂까지도 제공받도록 하였는데, 비록 중서 사인中書舍人의 관아라 하더라도 감히 독서당의 몫을 먼저 차지하려고 다투지를 못했다고 한다.

서리書吏 9구口와 사예使隸 8구도 모두 요포料布를 받았으며, 독서당에 소속된 노비 80여 호戶 역시 독서당 옆에 빙 둘러 살면서 서리와 사예의 일을 대신할 적에는 그 대가로 요포를 받았다고 한다. 그런가 하면 간혹가다 시탄柴炭이나 미두米豆를 쓰고 남은 것들은 별도의 창고에 보관해 두었다가 문회당文會堂이나 연못 정자 등에 일이 있을 적에 이를 돈으로 환산해서 비용으로 쓰기도 하였으며, 반찬 같은 것들도 이를 이용해서 풍족하게 준비하였고, 술도 몇 섬 정도는 늘상 빚어놓고 있었으니, 내섬시에서 공급하는 물자만 있었던 것이 아니라고 한다.

김국이 전하는 말은 대체로 볼 때 모두 옳은 내용이라고 여겨진다. 옛 독서당의 서리와 노복奴僕 가운데 지금까지 생존해 있는 자는 오직 김국 한 사람뿐인데, 나이가 이미 여든이 넘어 귀는 먹었어도 총기만은 아직 어두워지지 않아 설명해 주는 것이 분명하였다. 내가 다행히도 지금 와서 이런 사람을 제대로 만났으므로, 독서당 터를 그와 함께 돌아보며 그가 가르쳐 준 대로 이상과 같이 차례로 기록해 두는 바이다.

이와 함께 나름대로 삼가 생각나는 점이 있다. 세종世宗 초에 특지特旨로 사가독서를 명할 적에는 정원定員도 없었고 정수定數도 없었으며 이졸吏卒을 공급하는 것에도 정액定額이 없었다. 그럼에도 여기에 선발된 사람들은 각자 면학勉學을 하고 문장을 닦으면서 감히 규례를 뛰어넘어 사치스럽게 구는 이가 없었다. 그런데 그 뒤에는 특별히 관사官司를 설치하고 규제規制를 정해 두는가 하면 성적을 매기는 규정 역시 엄격한 것처럼 보이기만 하였는데, 실제로는 사치스러운 생활과 노닥거리며 시간을 때우는 습관을 면치 못하게 되었으니, 전후의 시대에 따라 인재가 얼마나 차이나게 육성되었는지 이를 통해서도 알 수 있는 일이라 하겠다.

지금 태평 시대가 도래할 조짐이 보이지 않는 가운데 사문斯文이 땅을 쓴 듯 없어지고 말았는데, 독서당 역시 언제나 복구될지 기약할 수 없는 형편이다.

그리고 설령 독서당이 복구된다 하더라도 이제부터는 제대로 운영하여 말류末流의 폐단이 또다시 일어나지 않도록 경계해야 할 것이다. 우선 이상과 같이 기록해 둔다.[8]

독서당의 일상과 모임

독서당은 글 잘하는 선비들을 뽑아서 장기간 말미를 주어 조석으로 토론하고 연구하게 한 곳이다. 나라에서 쌀과 술을 보내주어 그들이 편안하게 연구할 수 있도록 배려하였으며, 성종 때에는 수정배水精盃로 어주를 하사하기도 하였고, 공정한 추천을 거쳐 엄정하게 선발하도록 하였다.

독서당에서 글을 읽는 선비들은 때로 연집宴集을 하기도 하고, 계회契會를 열기도 하였는데, 상사上巳·중추仲秋·중양重陽 등의 가절佳節에는 교외에 나가 놀기를 명하고 잇달아 술과 풍악을 하사하였다.

이행은 〈독서당연집, 취후주필讀書堂宴集. 醉後走筆〉에서 독서당의 생활을 다음과 같이 읊었다.

지리하게 내리던 비 막 그치니	宿霖初罷休
쇠잔한 해가 구름 뿌리 비추누나	殘日映雲脚
두세 분 벗님과 함께 어울려서	扶携三兩公
서로 양보없이 고담준론 벌인다	高論無前却
평생 발길이 호해를 떠돌던 터	平生湖海蹤
취향들이 자못 우뚝이 드높아라	趣尙頗犖犖
이렇게 득의할 때도 우연인 것	得意聊偶爾
어찌 문자에 속박될 필요 있으랴	安用文字縛

울지 않는다면 그만이겠거니와	不鳴且卽已
운다면야 구고의 학이 되어야지	鳴則九皐鶴
하루 만에 백 편의 시를 짓나니	一日百篇詩
이 일이 장난에 그치진 않으리라	玆事不爲謔
문단에서 서로 만나길 기약하노니	相期翰墨場
이제부터 미투리를 손질해야겠군	從此理雙屩
이 마음은 큰 용광로와 같은데	此心若洪鑪
풀무질하여서 불을 피워대고	鼓之以橐籥
내 붓은 잠시도 쉬지 않는데	我筆不暫停
그대들 의론 누가 감히 막으랴	君議誰敢閣
단지 아쉽게도 이 티끌세상에	但恨塵土中
지분이 각기 다른 지 오래구나	地分久已各
그대들에게 권하노니 술잔 들고	勸君且擧酒
이 약속을 모쪼록 잊지 마시라	愼毋忘斯約
술 취하면 곧 지금의 장군이니	醉去今將軍
오늘 밤 야경 소리도 두렵지 않아라[9]	不怕犯宵鐸

정사룡은 〈제독서당계축題讀書堂契軸〉에서 다음과 같이 읊고 있다.

골 중에서 우수한 인재가 모두 빼어난 무리인데	萬中靑錢摠勝流
재주를 길러 다른 날 큰 계략을 뽐으리.	儲才異日賁鴻猷
묘신卯申에 관아로 달려가는 괴로움에 묶이지 않고	卯申不縛趨衙苦
토론하고 검열하며 예스러움을 긷는 꾀를 함께 나르네.	討閱同輸汲古謀
강가의 나무는 물가에 비낀 어둠을 멀리 머금고	江樹遠含橫浦暝
더운 바람은 돛 가득 가을을 굳세게 보내네.	暑風剛送滿帆秋

신선 배에 우아한 모임은 오래 명성이 전해지는데
만물의 빛이 먼저 돌아가니 범 머리를 돌아보네.[10]

仙舟雅集傳聲舊
物色先歸顧虎頭

한편 윤현尹鉉은 독서당의 일상을 〈독서당잡영讀書堂雜詠〉으로 그리고 있는데, 여름날, 가을날, 겨울날, 아침, 저녁, 달 등이 그것이다.[11]

장유張維가 쓴, 「호당의 모임을 기념하는 병풍에 쓴 글(湖堂契屛序)」을 보면 다음과 같다.

국조國朝에서 문文을 숭상하는 것으로 치국 이념治國理念을 삼았으므로 사신詞臣을 양성하는 그 제도가 말할 나위 없이 갖추어졌었다. 그런데 엄격하게 선발한 다음 융숭하게 예우하면서 공령功令(학사學事에 관한 규정)을 엄하게 정해 놓은 것으로 말하면 호당湖堂의 경우가 그 극에 달한 것으로서 더 이상 무엇을 보탤 수가 없었다고 하겠다.

따라서 용龍 무늬를 새기고 봉황鳳凰을 토해 내는 것과 같은 성예聲譽를 지니고 있지 않으면 가령 대성臺省의 청요직淸要職에 몸담고 있거나 관각館閣의 아망雅望을 받고 있는 자라 할지라도 호당의 선발에 끼일 도리가 없었다.

일단 사가賜暇의 명이 내린 뒤에는 다른 사람과 달리 녹봉祿俸을 넉넉하게 지급하였을 뿐더러 태관太官(궁중의 음식물을 관장하는 관청)의 진귀한 음식이나 소부少府(임금의 사부私府로서 의복 보화 등을 관장함)에 소장된 것은 물론이요 대궐에서 기르는 최상품 말(馬)에 옥방울을 달고 아름다운 안장鞍裝을 얹어 선물로 주는 일까지도 종종 잇따르곤 하였다.

그러나 일단 호당에는 달별 혹은 날짜별로 행해야 할 과정課程이 부여되어 있는 데다 어떤 때는 중사中使(왕명을 전달하는 내시內侍)가 황봉黃封(임금이 하사하는 술)을 싸들고 어제御題를 받들고는 불시에 찾아와서 위로하며 권면하는 일을 채 끝내기도 전에 그 자리에서 보답하는 글을 써서 바치라고 요구를 하곤 하였으므로 칠보七步의 재주를 소유하고 있지 못하는 한 낭패를 당하는 경우가 종종 벌어지기까지 하였다.

그러니 그 영예榮譽는 그지없는 것이었다 하더라도 그 반면에 부과된 책임으로 말하면 실로 중대하고 어려운 것이었기 때문에, 이야기하는 자들이 호당에 선발되는 것을 영주瀛洲에 오른 것으로 비기기까지 하면서 세속을 초월한 재주와 소질을 모두 갖추어야만 부끄러움 없이 호당에 있을 수 있다고들 하였다.

그런데 임진년의 변란으로 인하여 이 제도가 폐지된 채 거행되지 못하였는데 선묘宣廟 말년에 이르러서도 난리를 치른 지 얼마 되지 않은 때라서 뒷수습을 하느라 문에 정책에는 손을 쓸 틈이 없다가 광해光海 초에 이르러 조금씩 닦아 거행하기 시작하였다.

그러나 얼마 지나지 않아 시대의 상황이 크게 바뀌는 바람에 학사學士들 대부분이 법망法網에 걸려든 가운데 뭇 간사한 자들의 사인私人으로서 복랍伏臘도 구별하지 못하는 자들이 무더기로 그 자리를 점거하고는 내탕고內帑庫의 늠료廩料를 타먹는 것이나 이롭게 여기면서 실컷 먹고 취하며 장난치는 자료로 삼고 말았으니 너무나도 추해지고 말았다 하겠다.

금상今上(인조仁祖)께서 대위大位에 오르신 뒤 예전의 더러운 것들을 일소一掃하시고 모든 일을 새로 시작해야만 하는 바쁜 시기에 처해 있었음에도 불구하고 문학文學 방면에 관심을 쏟아 호당의 선발 제도를 다시 거행토록 하라고 명을 내리셨다.

그리하여 당시에 옷 속에 옥玉을 품고 손에 옥을 지닌(懷瑾握瑜) 선비들이 세상을 피해 칩거蟄居하고 있다가 밝은 조정에 나아왔는데 대체로 자질을 갖춘 위에 문채가 빛나는 훌륭한 인물들이었다. 이에 태학사太學士(홍문관 대제학)가 공정하게 심사하여 뽑은 결과 10인을 얻었는데, 이들 모두는 한 시대의 명망을 더할 수 없이 한 몸에 지닌 인사들이었다. 그런데 이때 유독 재주가 없는

나 역시 능력이 없는 몸으로 외람되게 피리를 부는 대열에 끼이게 되었다.

당시로 말하면 마침 병란으로 황폐해져서 의례儀禮를 낮추어 간략하게 하던 때였으므로 사가賜暇하는 일도 잠시 중단하고 있었으나 은혜를 베풀어 주시는 것만큼은 다른 관료들에 비해 훨씬 많았었다. 이에 내가 말하기를,

"태평 시대의 고사를 가지고 살펴본다 하더라도 이 호당의 선발이 중한 것이라고는 하지만 단지 풍형豐亨(모든 것이 풍족하여 구애됨이 없는 상태를 말함)을 수식하는 한 가지 일이라고 하는 점에서는 아마 그다지 다른 점이 없을 듯하다. 그런데 오늘날 어려움이 겹쳐 피폐된 상황에서 심지어는 사궤四簋의 음식을 갖춰 사가독서賜暇讀書하는 사람들에게 주지도 못하는 처지임에도 불구하고 선발하는 일만은 폐지하지 않고서 그 이름을 남겨 두었으니, 이는 장차 그 열매를 맺도록 요구하기 위함이다. 그러니 조가朝家에서 사문斯文에 관심을 쏟으면서 우리들에게 기대를 걸고 있는 것이 너무도 근실하고 지극한 것이라고 해야 하지 않겠는가.

지금 바야흐로 뭇 인재들이 떨쳐 일어난 결과 학문의 세계가 넓고 바른 도를 지닌 홍유鴻儒 석학碩學들이 어디를 막론하고 빽빽이 들어차 있는 형편이다. 그런데 이 호당에 선발된 사람이라고 해야 겨우 10명을 채운 데 불과하니, 우리들이 어떻게 이 자리를 차지할 것이며 또한 어떻게 이 임무를 감당할 수가 있겠는가.

대저 상께서 우리들에게 기대하고 계시는 것이 저토록 근실하고 지극한 데다 우리들이 또 이처럼 융숭하고 중한 지위를 외람되게 차지하고 있으니, 우리들이 만 분의 일이나마 그 책임을 메우려고 생각한다면, 장차 어떻게 해야만 하겠는가.

마음을 순결하게 하고 문교文敎를 닦아 공업功業을 이룬다는 자세로 매진하여 벼슬살이와 학문이 서로 어긋나지 않게 함은 물론 체體를 밝히고 용用을 적절히 함으로써 시대의 수요需要에 응해야만 뿌리에 물을 주어 열매를 거두

도록 한 기대를 그런대로 저버리지 않을 수 있게 될 것이니, 이것이야말로 우리들이 스스로 노력하여 이루어야 할 일이라고 하겠다. 그러니 어찌 힘쓰지 않을 수가 있겠는가."

하였는데, 한참 시간이 흐른 뒤에 제공諸公이 서로 상의하여 말하기를,

"이번의 일은 중흥의 시대에 맞게 된 성대한 일인 만큼 뭔가 기록해 두지 않을 수 없다. 그리고 또 사람의 일이란 만났다 헤어지고 올라갔다가 내려가는 등 미래를 예측할 수가 없는 것이니, 어찌 지금의 공통된 정서를 한데 묶어 자취를 남겨 두지 않아서야 되겠는가."

하고는, 마침내 공인工人을 시켜 병풍을 만들게 한 다음 거기에 그림으로 그려 넣고 여러 사람들의 이름을 나열해 적어 넣도록 하였다. 그러고는 이 일이 완성되자 나에게 서문을 써 넣으라는 부탁을 해 왔다.

아, 계해년(1623, 인조 1)으로부터 지금에 이르기까지 겨우 4년밖에 경과하지 않았는데, 옛날의 열 사람 가운데 나와 비경飛卿(조익趙翼)과 숙우肅羽(오숙吳翿)가 승진해 다른 곳으로 옮기는 바람에 그 자리를 떠났고, 소암疎庵(임숙영任叔英) 같이 훌륭한 사람은 이미 죽어 무덤 가의 측백나무가 열매를 맺고 있으니, 옛사람이 말한 바 '올려다보고 내려다보는 사이에 벌써 과거의 일이 되고 만다.(俛仰陳迹)'고 한 실증을 엄연히 볼 수가 있다고 할 것이다. 이것이 바로 이 병풍 그림을 그리게 된 이유인 동시에 글 한 편 짓는 일 역시 그만둘 수 없게 된 까닭이라 하겠다. 아, 어찌 서글퍼지는 심정을 금할 수 있겠는가.[12]

미래를 준비하는 인재

시대가 어려울수록 미래를 준비하는 노력을 게으르게 할 수 없는 것이다. 미래를 대비하기 위하여 가장 필요한 것은 인재를 배양하는 것이다. 그리

고 그 인재가 새로운 시대를 위해 재충전할 수 있는 기회를 마련하는 것은 더욱 중요하다.

주)

1 성현, 『용재총화』.

2 김종직, 『점필재집』.

3 조위, 「독서당기」, 『매계선생문집』 권4, 『한국문집총간』 16, 328면, 建大廈者, 豫養梗枏杞梓之材於數十百年, 必待呂霄聳壑, 然後取爲棟樑之用. 適萬里者, 豫求驊騮駃騠之種, 必豐其芻豆, 整其鞍鞁, 然後可達燕楚之遠. 爲國家者, 豫養賢才, 亦何以異於此. 此讀書堂之所由作也. 恭惟本朝列聖相承, 文治日臻, 世宗大王神思睿智, 卓越百王, 制作之妙, 動合神明, 以爲典章文物. 非儒者, 莫可共定. 博選文章之士, 置集賢殿, 朝夕講劘治道. 又以爲研窮義理之奧妙, 博綜群書之浩穰, 非專業莫克. 始遣集賢文臣權採等三人, 特賜長暇於山寺, 任便讀書. 季年, 又遣申叔舟等六人, 便得優游厭飫. 大肆其力, 文宗繼緒, 篤志儒雅, 又遣洪應等六人給暇. 於是, 人才之盛, 極於一時, 述作之美, 侔擬中國. 今上卽位, 首開藝文館, 復古集賢之制, 日御經筵, 覃精文籍, 尊崇儒術, 有養人才, 視古有加. 歲丙申, 復用祖宗朝故事, 命蔡壽等六人賜暇. 今年春, 又命金勘等八人賜暇, 就藏義寺讀書. 饔人致餼, 酒人設醴, 時遣中使, 錫賚便蕃. 仍敎政院曰, 宜於城外, 擇地開堂, 以爲讀書之所. 政院覆啓, 龍山小菴, 今係公廨棄之矣. 修而葺之, 爽塏幽曠, 藏修游息, 此最爲宜. 上可其請, 遣官董役, 閱兩月而成. 凡爲屋僅二十間, 而夏涼冬燠, 各具其所. 於是, 賜額曰讀書堂, 命臣爲記. 臣竊惟, 詩之旱麓曰, 愷悌君子, 遐不作人. 人才之興, 繫乎上之人作成如何耳. 苟善養之, 濟濟多士, 王國克生, 不善養之, 國無其人, 誰與圖理. 若徒慕養士之名, 而苟焉取之, 鷄鳴狗盜之流, 竊吹其間, 可不謹哉. 三代人才, 皆由庠序, 而成周造士之法, 最爲詳密. 若漢之翹材, 唐之登瀛, 皆苟得一時之名, 烏足議爲也. 惟我國家涵養百年, 敎化開導之方, 獎勵養成之規, 實與成周造士之法, 相爲表裏. 而泮宮玉堂之外, 又有養賢之所, 擇之精而遇之厚, 其與詩之每食無餘, 不承權輿者, 爲如何哉. 易曰, 聖人養賢, 以及萬民. 傳之者曰, 養賢, 所以養萬民也. 今日之假館致餼, 無與治道也. 萬機之繁, 特紆宸念, 似若不切於事也. 然他日經綸治道, 黼黻王猷者, 未必不由此輩. 而粉飾太平, 澤被生民, 其功利之及於遠者, 蓋不可量也. 譬諸梗枏杞梓, 驊騮駃騠之收用於一時者, 豈不萬萬乎哉. 而殿下之急先務

者, 高出於前代矣. 夫然則應是選者, 可不思副聖上樂育之恩耶. 聖人之道, 布在方策, 六經之淵深, 諸史之異同, 百家之浩汗, 必將包羅該括, 涉其流而撮其精, 觀其會而舉其要, 極其博而歸於約, 然後能深造之而逢其原矣. 皇王帝伯之道, 禮樂刑政之本, 修齊治平之要, 舉在於此. 施諸事業, 在强勉耳. 董子所謂强勉學問, 則聞見博而智益明, 强勉行道, 則德日起而大有功者, 可見其效矣. 徒取糟粕, 以爲記誦之資, 組織綺麗, 以爲聲律之文, 以誇世而眩俗, 則非朝廷儲養之意也. 嗚呼, 學問之功, 貴乎變化, 今日讀一書, 猶此人也. 明日讀一書, 亦猶此人也. 雖多, 亦奚以爲. 孔子曰, 學而不思則罔, 又謂子夏曰, 汝爲君子儒, 毋爲小人儒, 可不勉之哉.

4　『신증 동국여지승람』.

5　『중종실록』10권, 5년(1510) 1월 19일(병자).

6　김안로, 『용천담적기』.

7　『인조실록』3권, 1년(1623) 10월 28일(을유).

8　이식, 「記書堂舊基」, 『澤堂先生別集』卷之五, 『한국문집총간』88, 349면.

9　이행, 『容齋先生集』卷之三, 『한국문집총간』20, 398면.

10　정사룡, 『湖陰雜稿』卷之四, 『한국문집총간』25, 125면.

11　윤현, 『菊磵集』卷下, 『한국문집총간』35, 55면.

12　장유, 「湖堂契屛序」, 『谿谷先生集』卷之六, 『한국문집총간』92, 102면.

조계동의 구천은폭

동소문 바깥의 선구

18세기에 엮어진 『해동지도海東地圖』의 「경도京都」를 펼치면 삼각산의 동문東門 오른쪽으로 조계曹溪라는 골짜기가 표시되어 있다. 혜화문惠化門(東小門)에서 골짜기 이름까지 붉고 굵은 선이 그어져 있어서 길이 연결되고 있었음을 짐작할 수 있다.

이 골짜기는 조계漕溪, 조계槽溪 등의 이름으로 기록되기도 하였는데, 골짜기에 조계사曹溪寺 또는 대흥불우大興佛宇라는 절이 있었다. 그런데 현재 그 절의 위치를 확인하기 어렵다.

인조 24년 병술년(1646) 늦은 봄에 인조의 셋째 아들인 인평대군麟坪大君이요李㴠(1622~1658)가 동소문을 나서서 이 골짜기에 노닐게 되었다. 인평대군의 집은 낙봉駱峯 아래에 마련되어 있어서 동소문 바깥이 인평대군의 권역에 포함되어 있었던 셈이다.

인조 19년(1641) 2월 인평대군의 저택을 짓는 공사를 시행하면서 간원諫院의 지적을 받기도 하였으나 왕은 사재私財로 짓는다고 하면서 강행하였다.

골짜기에 노닐면서 한 줄기 폭포를 발견하게 된다. 이미 여산廬山에 양보하지 않는다고 익히 들어온 삼각은폭三角銀瀑이라 선구仙區를 발견한 반가

『해동지도』 「경도」 부분, 서울대학교 규장각 소장

움은 그지없었을 것이다. 이 감회를 다음과 같이 기술하고 있다.

삼각은폭三角銀瀑을 여산廬山에 양보하지 않는다는 말을 물리도록 들었으나, 그 진승을 찾지 못하다가 병술년(1646, 인조 24) 늦봄에 우연히 조계에 노닐면서 선구를 찾아보게 되었다. 한 줄기 폭포가 이름과 실제가 어긋나지 않았다. 이에 산을 파고 골짜기를 막아 정자와 돈대를 세웠는데, 매우 맑고 빼어났다. 때때로 간혹 거문고와 술병을 들고 바람과 달을 읊으며 옥 물결에 목욕하고 구슬 골짜기를 어슬렁거렸다. 다락집을 보허步虛라고 하고, 당을 영휴永休라고 하였다. 아, 천백 년이 지나 단향목을 그리고 용마루를 새겨서 제멋대로 높고 높이지 않아도, 끝내 없어지지 않는 것은 오직 석교石橋와 은폭銀瀑이랴?「제 조계보허각암벽상」[1]

인평대군은 이곳을 자신이 풍류를 즐기는 공간으로 삼기로 작정하고 산을 파고 골짜기를 막아 보허각步虛閣과 영휴당永休堂을 세우고 별업으로 삼았다. 인평대군의 문화공간이 만들어진 것이다. 그리고 여산폭포에 양보하지 않는다고 소문이 났던 폭포는 열한 굽이로 되어 있는데, 그 이름을 구천은폭九天銀瀑이라 하고 당대 글씨로 이름이 있던 이신李伸으로 하여금 글씨를 쓰게 하고 각자刻字까지 하였다.

이곳 조계별업은 곧 형님인 봉림대군(효종)에게 보고되고, 여러 차례 중국에 사신으로 갔던 인평대군이 중국의 화가인 맹영광孟永光을 데리고 와

구천은폭의 물줄기

구천은폭(九天銀瀑) 각자, 이신(李伸)이 썼다

서 함께 노닐기도 하였다.

형님인 봉림대군에게 시로 보고한 내용이다.

이백년 동안 사람들이 일컬은 곳인데	二百年間人所稱
이제야 명성이 충분히 더하리.	如今聲價十分增
산은 봉새가 날아올라 시의 재료가 되고	山爲鳳翥爲詩料
샘은 용이 읊어서 술의 벗이 되리.	泉作龍吟作酒朋
골짜기 안의 겨르로운 구름은 옛 절을 갈무리하고	洞裏閒雲藏古寺
난간 앞의 밝은 달은 돌아가는 중을 따르네.	檻前明月伴歸僧
술이 깨어 문득 빼어난 선구를 보노라니	醒來忽看仙區勝
어슴푸레한 푸른 벽은 성등聖燈과 같네.[2]	翠壁依俙似聖燈

다음은 맹영광과 함께 조계에서 노닌 광경이다.

대가마로 먼 데서 온 손님을 모시는데	籃輿携遠客
동교의 별서에 새로 햇빛이 나타나네.	郊墅屬新晴
난간에 기대니 푸른 산이 가깝고	倚檻青山近
발을 걷으니 떨어지는 폭포가 환하네.	捲簾飛瀑明
풍류는 거듭 빼어난 모임이고	風流仍勝會
그림은 더욱 높은 이름이네.	繪素又高名
조금 취하여 흥취를 타고 돌아가노라니	小醉乘歸興
비낀 해가 도성에 가득하네.[3]	斜陽滿禁城

맹영광은 그해 가을 중국으로 돌아갔다.

성이 맹孟인 한인漢人이 있었는데 그림을 잘 그렸다. 지난해 인평대군麟坪大君을 따라 북경에서 왔는데, 상이 늘 금중禁中에 두고서 날마다 그림을 그리게 하였었다. 이때에 이르러 지응중사持鷹中使와 함께 돌아가기를 원하니, 상이 모의毛衣와 노비路費를 하사하라고 명하였다.[4]

뒷날 이곳에 들른 사람들의 기록에 따르면 폭포 옆에 "송계별업松溪別業"이라고 새겼고, "비홍교飛虹橋"라는 돌다리가 있으며, 돌다리의 아래위에 "창벽蒼壁", "한담寒潭"이라고 새겼다고 하였다.

인평대군과 그 주변

인평대군은 선조 임금의 증손자이고, 원종대왕元宗大王으로 추증된 정원군定遠君 이부李琈의 손자로, 인조 임금의 셋째 아들이다. 봉림대군으로 알려진 효종 임금의 동생이다. 자는 용함用涵, 호는 송계松溪이며, 여덟 살에 『효경』과 『소학』 등을 사부師傅 윤선도尹善道에게 학업을 닦았고, 인조 18년(1640) 볼모로 심양에 갔다가 이듬해에 돌아온 뒤에, 인조 20년(1642) 5월 진하사를 비롯하여 여러 차례 사은사 등으로 청나라를 다녀왔다. 오단吳端(1592~1640)의 따님을 아내로 맞아서, 욱楠, 정楨, 남柟 등의 6남 4녀를 두었다. 인평대군이 죽은 뒤에도 후손들은 효종과 현종의 보살핌을 받아 권력과 안정을 누리게 되었다. 그런데 숙종 6년(1680) 경신년에 복선군 남柟 등이 역모를 꾀했다고 하여 화를 입으면서, 복창군 정楨의 양자로 있던 의원군 혁爀을 파양하여 본가로 보내면서, 절손의 상태에 놓이기도 하였다. 그 이후 영조 7년(1731) 의원군의 아들 안흥군 숙㙷을 인평대군의 봉사손으로 삼고, 영조 49년(1773)에는 안흥군의 아들 진익鎭翼에게 인평대군의 연행록 등을 가져오게 하여 운각芸閣에서 인행하고 이진익에게 공조참판의 벼슬을 내렸으며, 순조 18년(1815)에는 이진익의 손자이며 병원秉源의 둘째 아들

인 채중宋重을 구球로 개명하여 남연군南延君으로 삼아 영조의 손자 은신군
恩信君 진禛의 입후를 삼았다. 남연군의 넷째 아들이 흥선군 하응昰應이고,
흥선군의 아들이 재황載晃인데 뒤에 익성군翼聖君에 봉해지고 익종翼宗의
후사가 되어 고종에 올랐다. 결국 고종 임금이 인평대군의 법적인 사손嗣孫
이 된 것이다.

그런데 인평대군이 동소문 바깥에 별업을 마련하던 당시 조정에서는 이
러한 일련의 일들에 대한 비판이 있었다.

대사헌 김남중金南重이 아뢰기를,
"여러 궁가宮家 시장柴場의 폐단에 대해 대신도 지적하여 말하지 않고 범연히
궁가라 말하였는데, 동대문 밖은 다 인평대군麟坪大君이 차지하고 있습니다.
인흥군仁興君과 경평군慶平君은 전하께서 난처하신 바가 있겠으나, 능원대군
綾原大君과 인평대군도 금단하실 수 없겠습니까. 또 인평대군 집에 머무르는
한인漢人은 무슨 일로 데려왔는지 모르겠습니다만 길에서 한림翰林을 때렸으
니 매우 놀랍습니다. 신이 법부法府에서 죄를 다스리게 하고자 하였으나 대군
이 숨기고 내어 주지 않았습니다." 하였다.[5]

한편 집안의 조경을 위하여 두모포의 석재를 캐다가 지적을 받기도 하
였다.

예조가 아뢰기를,
"국초國初부터 도성都城 안팎에 집을 짓는 자가 10리 밖에서 돌을 가져오고
감히 10리 안에서 가져오지 못한 것은 나라에 금령禁令이 있어서 사람들이
법을 두려워하기 때문인데, 근래 두모포豆毛浦 가에서는 궁가宮家에서 바야흐
로 돌을 캐고 사가私家에서도 캐는 자가 있다 하니, 나라의 금령이 행해지지

않는 것을 여기에서 볼 수 있습니다.

신이 듣건대, 지가地家에서 말하기를 '수구水口의 돌 하나는 만산萬山에 해당한다.' 하는데, 이곳은 바로 도성의 수구입니다. 한 덩이의 돌도 더욱이 캐서는 안 되니, 한성부로 하여금 엄하게 금지하도록 하소서."

하니, 상이 따랐다. 궁가는 곧 인평대군麟坪大君이다.[6]

한편 사형인 효종 임금은 인평대군을 극진히 아꼈다.

상은 천성이 우애스러워 인평대군麟坪大君이 궁궐을 출입할 때는 마치 집안 사람처럼 예우하여, 일찍 들어가 늦게 나오는 것이 매일의 일상이었다. 상이 일찍이 함께 자전을 뵙고는 이어 시절時節에 희귀한 물건으로 내기를 걸고 승부를 겨루곤 하였다. 예를 들어 생과生瓜나 생조生棗 같은 것도 구해오지 못하는 것이 없었는데, 그 줄거리와 잎이 신선하기가 마치 갓 동산에서 따온 것 같았다. 궁궐의 하인들이 사사롭게 서로 다투어 민간에서 얻으려 했기 때문에 사람들이 많이 그 사실을 알았다.[7]

인평대군麟坪大君 이요李㴭와는 어릴 때부터 잘 적에 반드시 이불을 같이 덮었고 하루도 차마 떨어져 지내지 못하였다. 장성하여서도 잠시 서로 떨어져 있게 되면 그때마다 그리워하는 마음을 버리지 못하였으며 금중禁中을 출입하는 것도 아침저녁 할 것 없이 수시로 하게 하였다. 매양 조가朝家에 사신使臣이 모자랐기 때문에 진사陳謝하는 중한 일을 부득이 대군大君에게 수행하게 하였는데 그러다 보니 자주하는 것을 면하지 못하였다. 대군이 떠날 때에는 안타깝게 손을 놓는 한스러움을 지녔고 돌아올 때에는 영접하는 사개使介를 멀리 압록강 밖에까지 보내어 법온法醞과 친찰親札로 위로하였다. 상봉相逢하면 배로 기뻐하여 희비喜悲가 겸하여 극진하였는데, 상체常棣(1139)의 화락

인평대군의 〈노승하관도(老僧遐觀圖)〉

한 즐거움도 그 지극한 정을 견주기에는 부족하였다.[8]

인평대군의 그림으로 〈산수도山水圖〉(서울대), 〈노승하관도老僧遐觀圖〉(홍성하), 〈고백도古栢圖〉(정무묵) 등이 있고, 맹영광의 그림으로 〈계정고사도溪亭古寺圖〉가 있다.

조계동 유람과 구천은폭

인평대군이 조계동의 구천은폭을 문화공간으로 마련한 뒤에 이곳은 삼각산 유람에서 매우 중요한 지소가 되었다. 문수암文殊庵과 중흥사中興寺를 거쳐서 백운봉白雲峰에 등림한 뒤에 하산하는 과정에 구천은폭에 들르는 것이 필수 코스가 되었던 것이다.

서울 도성 안이 바야흐로 봄을 맞아 따뜻한 시절에 풀과 나무를 비롯한 온
갖 생명들이 모두 즐거워하는데,
갓을 쓴 사람 대여섯과 아이 예닐곱을 거느리고 문수암과 중흥사를 거쳐 백
운봉에 올라보니 천문이 매우 가까운 곳에 있구나, 북쪽의 세 봉우리를 향
해 두 손을 마주잡고 있어서 무궁하게 나라를 편안하게 하고 장부의 가슴속
에 운몽雲夢(楚의 七澤의 하나로 7백리 사방의 큰 늪)을 삼킨 듯하네. 구천은폭九天
銀瀑에서 갓끈의 흙먼지를 씻은 뒤에 걸으면서 노래를 부르고 가다 쉬다 하면
서 태학太學으로 돌아오니,
증점이 읊으면서 돌아간 고상한 풍취에 미치고 있다고 여기노라.[9]

이 시조는 봄날 어른 몇 사람과 아이들 몇을 데리고 문수암과 중흥사를
거쳐서 백운봉에 올라 조망한 뒤에 구천은폭에서 갓끈의 흙먼지를 씻어낸
뒤에 노래를 부르며 성균관으로 돌아오면서, 증점이 기수沂水에서 목욕하고
무우舞雩에서 바람을 쐬고 읊으며 돌아오겠다고 한 고사를 환기하면서 봄
날 교외에서 누리는 풍류를 말하고 있는 것이다.
그런데 김수장이 지었다고 하는 다음 작품은 위의 작품을 근간으로 하
면서 확장을 하고 있는데 다른 경험들과 복합적으로 추가하거나 연행의 현
장에서 간접 경험을 포함한 기존의 정보를 확충한 것으로 이해할 수 있다.

陽春양춘이 布德포덕ᄒ니 萬物만물이 生光輝생광휘라
우리 聖主성주는 萬壽無疆만수무강ᄒᆞᆼᄉ 億兆억조ㅣ 願戴己원대기ᄒ고 群賢군현
은 忠孝충효ᄒᆞ야 愛民至治애민지치ᄒ고 老少노소에 벗님네도 無故無恙무고무양
커늘 名妓歌伴期會명기가반기회ᄒᆞ야 細樂세악을 前導전도ᄒ고 水陸珍味수륙진

미 五六駄오륙태에 金剛山금강산 도라들어 絶代名勝절대명승 求景구경ᄒ고 醉취흔 잠에 쑴을 쑤니 쑴에 흔 늙은 중이 邀我引導요아인도ᄒ야 吳楚東南景오초동남경과 齊州九點烟제주구점연을 歷歷역력히 盤廻반회ᄒ며 其間기간에 英雄豪傑영웅호걸들의 ᄌ최를 무를쎡에 夕鍾聲석종성에 씌거고나 朝飯조반을 직촉ᄒ야 望月懷陵망월회릉으로 正菴齋室정암재실 霽月光風제월광풍 水洛山寺玉流川수락산사옥류천에 塵纓진영을 씨슨後후에 文殊菴中興寺문수암중흥사에 軟泡杯酒연포배주ᄒ고 晴日청일에 登臨白雲峰등림백운봉ᄒ니 咫尺天門지척천문을 手可摩수가마ㅣ라 萬里江山만리강산 遠近風景원근풍경이 眼底안저에 森羅삼라ᄒ야 丈夫장부의 胸襟흉금에 雲夢운몽을 삼켯는 듯 브른비 나려오니 簫鼓소고는 暄天훤천ᄒ야 洞壑동학이 울히는 듯 山映樓산영루 올라안ᄌ 花煎화전에 点心점심ᄒ고 伽倻가야ㄱ고 검은고에 가즌稽笛계적 섯겻는듸 男歌女唱남가여창으로 終日종일토록 노니다가 扶旺寺부왕사 긴 洞口동구에 軍樂군악으로 드러간이 左右좌우에 섯는 將丞장승 分明분명이 반기는 듯 往來遊客왕래유객들은 못닉부러 ᄒᄃ돗드라

암아도 壽域春臺수역춘대에 太平閒民태평한민은 우리론가 ᄒ노라

이 작품은 금강산 유람, 망월사, 회룡사 수락산 유람, 백운봉 등림과 산영루 놀이 등의 세 종류의 놀이를 한 자리에서 연행하고 있는 것으로 이해할 수 있다. 금강산에서 아침밥을 먹은 뒤에 산영루에서 점심을 먹는 사이에 배치한 일정이 현실성을 확보하기 어렵다는 점이 그 증거이다.

17~18세기 조계동은 사대부들을 중심으로 삼각산 유람에서 중요한 지소의 하나로 인식되었다. 성균관의 선비들이 이러한 유람에 앞장서기도 하였다.

정칙鄭侙(1601~1663)의 시는 성균관에 있으면서 조계동에 놀러가려고 했는데, 비가 내리는 바람에 가지 못한 감회를 읊은 것이다. 〈반하에 있을 때

에 장차 여러 벗과 더불어 조계에 가려다가 비가 내려 시행하지 못하였다. 읊어서 김경겸계광(1621~1675)·김천휴학배(1628~1673)에게 부치다(在沜下, 將與諸友遊曹溪, 雨未果. 吟寄金景謙·金天休學培))라는 제목이다. 이 시가 『우천집』에는 60세인 경자년(1660)에 수록되어 있다.

만고에 조계 골짜기에는   萬古曹溪洞

놀러 온 이가 날마다 몇 사람인가?   來遊日幾人

산령이 나를 기다리는 듯한데   山靈如待我

언 비가 가는 길의 먼지에 뿌리네.[10]   凍雨洒行塵

이 시에 대하여 김계광은 〈반중차정우천칙운沜中次鄭愚川侙韻〉에서,

세속 사람들은 많은 말을 하지 말라   俗子休饒舌

이름난 구역이 주인을 기다리리.   名區待主人

모름지기 구천은폭의 물을 가지고   須將銀瀑水

돌아가서 도성에 가득한 먼지에 뿌리리.[11]   歸灑滿城塵

라고 차운하여, 성균관에서 지내는 선비들이 조계동에 유람하면서 구천은 폭을 구경하고 구천은폭의 물로 속세의 먼지를 씻겠다는 풍류를 드러내고 있음을 이해할 수 있다.

그 뒤에 권두경權斗經(1654~1726)은 두 번이나 조계동에서 노닐면서 다음과 같은 기문을 남기고 있다. 「유조계완월시서游槽溪玩月詩序」와 「재유조계기再游槽溪記」가 그것이다.

칠월 열엿샛날에 내가 조계에서 놀았는데, 산문에 들자 함께 놀기로 한 여러

사람들이 이미 도착하였다. 절 아래에 정사가 있어서, 장릉長陵(인조) 말년에 왕자 인평대군이 세운 것이다. 말에서 내려서 언덕을 나란히 하며 지름길로 북쪽으로 골짜기로 들어가니, 골짜기는 사람의 지경이 아니었으며, 기이한 돌과 드리운 샘이 많았고 돌은 병풍과 벽이 되어 들보와 문지방의 형상이었다. 돌다리를 건너니 물가의 누각이 바위가 차지한 공중에 시렁처럼 있었고, 물이 누각 바닥을 흐르며 소리가 쨍그랑거렸다. 물이 서벽 위의 골짜기 속에서 나와 벽에 이르러 매달려 흐르며 수십 자의 폭포가 되었으며, 비가 내린 뒤에는 더욱 기이하였다. 폭포 위의 골짜기에는 또 두 개의 봉우리가 있는데, 빼어난 경색이 반공에 있고, 길이 끊어져서 이를 수 없었다. 물이 누각을 지나 동쪽으로 흐르며 또 두 계단의 폭포가 되는데, 물이 아래 계단에 이르러 점점 느려지면서 더욱 길어지고, 돌은 하얘진다. 동쪽으로 평평한 들판에 닿으며, 또 그 동쪽은 수락산이 된다. 서쪽 벽의 북쪽 언덕과 다리 동쪽의 못 옆에는 이따금 돌에 새긴 것이 있으며 또 바위를 열고 누각을 세운 일을 새겼는데, 인평이 직접 쓴 것이 많다.

밝은 달이 돋은 뒤에는 산과 물이 더욱 그윽해진다. 중서仲舒가 피리 하나와 필률 하나로 바위 사이에 걸터앉아 궁성을 머금고 우성을 뱉으면 소리가 빈 산에 가득하여, 하늘의 소리와 물의 음악이 서로 화합하여 돕고, 흥이 난 중이 바위 위에서 춤을 추고, 술을 불러서 한 순배를 돌리면 사람으로 하여금 정신과 뼛속이 서늘하게 되어 오래도록 돌아가고 싶지 않게 된다. 밤에는 상방에 묵고, 아침에 다시 물가의 누각에 이르러 피리를 불러 몇 곡을 타니 맑은 바람이 절로 먼 곳에서 이르러 흥이 그치게 할 수 없다. 내가 절구 4수를 얻어서 여러 사람들에게 부탁하여 화답하게 하고, 또 함께 논 사람들의 이름을 적으니, 여러 분이 장차 돌아가서 나에게 서를 쓰게 하다.[12]

조계동은 삼각산의 동쪽에 있는데, 동으로 우이동에 닿아 있고 왕성과 십오 리 떨어져 있으며, 폭수암 골짜기가 절경이다. 왕성의 대부와 선비들이 나막신의 굽으로 날마다 이른다. 사월 경자일에 내가 때맞추어 함께 노닐기로 약속하였다. 지난 해 칠월에 이미 숙관叔寬(權希高), 중서仲舒(琴遷) 등 여러 분과 놀면서 달빛을 완상하고 시와 서문을 남겼는데, 지금 두 번째로 온다. 중서는 이미 고인이 되어서, 슬프게 한다. 김차원金次元이 술병을 차고 이르러서 함께 마셨다. 나무를 더위잡고 낭떠러지를 따라서 제일급에 이르러 드리운 물을 엿보니, 물의 길이는 몇 길쯤이고, 돌병풍이 그 앞을 가리어서 높은 담같이 매우 기이했다. 물이 그 속으로 모이는데, 그 오른쪽이 이지러져서 물이 빠져나온다. 돌이 패인 부분을 만나면 머물러 소가 되어 푸르고 깨끗하다. 그 나머지는 넘쳐서 굽고 꺾여서 아래로 흐른다. 패인 부분이 더욱 커지면 물이 쌓여서 더욱 깊어지고 넓어진다. 고리를 이룬 돌 언덕은 둘러앉아서 술잔을 돌리며 읊을 만하다. 마침내 수각에 이르면 바닥을 뚫고 지나가 한담寒潭이 된다. 제일급 위의 깊은 골짜기는 아득하여 너럭바위와 기이한 봉우리들이 있다. 사월 바람이 따뜻하고 해가 길어지면 풀과 나무와 이내 기운이 서로 흰 돌 사이를 비추고 흐르는 물이 빨리 흘러서 아낄 만하다. 돌아와서 기록하다.[13]

그리고 〈조계동의 보허각에서 달밤에 피리소리를 듣다 *보허각은 인평대군이 세운 것이다(槽溪步虛閣 月夜聞笛 閣是麟坪大君所構云)〉라는 시는 다음과 같다.

당시에 왕자가 속세의 티끌을 싫어하셔서	當年王子厭塵寰
특별히 높은 누각을 일으키니 세간에서 벗어난 것이네.	別起飛樓出世間
밝은 달이 뜬 골짜기 안에 옥피리 소리 들리니	明月洞中聞玉篴
더욱 생학이 구산을 들른 것인지 의심하네.	更疑笙鶴過緱山

천 길의 층진 절벽은 더위잡고 오르는 것을 막고   千尋層壁絶攀緣
한 길의 폭포는 푸른 하늘에 걸리었네.   一道飛流掛碧天
밝은 달이 하늘에 가득하고 놀이 냉기를 띠고   明月滿空霞佩冷
채색 퉁소를 불어오니 신선은 연기를 맑게 하네.   彩簫吹入紫淸煙

은빛 폭포가 뒤집히며 흐르니 푸른 골짜기가 열리는데   銀瀑翻流碧洞開
돌다리를 가로질러 건너니 천태와 같네.   石橋橫渡似天台
신선놀음에 밤이 드니 흥이 다하기 어려운데   仙遊入夜興難盡
옥피리가 날리는 소리가 달빛 아래로 오네.[14]   玉簫飛聲月下來

한편 이익李瀷(1681~1763)은 「유삼각산기遊三角山記」에서 동소문을 나서서 조계동에 들렀다가 문수암과 보현봉을 거쳐서 돌아오는 과정을 다음과 같이 기술하고 있다.

내가 정해년(1707, 숙종 33) 2월에 장차 놀러가려고, 따라가기를 바라는 한 사람과 마침내 함께 가게 되었다. 경자일에 집에서 출발하여 신축일에 동소문東小門을 거쳐서 느린 걸음으로 조계동漕溪洞에 들어갔다. 입산시入山詩 율시 1수가 있다. 보허각步虛閣에 올라서, 열한 계단의 폭포를 보았다. 또 관폭시觀瀑詩 율시 1수가 있다. 돌아서 조계사漕溪寺에 들어가 기숙하였다. 차징상인시축시次澄上人詩軸詩 율시 1수가 있다. 날이 샐 녘에 석가령釋迦嶺을 넘어서, 삼각산三角山의 여러 봉우리를 바라보면서, 중흥사中興寺에 들어가 비로소 아침밥을 먹고, 종조손 종환을 만나 더불어 이야기하다가, 곧바로 백운봉白雲峰을 오르고자 하였으나, 얼음과 눈이 아직 풀리지 않고, 길이 막혀서 오를 수 없었다. 망백운대시望白雲臺詩 절구 1수가 있다. 내성內城의 남은 터를 돌다가, 석문石門을 보고 돌아서 문수암文殊菴에 들어갔다. 문수암시文殊菴詩 절구

1수가 있다. 문수암의 오른쪽 뫼에서 서해를 바라보고, 이어서 암자에서 점심을 먹고, 또 보현봉普賢峰에 올라서 왕성王城을 굽어보았다. 보현봉시普賢峰詩 율시 1수가 있다. 한낮에 탕춘대蕩春臺를 따라서 내려왔다. 출산시出山詩 율시 1수가 있다. 마침내 나라의 북문北門을 거쳐 돌아왔다.[15]

그리고 학고 김이만鶴臯 金履萬(1683~1758)은 숙종 27년(1701), 37년(1711), 영조 3년(1727) 세 차례나 삼각산을 유람했다고 하고 이를 「산사山史」로 기록하였다. 첫 유람은 19세 무렵 7·8명의 벗과 진관사津寬寺에서 독서할 때의 경험이고, 두 번째 유람은 29세 무렵에 오상부吳尚孚, 홍위보洪渭輔, 서제

문수봉에서 바라본 서울

명만命萬과 안암安岩을 거쳐 성문城門으로 올랐던 경험인데, 마침 북한산성 축조가 마무리 단계에 있어서 계곡 바닥의 돌을 깨는 소리가 골짜기에 진동하고 유아幽雅한 경치를 잃고 있다고 적었다. 중흥사重興寺에서 묵었는데, 마침 신귀중慎龜重(1682~1744)과 중 몇이 왔으며, 여자 종 한 명이 따라와서 이곡俚曲을 잘 불렀다고 하였다. 다음 날 백운대白雲臺에 오르려고 하였으나 이루지 못하였고, 문수암, 보현봉, 탕춘대를 거쳐 돌아왔다고 하였다. 세 번째 유람은 45세 가을에 이태화李泰和(1694~1767)와 함께 창의문彰義門을 나서서 서운사栖雲寺에서 소작小酌한 뒤에, 다음날 중흥동구와 부왕사扶王寺를 거쳐 태고사太古寺에 묵고 용암사龍岩寺, 등장대登將臺 등을 둘러본 뒤에 돌아왔다고 하였다.

그런데 그 이전에 조계동의 보허각에서 피서를 한 경험을 다음과 같이 기록하고 있다.

조계동은 삼각산의 한 지맥이다. 두 언덕의 오목한 부분에 물이 넘쳐서 폭포가 되었는데, 비단을 매단 듯하고, 벼락이 치는 듯하며, 거품이 일고 눈이 내리는 듯하다. 그 아래의 높이 솟은 다락집이 골짜기에 걸터앉아서 폭포를 힐끗 바라보는데, 보허각으로 편액하였다. 곁으로 수십 걸음을 가면 절이 있다. 내가 일찍이 보허각에서 더위를 피했는데, 모발이 상쾌하여, 단박에 여름날 퇴근한 뒤의 집 같은 느낌을 받았다.[16]

앞뒤의 사정

이이첨李爾瞻(1560~1623)이 실권을 잡고 있던 광해군 시절에는 조계동曹溪洞의 조曹가 조식曹植의 성과 같다고 하여, 그곳에 서원을 세웠다고 한다.

경성 북쪽에 조계동曹溪洞이 있었다. 그런데 이이첨이 조曹는 바로 남명南冥(조식曺植의 호)의 성자姓字라고 하여 거기에 남명의 사당을 세워 제사를 드리려고 하였다. 그리하여 서원書院을 개설하고 무리를 모아 자신의 앞잡이 노릇을 하게 하였는데, 공이 이 말을 듣고는 웃으면서 말하기를, "조계에서 남명을 제사 지낸다면, 공덕리孔德里에서는 선성先聖(공자를 말함)을 향사享祀해야 옳겠구나." 하였다. -공덕리는 경성 남쪽에 있다.- 이이첨이 공의 이 말을 지목하여 또 자신을 비방하며 헐뜯는다고 생각하였다.[17]

그리고 『신증동국여지승람』 「한성부」에는, "조계동漕溪洞; 북한산성北漢山城 동문 밖에 있는데 7층 폭포가 있다. 인평대군麟坪大君의 정자가 있었는데 지금은 헐렸다."라고 기록하고 있다.

한편 정조 12년(무신, 1788) 8월에 조계동 위쪽의 석재를 채취하는 일이 빈번하자 이를 금지하는 명이 내리기도 하였다.

삼각산三角山 밑 조계동曹溪洞 위에 푯말을 세웠다. 도성都城의 주맥主脈인데도 관민官民이 대부분 이곳에서 석재石材를 채취하기 때문이었다. 호조판서 서유린徐有隣이 이것을 아뢰자 총융청摠戎廳에 명하여 경계에 푯말을 세워 금지하게 한 것이다.[18]

지금 우리는

인평대군이 마련한 조계동의 문화공간은 17~18세기에 걸쳐서 도성의 사대부들에게 중요한 풍류의 공간이 되었다. 『논어』에서 말한 증점의 풍류를 잇는 것으로 이해하였으며, 『청구영언』에 수록된 백운봉을 등림하고 구천은폭에서 진영을 씻겠다고 한 사설시조에서도 그 맥락을 읽어낼 수 있다.

그런데 정칙, 김계광, 허목, 권두경, 김이만, 이익, 윤기 등 조계동을 유람하면서 기문이나 시를 남긴 사람들이 대부분 남인南人 계열의 사람들이라는 점이 특이하다. 인평대군의 아들인 남枏이 숙종 6년(1680) 역모에 몰려 화를 입으면서, 그 화를 얽었던 쪽의 인물들은 인평대군과 관련된 문화공간을 애써 외면하려고 했던 것이 아닌가 하는 마음을 가지게 한다. 실제 도성 가까운 곳에 있는 조계동漕溪洞에 대한 관심은 보이지 않고, 오히려 금강산에 있는 조계동漕溪洞에 대하여 집중적인 관심을 보이고 있는 것은 신기할 정도이다.

주)

1 『松溪集』 권4, 「雜著」, 『한국문집총간』 속35(민족문화추진회, 2007), 248면, 飽聞三角銀瀑, 不讓廬山, 未探其眞. 歲丙戌暮春, 偶遊槽溪, 尋得仙區, 一道飛流, 名實不爽. 於是 塹山堙谷, 創搆亭臺, 儘淸絶. 時或持琴壺吟風月, 沐浴瓊波, 逍遙玉洞. 閑日步虛, 堂日永休. 於乎, 千百年過, 畵棟雕甍, 縱未嵬峩, 終不泯者, 其惟石橋銀瀑乎?

2 『松溪集』 권1, 총간 속 35, 188면.

3 『松溪集』 권1, 총간 속 35, 198면.

4 『인조실록』 권49, 26년(1648) 7월 16일.

5 『인조실록』 권50, 27년(1649) 2월 13일.

6 『인조실록』 권50, 27년(1649) 3월 23일.

7 『효종실록』 권18, 8년(1657) 2월 14일.

8 효종대왕 행장

9 『청구영언(진본)』 570에 실린 원문은 다음과 같다. 洛陽城裏(낙양성리) 方春和時(방춘화시)에 草木群生(초목군생)이 皆樂(개락)이라. 冠者(관자) 五六人(오륙인)과 童子六七(동자육칠) 거느리고 文殊中興(문수중흥)으로 白雲峰登臨(백운봉등림)ᄒ니 天文(천문)이 咫尺(지척)이라 拱北三角(공북삼각)은 鎭國無疆(진국무강)이오 丈夫(장부)의 胸襟

(흥금)에 雲夢(운몽)을 슴겻는 듯 九天銀瀑(구천은폭)에 塵纓(진영)을 씨슨 後(후)에 踏歌行休(답가행휴)ᄒ여 太學(태학)으로 도라오니, 曾點(증점)의 詠歸高風(영귀고풍) 밋처 본 듯 ᄒ여라.

10 『愚川先生文集』卷之二, 『한국문집총간』속29, 97면.

11 『鳩齋集』권1, 『퇴계학자료총서』36, 236면.

12 『蒼雪齋集』권12, 「서」『한국문집총간』169(민족문화추진회, 1996), 216면, 七月旣望, 余游槽溪, 入山門, 諸同游已至. 招提下有精舍, 長陵末, 王子麟坪大君所構云. 下馬並厓徑北入谷, 谷非人境, 多奇石垂泉, 石爲屛壁梁闥之狀. 度石橋, 有水閣架巖居空中, 水行閣底聲鏘然, 水出西壁上洞中, 至壁懸流, 爲瀑數十尺, 雨後尤奇云. 瀑上洞中有二峯, 秀色在半空, 路絕不可至. 水過閣東出, 又爲瀑二級, 水至下級, 微緩而益長. 石益白, 東臨平野. 又其東爲水落之山, 西壁北厓, 橋東潭側, 往往有石刻, 而又刻開巖架閣事, 多麟坪手筆. 明月旣出, 山水益幽幽然, 仲舒使一簫一觱篥, 踞石間奏, 含宮吐羽, 響滿空山, 天籟水樂相和助. 有僧興發舞石上, 呼酒一行, 使人神骨冷然, 久而不欲歸. 夜宿上方, 朝復至水閣, 呼笛數弄, 清風自遠而至, 興不可盡. 余得四絕, 屬諸君和之, 又書同游人姓名, 諸君將歸而使余序.

13 『蒼雪齋集』권12, 「서」『한국문집총간』169, 민족문화추진회, 1996, 223면, 槽溪在覆鼎東, 東臨牛耳, 距王城十五里. 瀑水巖洞絕勝, 王城大夫士屐齒日至. 四月庚子, 余約時會共游. 前年七月, 已共叔寬·仲舒諸人游玩月, 有詩有序, 今再矣. 仲舒已作古人, 爲之悽然. 金次元佩壺至共酌, 攀木緣厓, 至第一級窺垂水. 水長數丈, 石屛掩其前, 若高墉甚奇, 水鍾其中, 缺其右水出焉. 遇石圩停泓綠淨, 溢其餘屈折而下, 圩益大, 水積益深且廣, 環石岸可列坐觴詠, 卒至水閣, 穿底而過爲寒潭. 第一級上深洞杳然, 有磐石奇峯. 四月風和日長, 草樹嵐氣, 相映白石間, 流水濺濺可愛, 歸而爲之記.

14 『蒼雪齋集』권2, 「시」『한국문집총간』169, 민족문화추진회, 1996, 35면.

15 『星湖先生全集』卷53, 「기」, 『한국문집총간』199, 민족문화추진회, 1997, 465면, 余於丁亥仲春, 將往遊, 願從者一人, 遂與之偕. 庚子發于家, 辛丑由東小門緩步而入漕溪洞, 有入山詩一律. 登步虛閣, 觀十一級瀑, 又有觀瀑詩一律. 轉入漕溪寺寄宿, 有次澄上人詩軸詩一律. 遲明逾釋迦嶺, 望三角諸峯, 入中興寺始朝飯. 遇從祖孫宗煥與之語, 仍欲登白雲峯, 冰雪尙未釋, 路塞不可上, 有望白雲臺詩一絕. 循內城遺基, 觀石門轉入文殊菴, 有文殊菴詩一絕. 登菴之右轡眺西海, 仍午餐于菴中, 又陟普賢峯, 俯王城, 有普賢峯詩一律. 亭午遵蕩春臺而下, 有出山詩一律. 遂由國之北門而還.

16 『鶴皐漫言』, 「山史」, 曹溪三角之一支也, 兩厓之凹, 水溢爲瀑布, 其懸練如, 其震霆如, 其沫雪如, 其下飛閣跨澗, 仰睨瀑布, 顔之以步虛閣之傍數十武有蘭若. 余嘗避暑于步虛閣, 毛髮洒然, 頓覺朱明之退舍矣.

17 『택당별집』권10, 「임소암언행록」.

18 『정조실록』권26, 12년(1788) 8월 20일 기사.

위항 시인들의 문화공간

버려진 사람들

위항인委巷人은 거리나 골목에 버려진 사람이라는 뜻으로 중인들이 자기들을 일컬어 사용하던 말이다. 조선시대 중인中人은 의醫, 역譯, 율律, 산算, 역曆 등의 분야에 종사하던 기술관을 가리킨다. 서울에 살던 중인은 행정직이나 기술직에 종사하면서 직무 수행에 필요한 지식보다 높은 교양을 가지고 경제적인 여유까지 누리고 있었다.

조선후기에 신분제가 흔들리고 상업이 발달하는 과정에서, 이들은 자신들의 직책을 활용하여 재화財貨를 축적하기도 하고, 집단을 이루어 거주하면서 때로는 사대부층과 직접적인 교류를 하기도 하였다. 그리고 집단적인 모임을 만들어 시를 짓고 그림을 그리기도 하였다. 특히 사대부들이 시詩를 통해 삶과 대상을 내면화內面化하는 문화를 부러워하면서 스스로 시사詩社를 결성하고 시선집詩選集을 엮으면서 문화공간에서 예술 활동을 지속적으로 이어가고자 하였다.

위항 시인의 시선집 편찬

위항 시인들은 신분상 사대부와 차별이 있었지만, 문화적 욕구는 사대부들에 밀리지 않았다고 할 수 있다. 그리하여 이들은 시를 짓고 같은 뜻을 지닌 사람들이 모여서 문화 활동을 이어갔으며, 문화 활동의 결실을 시선집詩選集으로 엮어내고자 하였다.

최기남崔奇男(1586~1665)은 궁노宮奴의 신분까지 떨어졌다고 하는데, 시를 짓는 재주가 뛰어나서 사대부들 사이에 그 명성이 알려졌다고 한다. 그리하여 자신과 가까이 교유하던 정남수鄭柟壽, 남응침南應琛, 정예남鄭禮男, 김효일金孝一, 최대립崔大立 등의 시와 자신의 시를 모아서 현종 9년(1668)에 『육가잡영六家雜詠』이라는 시집을 엮어내었다. 이 시집은 일종의 동인지와 같은 것으로 이해할 수 있다.

그 뒤에 홍세태洪世泰(1653~1725)는 당대 명망이 높았던 김창협金昌協 등의 후원을 받아 숙종 38년(1712)에 『해동유주海東遺珠』라는 시선집을 엮었다. 여기에는 48명의 작품이 수록되어 있다.

농암 김상공이 일찍이 나에게 말하기를, "우리나라의 시를 채집하여 세상에 간행된 것이 많으나, 여항의 시는 유독 빠져 있다. 사라져서 전하지 않는 것이 안타깝다. 그대가 채집하시라." 하였다. 내가 이에 널리 찾고, 여러 분의 시고에서 얻어서 모래를 가르고 금을 가리듯 정밀하게 묶는 데에 힘써서, 사람들이 입으로 읊는 것에 이르기까지 될 수 있으면 거두어 기록하지 않은 것이 없었다. 십여 년을 모아서 책이 이루어졌는데, 박계강朴繼姜 이하 48인이고, 시는 겨우 230여 수인데, 『해동유주』라고 이름을 붙였다. 그 사람들의 자손이 되는 사람들에게 전하여 인행하게 하고자 한다. 마침내 서를 만들었다. 대저 사람은 천지의 가운데를 얻어서 태어나며, 그 정이 느껴 말로 펴면 시가 되는데, 귀천이 없이 한결같다. 이런 까닭에 삼백 편은 대부분 이항의 가요에서 나온 것이지만, 우리 공부자께서 취하여서, 〈토저〉·〈여분〉과 〈청묘〉·〈생민〉을 풍아와 나란히 하여, 처음부터 그 사람에게 관계되지 않게 하였으니, 곧 이것이 성인의 지극히 공평한 마음인 것이다. 우리 동방의 문헌의 성대함은 중화에 견주어 낮은 담과 같은데, 대개 진신 사대부가 한 번 위에서 부르면, 초가집에서 갈의褐衣를 입은 선비들이 아래에서 두드리고 춤을 추면서, 가시歌詩를 만들어 스스로 울렸던 것이다. 비록 배운 것이 넓지 아니하고, 재료를 취함이 멀지 않아도, 하늘에서 얻은 것은, 그러므로 절로 매우 빼어난 것이다. 맑고 밝은 풍조는 당唐에 가까워서, 대개 경물의 맑고 원만한 것을 묘사함은 봄의 새이고, 감정의 슬픔과 절실함을 서술함은 가을의 벌레이다. 오직 그것은 느껴서 울리게 된 까닭이고, 천기天機에서 절로 흘러나오지 않은 것이 없으니 이것이 이른바 참된 시이다. 만일 공부자에게 보게 한다면, 사람이 미천하다고 하여 폐하지 않을 것은 분명하다. 뭇 사람들이 태어나서 성명의 다스림을 만나 함께 청아菁莪의 덕화를 입고, 문사를 세상에 드러내어 보게 되었고, 후세에 빛을 드리우게 되었으니, 이것이 기이한 일이다. 그러나 나는 유독 그 사람들이 빈천에 골몰하느라, 그 뜻과 일삼는 바를 크게 펼쳐서 옛날 작자들을 좇지 못하는 것을 애석하게 여기고, 그중에 왕왕 호걸스럽고 탁월하고 기이한 재주를 가지고 있어도, 세상에 알려지지 못하고, 가라앉고 억눌려 죽은 사람은 더욱 슬프다. 아, 이 책을 만들게 된 것은 실로 농암으로부터 출발한 것인데, 공이 지금 이미 세상을 떠났으니, 질정할 수 있는 사람이 없다. 다만 내 적막한 몇 마디 말로 어찌 능히 펴서 떨칠 수 있으랴. 잠시 적어서, 뒷날 풍속을 살피는 자가 채집하기를 기다리노라.[1]

이 글은 위항인의 입장에서 사대부와 차별이 없이 천기天機, 진시眞詩의 개념을 제시한 것이라 중요한 의미를 가지며, 김창협金昌協으로 대표되는

이인문(1745~1824 이후)이 그리고 마성린(馬聖麟, 1727~1798 이후)이 제시한 〈송석원시사아회도(松石園詩社雅會圖)〉(1791). 아라재(亞羅齋) 소장

당대 사대부 시단의 경향과 연계되어 이해할 수 있는 부분이기도 하다.

그 이후 위항인을 중심으로 한 시사詩社가 활발하게 증대되고, 시인의 수와 작품이 늘어나면서 이들의 시를 집성集成하는 움직임이 일어났다. 고시언高時彦과 채팽윤蔡彭胤이 주동이 되어 영조 13년(1737)에 『소대풍요昭代風謠』라는 시선집을 간행한 것이다. 수록한 시인의 숫자도 늘어나고 작품 수도 늘어난 결과이다. 고시언은 〈서소대풍요권수書昭代風謠卷首〉에서 다음과 같이 선언하였다.

동문선과 더불어 서로 표리를 이루면서   與東文選相表裏
한 시대의 풍아가 빛나니 볼 만하네.   一代風雅彬可賞

귀천의 나눔은 사람이 만든 것이나   貴賤分岐是人爲
하늘이 준 선명은 같은 울림이네.   天假善鳴同一響

『소대풍요昭代風謠』 이후 60년이 되는 정조 21년(1797)에 천수경千壽慶 등이 중심이 되어 속편이라고 할 수 있는 『풍요속선風謠續選』을 간행하였다. 수록한 작가가 333인이나 되어 위항시인을 중심으로 한 문화의 융성을 짐작할 수 있다.

그리고 다시 60년 뒤인 철종 8년(1857)에 유재건劉在建 등이 중심이 되어 『풍요삼선風謠三選』을 간행하면서 중인 이하 여러 계층의 작품까지 수록하고자 하였다.

이렇듯 위항 시인은 그들의 문화공간에서 시와 그림을 중심으로 예술 활동을 지속하였으며, 다시 60년이 지난 1917년에 '풍요사선風謠四選'을 발간하려는 계획까지 세웠으나, 신분제가 철폐된 상황이라는 인식과 함께 실행에 옮기지는 못하였다.

옥계시사와 『옥계아집첩』

옥계玉溪는 인왕산 아래의 옥류동玉流洞 시내를 가리키는 말이다. 옥계에 모인 시인들은 그 모임 이름을 옥계사玉溪社로 명명하였다. 천수경을 비롯하여 장혼張混 · 김낙서金洛書 · 왕태王太 · 조수삼趙秀三 · 차좌일車佐一 · 박윤묵朴允默 등이 중심 인물이다. 이 옥계사는 천수경이 송석원松石園을 경영하면서 송석원시사松石園詩社와 겹치게 되었다.

장혼張混(1759~1828)은 「옥계아집첩서玉溪雅集帖序」에서 옥계사의 공간을 다음과 같이 설명하고 있다.

금교 입구에서 서북으로 삼수 리를 가면 옥류동의 시내를 만날 수 있다. 김씨가 말하기를, "아무개의 집이 그 왼쪽에 있다."고 하였다. 신해년(1791, 정조 15) 말수末垂의 달 보름에 사귀는 무리 중에서 같은 취향을 가진 8,9명이 이르렀다. 이미 창연히 흥을 돋우려고, 여라 덩굴과 담쟁이를 끌어당기며 가파른 바위를 넘어, 곧 그 꼭대기에 나아가니, 모두 기쁨을 위안으로 삼으면서 힘들게 여기지 않았다.

이때에 하늘이 여러 번 바뀌더니, 장맛비가 갑자기 개고 구름과 그림자가 사방으로 흩어지며, 바람이 적어지며 부채가 서늘하며, 별과 달이 밝게 빛나서, 하늘 길과 짝을 이루었다. 심어 놓은 복숭아나무, 살구나무, 소나무, 밤나무를 보며, 쌓아 놓은 샘, 돌, 풀, 초목을 보면, 그 그늘이 널리 펴지며, 그 기운이 질펀하게 출렁인다. 언덕은 볼록하고, 골짜기는 입을 벌리고, 산은 푸르디푸르며, 시내는 차디차다. 눈이 모은 듯하고, 귀가 차가운 듯하다. 부딪히는 무리의 형세가, 사이사이 숨기도 하고 드러나기도 하여, 간혹 섞이기도 하고 간혹 펼치기도 하며, 간혹 서기도 하고, 간혹 기울기도 한다. 기이한 형세가 차례로 나타나서, 네 구석에 고루 미친다.

하늘이 처음 열릴 때에 형상을 신령이 위배하고 헤아릴 수 없게 된 것이 있어서, 마음으로 기쁘게 여기고, 정신으로 펴서, 즐거움은 즐거움을 기약하지 않아도 기쁘다. 물에 임하여 돌을 발돋움하며, 탄식하며 노래하니, 몸이 호탕하여, 소쇄함을 벗어나 맑게 흩어진다. 거의 잠깐 사이에 절로 터득하여 그만둘 수 없는 것이니, 그렇다면 그 정신의 취향은 어찌 유독 천학泉壑과 목석木石을 보는 것이랴? 술잔과 시구에 맞는 것이랴? 술잔을 들어 서로 권하면서 알리기를, "대개 아름다움은 절로 아름다운 것이 아니라, 사람으로 인하여 드러나는 것이다. 이것은 예부터 그러하니, 시를 짓지 않으면 뛰어난 자취도 묻혀버리고 만다. 어찌 시를 지어 남겨서 보게 하지 않으랴?" 그러자 모두들 '좋다'고 하였다. 내가 이에 마침 묵은 뜻을 모아, 붓을 당겨 거듭 부르며,

한 번 만나 즐거움을 함께 한 것을 기뻐하며, 좋은 날에 다시 만나기 어려움을 느껴워한다. 논 지 사흘 뒤에 쓰다.[2]

이들은 이날 모여서 시를 짓고 그림을 그려서 『옥계아집첩』을 만들었는데, 이인문李寅文(1745~1821)이 〈옥계청유도〉를 그리고, 김홍도金弘道(1745~?)가 〈월야시음도〉를 그렸으며, "옥류동천 유두아집玉流洞天 流頭雅集"의 제자와 마성린馬聖麟(1727~1798)의 "옥계청유 죽헌진장玉溪淸遊 竹軒珍藏"의 제자가 있다. 장혼이 서문을 쓰고, 문초文初(김낙서의 자, 1757~?), 군선君善(천수경의 자, 1758~1818), 화보和甫(미상), 원일元一(장혼의 자), 양여良汝(미상), 연소蓮巢(지덕구의 자), 문익文益(정예중의 자), 이건而健(최원식의 자), 사정士貞(김의현의 자)의 시가 있으며, 태보台輔가 쓴 제문題文, 천수경이 쓴 발跋, 마성린의 "추서옥계청유첩후追書玉溪淸遊帖後"로 구성되어 있다.

옥계사에서 지켜야 할 일들

한편 정조 10년(1786) 7월에 이루어진 옥계사의 범례를 보면 옥계사의 구성원들이 지켜야 할 내용을 22조로 정리하고 있다. 이 모임은 최창규, 이양필, 김낙서, 천수경, 장륜, 김호문, 백이상, 임득명, 이인위, 조광린, 김태한, 신도흠, 노윤적 등이 참여하였다.[3]

1. 우리는 이 계를 결성하면서, 文詞문사로써 모이고 信義신의로써 맺는다. 그러기에 세속 사람들이 말하는 契계와는 아주 다르다. 그러나 만약에 자본이 없다면 비용을 감당하기 어렵기 때문에, 각기 한 꿰미씩의 동전을 내어서 일을 이룰 기반으로 삼는다. 이잣돈을 불리는 것은 五葉오엽의 이율로 정한다.

1. 여러 동인들이 서로 사귀는 도리로는 미쁘고 솔직하기에 힘써야지, 말만 앞세우고 실천하지 않는 태도는 버려야 한다. 착한 일을 하라고 권해야 하며, 잘못된 행동은 바로잡아 주어야 한다. 안과 밖이 따로 있어서는 안 되며, 金蘭之契금란지계의 맹세를 저버려서는 안 된다.

1. 여러 동인들 가운데 우리의 맹약을 어기는 사람이 있으면, 내어쫓는 벌을 베푼다. 그래도 끝까지 뉘우치고 고치지 않으면, 길이길이 外人외인으로 만든다.

1. 한 달에 한 번씩 모여 노는데, 반드시 대보름·봄 가을의 社日·삼짇날·초파일·단오날·유두·칠석·중양절·午日오일·동지·臘日납일로 정하여 행한다. 낮과 밤을 정하는 것은 그때가 되어 여론에 따른다. 따로 모일 때에는 이 규례에 얽매이지 않고, 초하루가 되어 글을 낸다. 회계나 모임을 알리는 글은 다른 사람들이 듣거나 보지 못하게 한다.

1. 모일 때마다 社憲사헌을 소매 속에 넣어 가지고 온다.

1. 詩會시회 때에 만일 시를 짓지 못하면, 上罰상벌을 베푼다.

1. 여러 동인들의 시는 책을 만들고 베껴 내어, 뒷날의 면목으로 삼는다.

1. 여러 동인들 가운데 잇달아 세 차례나 장원하는 사람에게는 禮酒예주 한 단지를, 잇달아 세 차례나 끄트머리에 머무는 사람에게는 罰酒벌주 두 단지를 다음 모임 때에 바치게 한다.

1. 우리 동인들이 정원에서 모이는 모습이나, 산수 속에서 노니는 모습을 그림으로 그려내어, 이야깃거리로 삼는다.

1. 우리 동인들 가운데 좋지 않은 일을 저지르는 자가 있으면, 그 잘못이 가벼운지 무거운지를 따져서 벌을 논한다.

1. 우리 동인들 가운데 만약 부모나 형제의 상을 당하게 되면 한 냥씩 賻儀부의하고, 종이와 초로 정을 표시한다. 자식이 어려서 죽게 되면 술로써 위로한다. 집안에 상을 당하게 되면 성밖까지 나가서 위로하며, 반드시 만사를 짓되

그 정을 속임이 없게 한다. 挽章軍만장군은 각기 건장한 종 한 사람씩 내어 놓는다.

1. 여러 동인들 가운데 부의하고 위로한 일이 생기면, 계의 자금 가운데서 비용을 마련한다.

1. 出仕禮출사례는 厚薄후박에 따라 세 등급으로 마련한다. 상등은 무명 3필로 하며, 중등은 2필로 하고, 하등은 1필로 한다. 돈으로 대신 바칠 때에는 두 냥씩 바친다.

1. 예주나 벌주를 사을 이내로 바치지 않으면 갑절을 바치게 한다.

1. 자본이 20냥 한도로 이루어지면, 초하루마다 보전 다섯 푼씩 초열흘까지 바친다.

1. 黜罰酒출벌주는 다섯 단지, 상벌주는 세 단지, 중벌주는 두 단지, 하벌주는 한 단지로 정하고, 돈으로 대신 낼 때에는 술 한 단지마다 열 닢씩으로 친다.

1. 미진한 조건은 이 뒤에 마련한다.

1. 東床禮동상례는 살림에 따라 바친다.

1. 시사에서 지은 시들은 평을 거친 후에, 그 등차에 따라 써서 뜻을 음미한다.

1. 여러 동인들 가운데 죽는 사람이 생기면, 70전으로 술과 과일을 마련하여 모두 함께 찾아가서 영전에 바친다.

1. 여러 동인들 가운데 상을 당하는 사람이 생기면 그날로 각기 빗돌 하나씩 내어 세운다. 장례 하루전까지 여러 동인들이 각기 만사 한 수씩 지어 상가로 보내며, 만장군을 그날 저녁밥 먹은 뒤에 보내되 각기 만장을 가지고 가게 한다. 상가 근처에서 명령을 기다리게 하되, 상여가 떠날 때에 검속하는 사람이 없어서는 안 되니, 여러 동인들 가운데 한 사람이 무덤 아래에까지 이끌고 간다. 장례가 끝난 뒤에 신주를 모시고 돌아올 때에도 따라오되, 馬貰錢마세전은 거리가 멀고 가까움에 따라 계의 비용 가운데서 지급한다.

1. 여러 동인들 가운데 碁服기복이나 大功服대공복을 입는 상을 당하게 되는 사람이 있으면, 상복을 처음 입는 날 모두 함께 찾아가서 위문한다.

송석원 각자

송석원 터 표지

단원 김홍도의 〈송석원시사야연도〉

1 홍세태, 「海東遺珠序」, 『柳下集』卷之九, 『한국문집총간』167, 473면, 農巖金相公嘗謂余
   曰, 東詩之採輯行世者多矣, 而閭巷之詩獨闕焉, 泯滅不傳可惜, 子其採之. 余於是廣加搜
   索, 得諸家詩稿, 披沙揀金, 務歸精約, 至於人所口誦, 其可者靡不收錄, 積十餘年而編乃
   成. 自朴繼姜以下凡四十八人, 詩僅二百三十餘首, 名之曰, 海東遺珠. 以遺其人之爲子孫者
   而印行焉. 遂爲之叙曰, 夫人得天地之中以生, 而其情之感而發於言者爲詩, 則無貴賤一也.
   是故三百篇, 多出於里巷歌謠之作, 而吾夫子取之, 卽兔罝汝墳之什與淸廟生民之篇, 並列
   之風雅. 而初不係乎其人, 則此乃聖人至公之心也. 吾東文獻之盛, 比埒中華, 蓋自薦紳大
   夫一倡於上, 而草茅衣褐之士鼓舞於下, 作爲歌詩以自鳴, 雖其爲學不博, 取資不遠, 而其
   所得於天者, 故自超絶. 瀏瀏乎風調近唐, 若夫寫景之淸圓者其春鳥乎, 而抒情之悲切者其
   秋虫乎. 惟其所以爲感而鳴之者, 無非天機中自然流出, 則此所謂眞詩也. 若使夫子而見者,
   其不以人微而廢之也審矣. 諸人生逢聖明之治, 與被菁莪之化, 得以文詞表見於世, 垂輝于
   後, 則斯已奇矣. 然而余獨惜其人多貧賤泪沒, 不能大肆其志業, 以追古之作者, 而其間往
   往有豪傑卓異之才, 不見知於世, 沉抑以死者, 尤可悲也. 噫, 斯篇之作, 實自農巖公發之,
   而公今已下世, 無可質者. 顧余寂寥數語, 其何能發揮也哉. 姑書之, 以俟他日觀風者採焉.

2 장혼, 「玉溪雅集帖序」, 『而已广集』卷之十一, 『한국문집총간』270, 542면.
   行錦橋口西北道三數里, 得玉溪溪, 金氏曰某宅其左焉. 以辛亥末垂之月望, 交徒同趣八九
   人詣焉. 旣至悵然增興, 援蘿蔦跨巉巖, 乃造其極, 咸以所悅爲安, 不以勞也. 于時天氣屢
   變, 霆雨旋霽, 雲陰四除, 微風凉扇, 皎皎星月, 麗于天衢. 視其植桃杏松栗, 視其蓄泉石草
   卉, 其蔭敷舒, 其氣溶漾. 丘之突然, 谷之呀然, 山之蒼蒼然, 川之泠泠然. 目之袁如, 耳之
   洌如, 觸類之形, 間厠隱顯, 或褫或列或豎或邪, 奇勢迭出, 周于四隅. 開闔之際, 狀有靈詭
   而不可測者, 心以之怡, 神以之暢, 樂不期歡而欣. 臨流跂石, 歌兮烏烏, 舞兮蹲蹲, 骯髒豪
   宕, 脫瀟蕭散, 儘是頫仰自得而不可已者, 然則其神趣, 豈獨泉壑木石之觀歟, 杯酒詩句之
   適歟. 擧酒相屬而告曰, 夫美不自美, 因人而彰, 自昔而然. 不有所作, 勝迹藭湮, 盍亦寫而
   留覽乎. 咸曰善. 余於是適會宿意, 援筆三叫, 欣一遇之同歡. 感良辰之難再云爾. 遊之粤三
   日書.

3 허경진, 『조선위항문학사』, 부록 6, 「옥계사수계첩 영인본」.

가객들의 풍류와 연행 공간

가곡과 가객

가객歌客 또는 가자歌者는 전문적인 음악 능력을 갖추고 시조時調로 알려진 노랫말을 노래로 부르는 사람이다. 이들은 18세기에 들어서면서 왕성하게 활동한 것으로 확인된다. 18세기 중반에 김수장金壽長이 엮은 가집『해동가요』에는「고금창가제씨古今唱歌諸氏」[1]라고 하여 허정許珽, 장현張炫을 비롯하여 18세기 이전부터 김수장 당대까지 가객 56명의 명단을 수록하였다.

18세기를 전후하여 가곡歌曲을 향유했던 가객들의 문화공간으로서 필운대弼雲臺, 탕춘대蕩春臺 등의 외부 연행 공간과 19세기 운애산방雲崖山房 등의 내부 연행 공간과 그곳에서 불린 가곡창의 성격을 살피고자 한다.

유람과 가곡의 연행 현장

가객들이 중심이 된 가곡의 연행 현장으로 도성 주변의 필운대, 소격대, 탕춘대를 들 수 있다.

김수장이 지은 다음 작품이 풍류의 문화공간과 가곡의 연행 현장을 잘

필운대, 소격대(삼청동 주변), 탕춘대의 위치(『해동지도』 상)

탕춘대 터

설명하고 있다.

　노래 같이 좋고 좋은 것을 벗님네야 알고 있었던가
　봄이면 꽃과 버들, 여름이면 맑은 바람, 가을이면 밝은 달, 겨울이면 눈 내린
　경치에 필운대, 소격대, 탕춘대와 남북, 한북의 경치가 빼어난 곳에 술과 안주
　가 질펀한데, 좋은 벗과 갖은 계적, 아름다운 아무개 제일명창들이 차례로 벌
　려 앉아 비스듬히 엮어서 부를 적에 중한닙 삭대엽은 요순, 우탕, 문무 같고
　후정화, 낙시조는 한당송이 되었는데, 소용과 편락은 전국이 되어 있어서 도
　창과 검술이 각자 등양하여 관현성에 어리었다. 공명도 부귀도 나는 모르겠다
　남아의 이 호기를 나는 좋아 하노라.[2]

　사시사철 좋은 때를 만나 필운대, 소격대, 탕춘대 등 풍광이 빼어난 곳
에서 술자리가 마련되고 벗들과 악기들이 갖추어진 자리에서 제일명창들
이 벌려 앉아 부르는 레퍼토리는 중대엽(중한닙), 삭대엽, 후정화, 낙시조, 소
용, 편락 등이다. 이들은 모두 가곡창의 악곡들이다.
　필운대는 인왕산 오른쪽의 육각현 아래에 누각동이 있고 그 안에 있는
이항복의 유지이다. 석벽에 필운대弼雲臺라는 큰 글씨가 새겨져 있다. 그 주
변에 박효관의 운애산방이 있어서 필운대 풍류를 이어가던 곳이다.
　소격대는 원래 도교의 사당인 소격서가 있던 곳으로 지금의 삼청동 지
역이다. 성리학과 배치된다는 유학자들의 반대로 연산군과 중종 때에 일시
폐지되었다가 임진왜란 이후 완전히 폐지되었다.
　탕춘대는 창의문 밖에 있던 누대로 수석의 좋은 경치가 있으며 장의사
藏義寺의 옛 터가 있고 연산군 때에는 이궁을 설치하고 놀며 잔치를 베풀기
도 한 곳이다.
　한편 가객들은 무리를 지어 이동하면서 남가여창男歌女唱으로 놀이를 가

최근 복원한 중흥사

최근 복원한 산영루(山映樓)

지기도 하였는데, 금강산을 비롯하여 서울 근교의 수락산, 삼각산의 중흥
사, 백운봉, 산영루 등이 중요한 공간으로 활용되었다.

다음과 같은 김수장의 작품은 무리를 지은 가객들의 여러 차례에 걸친
유람과 놀이를 한데 묶어놓은 것으로 볼 수 있다. 삼각산의 백운봉 유람에
서 출발했다고 할 수 있는 선비들의 놀이가 여러 가닥으로 변화하거나 얽
히면서 다음과 같은 작품이 연행되었다고 할 수 있다.[3]

양춘이 포덕하니 만물이 생광휘라.

우리 성주는 만수무강하사 억조 원대기하고 군현은 충효하여 애민지치하고
노소의 벗님네도 무고무양커늘, 명기와 가반으로 모임을 기약하여 세악을 전
도하고 수륙진미 오륙태에 금강산 돌아들어 절대명승 구경하고 취한 잠에
꿈을 꾸니 꿈에 한 늙은 중이 나를 불러 인도하여 오초동남경과 제주구점연
을 역력히 반회하며 그간의 영웅 호걸들의 자취를 물을 적에 석종성에 깨었
구나. 조반을 재촉하여 망월 회릉으로 정암재실 제월광풍 수락산사 옥류천
에 진영을 씻은 뒤에, 문수암 중흥사에 연포 배주하고 청일에 등림 백운봉하
니 지척 천문을 손으로 어루만질 수 있겠구나. 만리 강산 원근 풍경이 눈 아
래 삼라하여 장부의 흉금에 운몽을 삼켰는 듯 부른 배로 내려오니 소고는
휜천하여 골짜기가 울리는 듯, 산영루에 올라앉아 화전에 점심하고 가얏고
거문고에 갖은 계적 섞였는데 남가여창으로 종일토록 노니다가, 부왕사 긴
동구에 군악으로 들어가니 좌우에 섰는 장승 분명히 반기는 듯, 왕래 유객들
은 못내 부러워하더라.

아마도 수역춘대에 태평한민은 우리인가 하노라. [김수장][4]

위의 작품은 적어도 세 가지 이상의 놀이를 복합적으로 서술한 것으로
이해할 수 있다. 첫째는 명기名妓와 가반歌伴과 동행한 금강산 유람이다. 당

시에 금강산 유람이 성행을 이루었던 점을 떠올리면 좋은 놀이에 해당한다. 둘째는 망월사와 회룡 등과 함께 수락산 유람이 그 여정이라고 할 수 있다. 이 여정은 첫째 여정의 연장선상에서 이루어졌을 수도 있다. 셋째 여정은 문수암과 중흥사를 거쳐 백운대에 올랐다가 하산하는 길에 산영루에서 남가여창男歌女唱으로 화전놀이까지 하는 것이다. 셋째 여정의 마지막 부분에서 군악軍樂으로 부왕사 동구로 간다고 했으니 임무를 띠고 북한산성의 행궁으로 가는 것으로 추정할 수도 있다. 첫째 여정에서 제시한 세악細樂과 셋째 여정에서 말한 군악軍樂의 연관을 살피면 이 놀이의 성격도 구명할 수 있을 것이다.

셋째 여정에서 제시한 행로가 숙종 37년(1711) 북한산성 축조 이후에 이루어진 것으로 추정할 수 있어서, 북한산성 축조를 계기로 유람의 공간과 지소가 달라지고 있음을 확인할 수 있다.

내부 문화공간으로서 운애산방

이와 함께 19세기 후반에는 운애산방雲崖山房으로 일컬어지는 박효관을 중심으로 한 내부 문화공간을 주목할 수 있다.

> 인왕산하 필운대는 운애선생 은거지라.
> 선생이 호방자일하여 불구소절하고 기구 선가하니 주량은 이백이요 가성은
> 구년이라. 산수같이 높은 이름 당세에 들내이니, 풍류재자와 야류사녀들이
> 구름같이 모여들어 날마다 풍악이요 때마다 술이로다. 선생의 넓은 주량 두
> 주를 능음커늘 어찌하여 첫 잔부터 사양함이 진정인 듯, 춘풍화류 호시절에
> 갖은 기악 앉히고서 우계면을 부를 적에 반공에 떴는 소리 유량 청월하여 들
> 보의 티끌이 날아가고 나는 구름 멈추니 이 아니 거룩하랴. 노래를 마치거든
> 세잔 갱작한 연후에 대월동귀 올컨마는 편 불러 마친 후에 묻지 않고 일어나
> 서 걸린 옷 벗겨 들고 쫓긴 듯이 달아나니 이 어인 뜻이런가. 이때에 태양관
> 우석상서 가음에 교여하여 유일 풍소인과 명희 현령을 다 모아 거느리고 날
> 마다 즐기실 제 선생을 애경하셔 못 미칠 듯 하오시니,
> 아마도 성대의 호화 낙사 이밖에 또 어디 있으리. [안민영][5]

19세기 후반 필운대를 차지하고 있던 백사 이항복의 후손 이유원李裕元 (1814~1888)은 고종 9년(1872)에 동장洞長을 맡아 수계修稧를 하였다고 하였다.[6] 이 해는 『가곡원류』가 완성된 해이기도 하다.[7]

그런데 계유년(고종 10, 1873)에 필운대 주변을 정비하는 과정에 위장衛將을 역임했던 동추同樞 박효관朴孝寬이 감동監董의 첫머리에 올라 있다. 이유원과 박효관의 관련을 짚어볼 수 있는 중요한 자료인 것이다. 이유원은 이항복의 9세손으로 19세기 정치사에서 큰 비중을 차지하는 인물일 뿐만 아

계유년(1873) 감동에 박효관, 김창환, 최윤상, 서치상, 유성구, 조진석, 김황, 조영훈, 박윤경 등이 참가했음을 보여주는 각석이다. 필운대 오른쪽에 있다

니라, 악부풍의 시에 대한 관심을 보이고 있어서 박효관을 중심으로 한 가객의 가곡歌曲에 대한 이해와 그 활동과 연관을 지었을 것으로 추정할 수 있다.

이유원과 『가곡원류』의 연관에 대한 다음과 같은 추정은 19세기 후반 필운대 주변의 문화를 이해하는 데에 중요한 지침이 될 수 있다.

그 실마리는 『가곡원류』 계열 가집의 첫머리에 정충신鄭忠信(1576~1636)의 "공산이 적막흔듸~" 등의 작품이 수록되어 있다는 사실에서 찾을 수 있다. 정충신은 무신으로 미천한 집안에서 태어났으나, 임진왜란 중에 권율의 휘하에서 종군하고, 이항복의 지감을 받았으며, 여러 차례 공을 세워 포도대장, 병마절도사 등을 역임하였다.[8]

그런데 이항복의 후손인 이유원이 어느 해(?) 가을에 정충신의 「신도비神道碑」를 엮게 되고, 필운대 등을 복원하면서 선조인 이항복을 추숭하게 되면서, 같은 마을에서 지내면서 가곡歌曲을 향유하고 있던 박효관 등이 정충신의 작품을 주목하게 되었던 것으로 추정할 수 있다. 위장衛將이라는 직함을 띠고 있었던 서울의 무변이 진정으로 나라를 걱정하고 몸소 나라를 위해 몸을 바쳤던 무신인 정충신의 작품에 관심을 가졌던 것으로 이해할 수 있다. 여기에는 이항복李恒福의 〈철령가鐵嶺歌〉도 한몫을 했던 것으로 볼 수 있다. 이유원은 신위申緯의 「소악부小樂府」를 주목하고 있는데, 이 중에서 〈죽미곡〉, 〈호접청산곡〉, 〈벽계수곡〉, 〈녹초청강마곡〉, 〈야춘곡〉, 〈낙화유수곡〉, 〈금로향곡〉 등을 예로 들고 있고,[9] 실제로 직접 정리한 「해동악부海東樂府」에서는 송순의 〈황국사〉를 비롯하여 이항복의 〈철령가〉를 수록하고 있다.[10]

정충신의 문집인 『만운집晩雲集』은 그 이후 후손이 수습하여 간행하였다.

이렇게 정리하고 보면 필운대 주변에서 지낸 박효관을 중심으로 가곡을 향유하고 있던 19세기 후반에, 악부樂府로 포괄할 수 있는 우리말 노래에 관심이 많던 이유원이 필운대를 정비하고 동장洞長으로 수계까지 하는 과정에 감동監董의 역할을 맡았던 박효관을 알게 되었던 것으로 추정할 수 있고, 이유원이 선조 이항복이 지은 〈철령가〉를 포함하여 정충신의 충절을 높이 평가하여 신도비 등을 지어서 포장襃獎을 하게 되자, 정충신을 같은 무변 계열로 인식하고 있던 박효관 등은 『가곡원류』라는 가집을 엮는 과정에 정충신의 "공산이 적막흔듸~" 등을 첫머리의 우조초중대엽羽調初中大葉에 배열했던 것으로 추리할 수 있다. 실제 "공산이 적막흔듸~" 등의 작품은 『진청珍靑』392에 무씨명으로 수록되어 있었던 것인데, 후대에 다른 가집의 첫머리에 수록되면서 정충신의 작품으로 기명되었던 것이다.

주)

1 김수장, 『해동가요』, 「고금창가제씨」

2 노릭 갓치 됴코 됴흔 거슬 벗님닉야 아돗던가
   春花柳 夏淸風과 秋明月 冬雪景에 弼雲 昭格 蕩春臺와 南北 漢北 絕勝處에 酒肴 爛漫흐 듸 죠흔 벗 가즌 稽笛 아름다온 아모가히 第一名唱드리 츠례로 벌어 안즈 엇결어 불을 썩에 中한님 數大葉은 堯舜 禹湯 文武 굿고 後庭花 樂時調ᄂᆞᆫ 漢唐宋이 되엿는듸 搔聳이 編樂은 戰國이 되야이셔 刀槍 劍術이 各自騰揚ᄒᆞ야 管絃聲에 어리엿다 功名도 富貴도 나몰릭라
   男兒의 이 豪氣를 나ᄂᆞᆫ 됴하 ᄒᆞ노라. (김수장)

3 최재남, 「백운봉 등림 시조의 변이 양상과 현실성 검토」, 『진단학보』111호, 2011. 4.

4 陽春이 布德ᄒᆞ니 萬物이 生光輝라
   우리 聖主는 萬壽無疆 ᄒᆞᄉᆞ 億兆 l 願戴己ᄒᆞ고 群賢은 忠孝ᄒᆞ야 愛民至治ᄒᆞ고 老少에 벗 님네도 無故無恙커늘 名妓歌伴期會ᄒᆞ야 細樂을 前導ᄒᆞ고 水陸眞味 五六駄에 金剛山 도라 들어 絕對名勝 求景ᄒᆞ고 醉흔 잠에 꿈을 ᄭᅮ니 꿈에 흔 늙은 즁이 邀我引導ᄒᆞ야 吳楚 東南景과 齊州九點烟을 歷歷히 盤廻ᄒᆞ며 其間의 英雄 豪傑들의 ᄌᆞ최를 무를썩에 夕鍾 聲에 ᄭᅵ거고나 朝飯을 직촉ᄒᆞ야 望月 懷陵으로 正菴齋室 霽月光風 水洛山寺 玉流川에

塵纓을 씨슨 후에 文殊菴 中興寺에 軟泡 杯酒ᄒ고 晴日에 登臨 白雲峰ᄒ니 咫尺 天門을 手可摩ㅣ라 萬里 江山 遠近 風景이 眼底에 森羅ᄒ야 丈夫의 胸襟에 雲夢을 삼켯는 듯 브른 비 나려오니 簫鼓는 喧天ᄒ야 洞壑이 울리는 듯 山映樓 올라 안ᄌ 花煎에 點心ᄒ고 伽倻ㄱ고 검은고에 가즌 稽笛 섯겻는듸 男歌女唱으로 終日토록 노니다가 扶旺寺 긴 洞口에 軍樂으로 드러간이 左右에 섯는 將丞 分明이 반기는듯 往來 遊客들은 못ᄂ 불러 ᄒ돗드라

암아도 壽域春臺에 太平閒民은 우리론가 ᄒ노라. (김수장)

5 仁王山下 弼雲臺는 雲崖先生隱居地라

先生이 (平生의) 豪放自逸하야 不拘少節하고 嗜酒 善歌ᄒ니 酒量은 李白이요 歌聲은 龜年니라 (山水갓치 높흔 일흠 當世의 들네이니) 風流才子와 冶遊士女들이 구름갓치 모여들어 날마다 風樂이요 쩍마다 술이로다 (先生의 넓은 酒量 斗酒를 能飮커늘 엇디틋 첫 잔붓터 ᄉ양ᄒ미 眞情인 듯 春風花柳 好時節의 가즌 기악 안치고서 羽界面을 불을 적의 半空의 ᄯᅥ는 소리 瀏亮 淸越ᄒ여 들보 튄글 나라 나는 구름 멈츄우니 이아니 거룩ᄒ냐 노릭를 맛치거든 洗盞 更酌ᄒ 然後의 帶月 同歸 을끤마는 編 불너 맛친 후의 못지 안코 니러나셔 걸인 큰 옷 벗겨 들고 쪽긴 드시 다라나니 이 어인 뜻이런고) 잇써예 太陽館 又石尙書ㅣ 歌音에 皎如허사 遺逸 風搔人과 名姬 賢伶을 다 모와 거나리고 날마다 즐기실제 先生을 愛敬허ᄉ 못 밋츨듯 하오시니

아마도 聖代의 豪華 樂事 이밧게 또 어듸 잇스리. (안민영)

6 이유원, 『임하필기』 권27, 「필운대」.

7 신경숙 옮김, 『가곡원류』, 지식을 만드는 지식, 2010, 19면.

8 최재남, 「관서·관북 지역의 시가 향유 양상」, 『한국고전연구』 24집, 2011.12, 40~41면 참조.

9 이유원, 『임하필기』 권28, 「해동악부」.

10 같은 책, 권39, 「해동악부」.

이현보의 귀향과 분강의 문화공간

용수산 앞 분강 모퉁이

중종 37년(1542) 7월, 제천정濟川亭에서 서
울 사람들의 전별을 받으며 76세인 농암
이현보聾巖 李賢輔(1467~1555)는 남한강을 거
슬러 예안禮安의 분천汾川으로 돌아갔다.
분천은 농암 이현보가 벼슬살이 내내 그
리워마지않던 "용수산 앞 분강 모퉁이(龍
壽山前汾水隅)"이다. 죽령에서 풍기군수이던
주세붕周世鵬의 마중을 받고, 도중에 〈효
빈가〉를 지었으며, 10월 집에 돌아가 〈농
암가〉를 지었다. 그 이후 〈어부가〉를 정리

이현보 영정

하고 〈생일가〉를 짓는 등 열친悅親과 유완遊玩으로 요약되는 분강가단汾江
歌壇의 풍류를 열었다. 여기에는 같은 고을의 이해李瀣·이황李滉 형제가 참
여하고 여러 아들들과 손서인 황준량黃俊良이 함께 했다. 고을의 수령과 감
사의 후원을 받기도 했다. 뒷날 자식들은 어버이에 대한 그리움과 형제간
의 우애로 분강가단의 풍류를 이어갔다. 스스로 만족할 줄 알고, 만년의

이현보가 한양과 고향을 오갔을 죽령 고개의 옛길

지조가 완전했던 사람으로 평가받은 농암 이현보는 16세기 중반 자생력을 잃은 서울의 문화와 변별되는 새로운 문화를 향촌을 중심으로 열면서 문화의 중심 축이 서울에서 향촌으로 옮아가게 했다. 그리하여 서울에 가지 않고도 향촌에서 당당할 수 있는 길을 열고, 선비들에게 자신감을 심어주게 된 것이다. 여기에는 청량산淸涼山의 기상이 큰 몫을 한 것으로 보인다.

고향에 돌아간 이현보는 "꽃피는 아침이나 달뜨는 저녁에 술잔을 잡고 벗을 불러서 분내의 작은 거룻배 위에서 읊조리게 하면, 흥취가 더욱 참되고 힘써 싫증을 잊는다."고 하였고, 손서인 황준량黃俊良은 "달밤에 거룻배를 타고 안개가 자욱한 곳에 도롱이를 걸치고 〈적벽부〉를 부르고 〈어부가〉를 노래하며, 진세를 벗어나 날개가 돋는 흥이 나고, 바라보면 신선의 세계에 있는 것 같았다. 이와 같이 하기를 거의 14년이었다."라고 평가하였다.

이현보의 귀향에 대하여 당시 실록에서는 다음과 같이 기록하고 있다.

동지중추부사 이현보가 병 때문에 전리로 돌아가고자 하니, 급유하라고 전교하였다. 이현보는 호조참판에서 병으로 체직되어 동지중추부사에 제수되었다. 지금에 이르러 정사하고 전리로 돌아가니 조정의 사대부들이 강가에 나와 전송하였는데, 이는 영원히 돌아가기 때문이다.

사신은 논한다.

이현보는 일찍이 늙은 어버이를 위해 외직을 요청하여 여덟 군현을 다스렸는데 모든 곳에서 명성과 치적이 있었다. 늙어서 부모의 상을 당해 예를 다했고, 상을 마치자 다시 조정에 들어와 여러 벼슬을 거쳐서 참판에 이르렀다. 하루 아침에 호연히 고향으로 돌아가려 하자, 사람

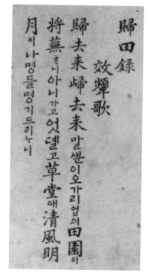

〈효빈가〉

들이 다투어 말렸으나 소매를 뿌리치고 하직하고는 배를 타고 자유로이 떠났다. 배 안에는 오직 화분 몇 개와 바둑판 하나뿐이었다. 집에 있으면서는 담담하게 지냈고, 틈이 있으면 이웃을 찾아가 도보로 상종하면서 전사옹으로 자처하였다. 집 앞에 큰 시내가 있어 배를 띄울 만했는데, 가끔 손님과 더불어 중류에서 노를 두드리며 두건을 뒤로 높이 제쳐 쓰고 서성거리니, 사람들이 바라보기에 마치 신선과 같았다.[1]

양로와 효친의 실천과 문화의 진작

이에 앞서 이현보는 53세이던 중종 14년(1519)에 안동부사로 있으면서 구월 구일에 여든 이상의 노인을 모셔서 양로연을 베풀면서 가까운 고을인

예안에 있던 어버이도 함께 모셨다. 이때의 상황을 〈화산양로연도〉로 남기고 있다.

기묘년(1519) 가을 맡은 고을에서 양로연을 베풀어 경내의 여든 이상 노인을 찾아 사족에서 천예에 이르기까지 남녀를 따지지 않고 진실로 나이에 해당하는 사람은 다 모이게 했다. 마침 수백 명에 이르렀다. 이때 나의 어버이도 화산의 이웃 고을에 계시고 한나절의 거리이고 연세도 팔순이었다. 『맹자』에 이르기를, "우리 집의 노인을 대접하여 남의 노인에 이르게 한다." 하였는데, 이와 같이 좋은 날을 맞아 잔치자리를 베풀면서 손님을 모아 고을의 노인들을 즐겁게 하는데 나의 어버이를 앞세우지 않는다면 정과 일에 어찌 마땅하랴? 그리하여 모셔서 함께 참여하게 했다. 내청과 외청을 나누니, 모두 우리

〈화산양로연도〉

노인을 주인으로 삼았다. 공구供具를 크게 베풀고 마음을 다하여 기쁘게 하니 보는 사람들이 아름답다 칭찬하고 나 또한 스스로 아름답게 여겼다. 대개 벼슬살이로 장상에 이르러 여러 대신을 누리고 그 어버이를 영화롭게 하고 봉양하는 사람이 세상에 어찌 없으랴마는, 이웃고을의 수령이 되어 고을의 노인들을 불러 모시고 어버이를 받들며 함께 즐김이 나와 같은 사람이 마땅히 많지는 않을 것이다. 나 또한 이다음에 다시 이러한 모임을 다시 가질 수 있을지 알 수 없다. 한 편으로는 기쁘고 한 편으로는 두려운 마음이 기쁘게 느끼는 나머지에 저절로 일어나 드디어 4운시를 지어 앉은자리에 보여주면서 화답을 구하고 그리하여 뒷날 영원히 남는 자료로 삼고자 한다.

곡식이 한창 익고 시절이 맑은 구월 하늘에	歲稔時淸九月天
공당에서 잔치를 베풀고 늙은이를 모시네.	公堂開宴會高年
허연 구레나룻과 흰 살쩍이 붙들고 이끄는 곳이요	霜髥雪鬢扶携處
붉은 잎 누른 꽃이 흐드러진 가이네.	赤葉黃花爛漫邊
높고 낮은 자리를 마련하여 술잔이 두루 퍼지고	位設尊卑酬酢遍
안과 바깥에 청을 나누어 음악이 이어지네.	廳分內外管絃連
술동이 앞에서 채희한다고 괴이하게 생각하지 말라.	樽前綵戱人休怪
태수의 어버이도 잔치마당에 계신다네.[2]	太守雙親亦在筵

잔치마당에 모신 어른들에 대한 양로養老의 의미가 중심을 차지하는 것이지만, 실제로는 어른들을 모시고 이 자리 바깥을 에워싸고 있을 자손들에 대한 감화가 더 큰 문화의 의의를 지닌다고 할 수 있다. 성대한 잔치 자리를 바라보고 어버이를 모시고 집으로 돌아가면서 자손들이 마음속으로 다짐하게 될 마음바탕이 바로 새로운 문화를 진작하는 길이라고 할 수 있기 때문이다.

문화공간으로서의 분강

이현보의 문화공간은 분강汾江·농암聾巖·점석簟石 등의 자연 지소와 애일당愛日堂과 긍구당肯構堂 등 직접 구축하거나 중수한 주변 공간을 포함한다.

분강汾江은 분천汾川이라고도 하며 이현보의 마을 앞을 흐르는 강 이름이다. 이현보는 32세인 1498년(연산군 무오) 식년방에 병과로 급제한 이래, 영흥훈도를 시작으로 내직의 여러 벼슬을 역임했지만, 1508년(중종 무오) 영천군수에 제배된 이후 말미를 얻어 고향으로 어버이를 찾아뵙는 등 고향으로 돌아가고자 하는 마음을 드러내었다. 명농당(44세, 1510), 애일당(46세, 1512) 등의 조영과 양로연(53세, 1519), 족친연(70세, 1536) 등의 잔치는 귀거래를 위한 준비에 해당한다고 할 수 있다.

분강으로 돌아간 이현보는 78세인 중종 39년(1544)에 예안현감 임내신, 손서 황준량 등과 분강에서 뱃놀이를 하면서 〈취시가醉時歌〉를 지어서 풍류를 한껏 즐겼다.

때는 청명하고 화창한 사월 말에	時維淸和四月末
귀머거리 바위 위에 소나무가 푸르게 우거졌네.	聾巖臺上松陰碧
서울에서 떠돌던 사람이 고향에 돌아오니	洛城遊子來故鄕
고향의 산수가 두 눈에 펼쳐지네.	故鄕泉石雙眸豁
선성宣城(예안)의 태수가 찾아와 주니	宣城太守來相訪
조정의 옛 사귐이라 정이 더욱 도탑구나.	鵷班舊交情宜密
서로 만나니 기쁘고 즐거워 술동이를 여니	相逢欣喜開酒樽
술은 맛나고 안주는 좋아서 배반이 뒤섞이네.	酒旨肴佳杯盤錯
귀머거리 바위 주인이 함께 참석하기를 청하니	聾巖主老邀共參
고개 숙여 나가 절하며 함께 잔을 나누네.	傴僂出拜同杯勺

안동호 속에 갇혔다가 드러난 분강 모습

최근 분강의 모습

농암(聾巖) 각자, 지금 또다시 분강촌으로 옮겨놓았다

집에 머물던 조카도 존장尊長을 따르고	留家小阮隨杖屨
골고루 친밀한 사람이고 손님이 섞이지 않았네.	均是情親無雜客
술잔 몇 순배에 바둑을 몇 판	杯行數巡棊數局
소박하고 담박한 모임이라 진솔함을 귀하게 여기네.	簡淡之會貴眞率
해가 저물면 걸어 내려와 조그만 거룻배를 타면	日暮下步乘小艇
바람은 사방에서 불어오고 강 하늘은 트였네.	風來四野江天闊
버드나무 꽃이 눈이 되어 공중에 날려서 뿌리면	楊花作雪飛洒空
때때로 수면에 떠서 흰 비단처럼 엉기네.	或浮江面凝練白
배가 가는데 물이 빠지면 돌이 나올까 시름하고	船行水落愁石出
내려가거나 올라갈 때에 끌기를 도우면 막 건너기에 편하네.	沿洄扶曳始利涉
가운데를 흐름에 뜻에 따르다가 혹 거슬러 흐르기도 하고	中流隨意或泝流
푸른 산 그림자 속에는 기대어 정박할 곳이 없네.	靑山影裏無依泊

강 가운데 넓은 돌은 점석簟石이라 하는데	江心廣石名是簟
마음대로 깔개를 펴고 자리를 마련함에 번거롭지 않네.	不煩肆筵而設席
배를 버리고 옮겨 올라 거듭 술자리를 마련하니	舍舟移登重設酌
사방에 삥 둘러앉은 것이 당각堂角과 같네.	環坐四隅如堂角
잔술로 술기운이 오르니 각각 사양하지 아니하고	興酣巵酒各不辭
술이 떨어지면 부엌의 종 부르는 소리가 다급하네.	酒盡廚奴招呼急
술동이 앞에서 술이 취하여 간혹 스스로 노래하기도 하고	樽前爛熳或自歌
앞을 다투어 춤을 추니 누가 권하고 재촉하는가?	伀伀屢舞誰勸促
누가 원님이고 누가 백성인가?	誰是地主誰是民
구구한 예수禮數(예절)는 모두 던져버렸네.	區區禮數都抛却
간혹 사위가 장인을 부축하여 서로 마주하여 춤추고	或壻扶翁相對舞
간혹 가비는 술잔을 들어 함께 주고받네.	或婢舉觴同酬酢

즐거움이 오르면 다시 물 가운데의 배에 오르고	乘歡更上水中船
배 위의 노랫소리가 더욱 격렬하네.	船上歌聲猶激烈
아이를 불러 낮은 울림으로 시가詩歌를 노래하면	呼兒低響唱詩歌
시가 곧 노래가 되어 더욱 맑은 절조이네.	詩是爲歌愈淸節
자리에 가득한 사람이 남녀의 소리로 함께 노래하면	滿坐齊唱男女聲
푸른 나무에 매미가 울고 뭇 벌이 잉잉거리네.	綠樹蟬吟群蜂咽
정회는 다하지 않았는데 해가 이미 기울면	情懷無盡日已盡
강가에 배를 대고 내려서 서로 헤어지네.	抵岸下船相拜別
붓을 들고 이 술 취한 일을 적어서	提毫記玆醉時事
다른 날 겨르로운 여가의 기억에 대비하리.	以備他日閒餘憶

*중거(황준량)는 서울에서 분내에 왔고, 지주 임조원(임내신)도 와서 참석하였다.
仲擧自京來汾川 地主任調元來會[3]

분강의 뱃놀이와 〈어부가〉

분천으로 귀향한 뒤에 이현보는 주변의 여러 분과 함께 시회와 잔치와 뱃놀이가 어우러지는 가단歌壇을 열었다. 이른바 분강가단이다.

여기에 참여한 인물은 같은 고을의 이해李瀣와 이황李滉, 예안 고을의 원님인 임내신任鼐臣, 손서 황준량黃俊良, 아들 중량仲樑, 경상도관찰사 조사수趙士秀, 정응두丁應斗 등이다. 이 중에서 가장 자주 어울린 사람은 같은 고을의 이황과 손서인 황준량이다.

이황은 77세 겨울 영지정사, 78세 정월 명농당, 9월 농암대, 81세 3월 전수, 7월 점석 뱃놀이, 83세 9월 분강 뱃놀이, 84세 3월 농암의 행수, 84세 윤6월 뱃놀이, 85세 3월 월난암, 86세 정월 임강사, 88세 3월 임강사

등에서 서로 만나 마음으로 교유하였고, 손서인 황준량은 78세 4월 분강 뱃놀이, 79세 4월 두망대, 80세 9월 영지정사, 81세 7월 분강 뱃놀이, 82세 4월 농암 회포, 89세 2월 임강사 등에서 놀이에 참여시키거나 시를 통해 마음을 전하고 있다.

이현보는 이들 구성원들과 함께 분강에서 뱃놀이를 하였으며, 〈어부가〉를 산정刪定하였다.

〈어부가〉 두 편은 누가 지었는지 모른다. 내가 전원으로 물러나 있으면서 마음이 겨르롭고 일이 없어 옛 사람들이 술잔을 잡고 읊은 것 중에서 노래 부를 수 있는 시문 약간을 수집하여 비복들에게 교열시켜 때때로 들으면서 울적한 마음을 풀었다. 자식과 손자들(황준량 등)이 느지막에 이 노래를 얻어 보여주기에, 내가 그 노랫말을 보니 말이 겨르로움에 딱 맞았고 뜻이 매우

옛날 분천 입구의 농암가비

깊었다. 읊조리는 나머지에 사람으로 하여금 공명에서 벗어나 나부끼듯 멀리 속세 바깥의 뜻을 들게 한다. 이것을 얻은 뒤로는 앞에서 즐기던 가사는 전부 버리고 여기에 뜻을 오로지하였다. 손수 베껴 책을 만들어 꽃피는 아침과 달뜨는 저녁이면 술을 잡고 벗을 불러 분내의 작은 거룻배 위에서 읊조리게 하면, 흥취가 더욱 참되어 부지런히 싫증을 잊게 한다. 다만 말이 많이 윤리에 어긋나고 겹쳐 있으니 반드시 옮겨 적는 과정의 잘못이지, 이는 성현의 경전에 근거한 글이 아니다. 망령되이 보태고 고쳤는데 한 편 12장은 셋을 빼고 아홉 장만 만들어 장가를 삼아 읊게 하고, 한 편 10장은 단가 5결로 줄여 만들어 엽으로 삼아 노래 부르게 하여 합하여 한 부의 새 곡을 이루었다. 다만 빼고 고친 것만 있는 것이 아니라 보태고 기운 곳도 또한 많다. 그러나 또한 각각 옛 글의 본뜻에 맞게 보태고 뺀 것이다. 「농암야록」으로 이름을 지으니, 보는 사람들은 분수에 넘치는 것이라고 나를 허물하지 말기 바란다.

가정 기유년(1549) 유월 18일에 설빈옹 농암주인이 분내의 고기 잡는 거룻배에서 쓰다.

이듕에 시름 업스니 漁父어부의 生涯생애이로다
一葉扁舟일엽편주를 萬頃波만경파애 띄워두고
人世인세를 다니젯거니 날가는주를 알랴

구버는 千尋綠水천심녹수 도라보니 萬疊靑山만첩청산
十丈紅塵십장홍진이 언마나 ᄀ롓는고
江湖강호애 月白월백ᄒ거든 더옥 無心무심ᄒ얘라

靑荷청하애 바볼 ᄡ고 綠柳녹류에 고기ᄢ여
蘆荻花叢노적화총에 빈믹야 두고
一般淸意味일반청의미를 어닉부니 아ᄅ실고

山頭산두에 閑雲한운이 起기ᄒ고 水中수중에 白鷗백구이 飛비이라
無心무심코 多情다정ᄒ니 이 두거시로다
一生일생애 시르믈 닛고 너를 조차 노로리라

長安장안을 도라보니 北闕북궐이 千里천리로다
漁舟어주에 누어신들 니즌스치 이시랴
두어라 내 시름아니라 濟世賢제세현이 업스랴[4]

위의 단가 5수는 정치 현실에 대한 기억과 뱃놀이 체험 사이의 연관을 그리고 있으며, 이를 통해 어부 생활을 내면화하고 있다고 할 수 있다. 정

치 현실은 실제 체험한 것이라 할 수도 있는데, 이제 어부 생활의 현장에서는 과거의 기억으로 자리하고 있는 것이다. 그런데 어부 생활의 체험을 통하여 정치 현실에 대한 기억이 새로운 의미로 다가선 셈이다.

분강의 풍류를 이어서

농암 이현보의 분강가단 활동 기간에 농암을 모시면서 함께 지낸 사람들이 모두 분강가단의 후계자들이었다. 이황이 그렇고, 농암의 아들들이 모두 그렇게 했다. 잠시 고향을 떠나 달성에 가 있던 이숙량도 다시 고향으로 돌아와 〈분천강호가〉를 지으면서 농암의 뒤를 이어갔다. 손서인 황준량은 고향 풍기로 돌아가 그곳에서 농암의 뒤를 이어갔다.

명종 17년(1562) 여름에 상주목사인 이중량과 함창군수인 이계량李季樑을 찾아가 함창에서 여러 형제들이 모임을 갖고, 이문량(65세)·이희량(62세)·이중량(59세)·이계량(55세) 등 4형제가 머리가 허옇게 센 것을 상산사호商山四皓에 견주어 사호회四皓會를 결성하여 형제의 모임으로 삼고 고향에서 계속 모임을 갖자고 다짐하였고, 선조 11년(1578) 답청일에는 이문량(81세)·이중량(75세)·이계량(71세)·이숙량(60세) 등 4형제가 모여 상산사호의 모임을 이어받아 분천사호汾川四皓라 이름하고 형제의 모임을 가진 뒤에, 〈분천사호가〉를 짓는 등 분강의 풍류를 재현하고 있다.

봄에 꽃이 피는 곳에서 일찍이 함께 취했는데	春花發處曾同醉
가을에 달이 밝은 때에 다시 모였네.	秋月明時更會親
어지러운 세상에 재물을 모으는 사람 가운데	世上紛紛乾沒子
이 맛을 알 수 있는 사람이 몇 사람인가?[5]	能知此味幾多人

곳암(이계량) 형님이 남쪽에서 오고 하연(이중량) 형님이 양양(예천)에서 도착하여, 먼저 곳암 어른의 지당止堂에 들러 균용(이문량)과 매수(이숙량)가 가서 만났다. 친근한 네 신선이 전과 다름없이 돌아와 만나니 슬프고 기쁜 마음이 어찌 다함이 있으랴? 그리하여 이곳에서 이틀밤을 묵었다. 이튿날 긍구당肯構堂에서 모였는데, 술과 음식을 마련하였으나 머무르지 않은 것은 마침 바쁜 일이 있기 때문이다. 그날 저녁에 애일당에 올라가 함께 잤다. 이튿날 외종인 권진기權盡己가 두 아들을 데리고 왔는데, 각각 술통을 가지고 따랐다. 때는 봄의 강물이 푸른빛으로 넘실거리고, 바위의 살구꽃이 붉은 빛을 쏟아, 이른바 일 년 가운데 가장 좋은 봄날이었다. 또 그 다음날 하연 형님이 작은 거룻배를 저어 안개 낀 물을 건너 만대정晩對亭에 투숙했는데, 옛날 살던 곳을 찾아보기 위해서였다. 이튿날 아침에 도로 강을 건너 농암聾巖에 올랐는데, 지주와 만날 약속을 했기 때문이다. 지주가 누구냐 하면 호남의 사문 나신국羅藎國이었다. 또한 술과 안주를 마련하니, 곧 하연 형님을 위해서 차린 것인데, 우리 세 노인도 자리를 함께 했다. 일행의 학발이 아름답게 서로 비추는 것을 나공이 처음 보는 것일 것이다.

이날 저녁에 긍구당肯構堂에 다시 모여 잤는데, 이튿날이면 헤어지기 때문이다. 모여 만난 것이 무릇 여드레인데, 비록 그 지내는 곳이 바뀌고 옮겨 한결같지 않아도 이미 갖추어진 즐거움은 일정한 때와 장소가 없이 서로 물리치지 않았다. 밥을 먹을 때는 밥상을 잇닿았고, 누워 잘 때에는 베개를 이었으며, 걸을 때에는 푸른 등나무 지팡이가 쟁그랑거리며 뒤섞였고, 말을 타면 헐어빠진 수레와 대로 엮은 가마가 요란한 소리를 내며 뒤서거니 앞서거니 했다. 아손과 늙은 종이 바쁘게 부축하여 보호한 것은 누대와 정자에 오르내릴 때요, 산에 거친 푸성귀가 섞여서 앞에 펼쳐진 것은 각각 닭을 잡고 기장밥을 마련할 때요, 큰 소리로 크게 웃으며 때때로 스스로 막지 않는 것은 말이 젊은 시절의 일에 미칠 때요, 기거에 일정한 때가 없고 배고픔과 배부름을 스스로 임무로 삼아 각각 그 뜻에 맞게 되었다. 술자리를 마련하여 서로 권하지 아니하고, 화평하게 즐기면서 음란함에 이르지 않는 것은 이미 태평의 뜻이 없기 때문인가? 아는 사람은 신선과 같이 바라보고, 알지 못하는 사람은 어느 곳에 기괴한 형상이 있다고 생각하여 서로 몰려든다. 참으로 분천汾川의 천고의 한결같은 풍류이다. 한 마디가 없어서는 기억할 수 없는 까닭에 노래하고 읊으며, 또 글로 적어서, 다시 일설로 여러 형님들에게 빌고자 한다.[6]

현종 3년(1662) 9월 20일에 김응조金應祖(1587~1667)를 비롯하여 금성휘琴 聖徽·김시온金時榲·이휘일李徽逸·김계광金啓光 등이 분강에서 뱃놀이를 하면서 당시의 풍류를 재현하려고 하였다. 금성휘가 〈어부사〉를 노래하고, 김응조가 〈등애일당登愛日堂〉·〈애일당정제익愛日堂呈諸益〉 등의 시를 짓자, 김시온·이휘일·김계광 등이 차운을 했는데 모두 〈어부가〉를 중심으로 한 농암 이현보의 풍류를 환기한 것이다. 한편 숙종 44년(1718) 중추에는 권두경權斗 經(1654~1726)이 김용金鏞·김대金垈·이집李集·이수겸李守謙 등과 애일당 아래에서 달밤에 뱃놀이를 하면서 분강가단의 풍류를 환기하고자 하였다.

천연대 아래에 거룻배를 놓으니	天淵臺下放扁舟
순식간에 농암에 옥거울이 흐르네.	瞬息聾巖玉鏡流
빗물이 불어나니 맑은 호수에 특이한 정경을 보태고	雨漲澄湖添別境
구름이 열리니 중추에 밝은 달을 보내네.	雲開明月餉中秋
술잔을 잡고 누대에 올라 바람 앞에서 바라보고	登樓把酒臨風望
벗을 데리고 노를 저으며 밤놀이에 드네.	擊汰携朋入夜遊
누런 머리에 도리어 일을 벗음이 더욱 기쁜데	更喜黃頭還解事
흰 개구리밥 물가에 어부노래 소리가 가득하네.[7]	漁歌響滿白蘋洲

새로운 분강촌의 형성

향촌의 문화공간으로 〈적벽가〉를 읊조리고 〈어부가〉를 부르면서 구로회九
老會 등을 통해 문화를 조절하는 역할까지 맡았던 분강의 애일당愛日堂, 농
암聾巖, 점석簟石은 1970년대 안동댐이 생기면서 수몰의 위기에 몰렸다. 강
속의 점석이야 어쩔 수 없다고 해도 긍구당을 비롯한 마을의 집들과 애일
당은 다른 곳으로 옮기고 농암의 각석은 잘려지는 운명을 거치면서 위치를
옮겨야 했다. 제자리를 떠나게 되면서 문화공간의 명맥을 유지할 수 없게
된 것이다.

문화의 숨결이 마음속에 연면히 이어진 덕분에 옛날 분천에서 상류로
올라간 청량산 끝자락 가송리 올미재에, 17대손 성원性源 님이 터를 마련하
고 종택宗宅·애일당愛日堂·명농당明農堂·긍구당肯構堂·분강서원汾江書院 등을

분강촌의 강각

새로 짓거나 이건하여 분강촌을 복원하게 된 것이다. 선조의 유적을 복원하려는 후손의 정성도 감동적이지만 문화의 숨결을 새롭게 보여주려는 자긍심은 오늘날 새삼 많은 것을 느끼게 한다.

주)

1 『중종실록』권98, 37년 7월 3일(신해),『국역중종실록』49, 민족문화추진회, 1989, 261면.

2 〈화산양로연시 병서(花山養老宴詩 并序)〉,『聾巖集』권1.

3 『농암집』권1, 시『한국문집총간』17, 392~393면.

4 『농암집』권3, 〈어부가 구장 병서〉, 漁父歌兩篇, 不知爲何人所作. 余自退老田間, 心閒無事, 裒集古人觴詠間可歌詩文若干首, 敎閱婢僕, 時時聽而消遣. 兒孫輩晚得此歌而來示, 余觀其詞語閒適, 意味深遠, 吟詠之餘, 使人有脫略功名, 飄飄遐擧塵外之意. 得此之後, 盡棄其前所玩悅歌詞, 而專意于此, 手自謄冊, 花朝月夕, 把酒呼朋, 使詠於汾江小艇之上, 興味尤眞, 亹亹忘倦. 第以語多不倫或重疊, 必其傳寫之訛, 此非聖賢經據之文. 妄加撰改, 一篇十二章, 去三爲九, 作長歌而詠焉. 一篇十章, 約作短歌五闋, 爲葉而唱之. 合成一部新曲, 非徒刪改, 添補處亦多, 然亦各因舊文本意而增損之, 名曰聾巖野錄. 覽者幸勿以僭越咎我也. 時嘉靖己酉夏六月流頭後三日. 雪鬢翁聾巖主人, 書于汾江漁艇之舫.

5 이문량,『벽오집』권1.

6 이숙량, 〈汾川四皓歌 并序〉

7 권두경,『蒼雪齋集』권6.

송흠의 영광 귀향과 호남 사림의 호응

송흠의 귀향

송흠宋欽(1459~1547)은 본관이 신평新平, 자는 흠지欽之로, 부父 가원可元이 영광靈光의 삼계현森溪縣에 세거하면서 영광에서 태어나서 성장하였다. 22세인 성종 11년(1480)에 생원시에 합격하고, 34세인 성종 23년(1492)에 임자방에 병과 제13인으로 급제하였다. 영광의 삼계현은 현재 장성군 삼계면 지

『해동지도』 하, 전라도

역이다.

효성과 청렴으로 당대 사람들에게 감화를 주고 소탈·담박·염퇴로 고평되면서 진퇴에 여유가 있었던 송흠宋欽(1459~1547)의 귀향은 16세기 중반 이후 호남사림에게 큰 반향을 불러일으켰다.

송흠의 덕망과 교유

송흠은 스스로 지방관을 바라서 근무한 적이 많았고 그때마다 백성을 잘 보살펴서 덕망이 높았다. 목민관으로 재직하는 동안 고을의 재정을 넉넉하게 하고 부세를 줄이고 형벌을 삼가서 백성들을 편안하게 하였으며, 개인적으로도 청렴하고 부지런하였던 것으로 평가받고 있다. 전라도 지역의 지방관을 역임하였는데 보성군수(중종 1년 이전: 48세 이전), 옥천군수(중종 5년: 52세), 여산군수(중종 10년: 57세), 전주부윤(중종 13년: 60세), 광주목사(중종 16년: 63세), 나주목사(중종 19년: 66세), 담양부사(중종 24년: 70세), 장흥부사(중종 27년: 73세), 남원도호부사(중종 27년: 75세), 전라도관찰사(중종 28년: 76세) 등이 그것이다.

송흠이 여산군수로 재직하던 중종 7년(1512) 무렵에 경연에서 진강하도록 뽑히어 서울로 가는 박상朴祥(1474~1530)을 세심정洗心亭에서 전별하면서 세심洗心의 다짐을 한 것은 삶의 방향을 정하는 데에 중요하게 작용한 것으로 볼 수 있다. 박상은 〈제세심정〉에서 다음과 같이 설명하고 있다.

임신년 봄에 경연에서 진강하라는 명을 받고 광주에서 부모를 뵙고 서울로 돌아오는 길에 여량(礪山)을 나서는데 고을의 원인 송흠 선생께서 술자리를 마련하고 전별하였다. 청주판관 유면이 마지막으로 이르자, 이에 운을 찾아 쉰여섯 자를 얻어서 흠지선생께 편지로 보내다.[1]

그리고 이때에 지은 시는 다음과 같다.

산에 가득한 비 기운이 완전히 사라지지 않는데	漫山雨意未全消
골짜기에 가득한 맑은 구름은 조수처럼 불어나네.	滿壑晴雲漲似潮
배꽃 한 그루는 처마 바깥에 늘어지고	一樹梨花簷外朶
버드나무 몇 줄기가 우리 앞까지 뻗었네.	數行楊柳檻前梢
손이 대백大白을 채우자 비녀장 던지기를 그치고	客浮大白窮投轄
그대는 탐천貪泉을 따르며 바가지가 비도록 웃네.	君酌貪泉笑盡瓢
한 평생 남국에서 출처를 함께 하는데	南國百年同出處
힘을 합하여 흐린 강물에 아교를 쏟으리.	濁河齊力瀉阿膠

수련과 함련은 주변의 경물을 읊은 것이지만 경련에서는 대백大白과 탐천貪泉의 고사를 이용하여 길을 만류하는 뜻과 절조를 닦는 것을 견주어서 말하고 있다. 그리고 미련에서는 같은 남쪽 고을 출신임을 환기하면서 힘을 합하여 흐린 물을 맑게 하는 아교처럼 흐린 세상을 맑게 하자고 다짐하고 있다. 이 시에서 박상은 송흠과 의기를 투합하여 잘못된 세상을 바로잡을 수 있기를 바라고 있는 셈이다.

지방관의 경력과 귀향

송흠은 중앙의 관직을 맡기도 했지만, 여러 차례 지방의 수령을 맡아서 잘 다스린다는 명성을 얻었다. 그런데 그 이면에는 사림士林이라고 하는 신진 사류의 자의적인 평가가 작용하고 있었다고 할 수 있다. 다음 실록의 기록이 그런 사정을 말하고 있다.

간원諫院이 아뢰기를,

"대사간 송흠宋欽은 80세의 늙은 어버이가 영광靈光에 있는데, 전주부윤全州府尹으로 있을 적에도 사직하고 귀양歸養하였습니다. 이제 대사간을 제수하였으니 반드시 직에 나오지 못할 것이며, 혹 직에 나온다 하더라도 반드시 오래 못가서 귀양할 것입니다. 장관長官을 오래도록 비워 두어서는 안 되니 체직하소서."

하니 '그리하라.' 전교하였다.

사신은 논한다. 송흠은 관직에 있을 때 맑고 근신하여 가는 곳마다 명성이 있었다. 다만 신진新進 선비들은 스스로 청류淸類라 하고, 원래부터 잘 아는 사람이 명달明達하여 쓸 만한 사람이라도 용류庸類라 하며, 자기들에게 붙는 사람이면 칭찬하고 추천하여, 대간과 시종侍從이 다 그들에게서 나왔으므로 추종하는 자가 많았다. 송흠은 여러 차례 수령이 되어 오래 외방에 있었고, 또 연로하여 신진들과 서로 친하게 지내지 않았으므로 그들이 허여하지 않은 것이다. 간원이 흠을 논하려 해도 헐뜯을 말이 없으므로 곧 외방에 있어 오지 않을 것이라고 핑계하고 체직하기를 청하니, 그 뜻은 실로 논박한 것이다.[2]

나주목사로 있을 때에 관찰사가 치계하여 포장하게 하였고, 장흥부사로 재직할 때에는 청백리로 서계하기도 하였다.

전라도관찰사全羅道觀察使 이사균李思鈞이 치계馳啓하기를,

"나주목사羅州牧使 송흠宋欽은 광주목사光州牧使로 있을 때부터 부세賦稅를 줄이고 형벌을 삼가서 청렴하고 근신한 것이 매우 뚜렷하였으므로 그가 떠난 뒤에도 백성이 사모하는 마음을 갖습니다. 정읍현감井邑縣監 홍절洪節은 백성을 여위게 하고 형벌을 심하게까지는 하지 않으나 청리聽理에 어두워 하리下吏

에게 모두 맡기므로 하리가 따라서 농간하여 백성의 원망이 자못 있습니다."
하였는데, 송흠에게 향표리鄕表裏 1습襲을 내리고 홍절을 파직하라고 명하
였다.[3]

정부가 청백리淸白吏로 장흥부사長興府使 송흠宋欽을 서계書啓하면서 아뢰기
를,
"조정朝廷 사람들 중에도 염퇴恬退하는 사람이 많기는 합니다. 그러나 이 사
람은 어릴 때부터 늙을 때까지 행실과 지조가 처음부터 끝까지 한결같았기
때문에 아뢰는 것입니다. …"
전교하였다.
"… 송흠을 가선대부嘉善大夫에 올려주어야 한다. 청백리 자손을 서용하는
일은 이조에 이르라."
사신은 논한다. … 송흠은 영광靈光 사람인데 등과登科한 첫해부터 벼슬하는
것을 달갑게 여기지 않았다. 매양 늙은 부모를 위하여 지방 수령으로 나아가
봉양하느라 1년도 조정에 있지 않고 호남의 7~8군현郡縣과 주부州府를 돌면
서 다스렸다. 모두 공평과 염간廉簡으로 임하였기 때문에 많은 치적이 있었으
며, 아전과 백성들이 두려워하고 사랑하였다. 이때에 모친의 나이가 95~96
세였으므로 관인官印을 풀어 놓고 집에 돌아와 벼슬길에 뜻을 두지 않으니,
사람들이 훌륭하게 여겼다.[4]

그런데 송흠은 83세이던 중종 36년(1541) 상소를 올려 사직하기를 청하
였다. 나이가 많은 것이 일차적인 이유이기는 하지만, 기력이 건장함에도
불구하고 정치 상황이 크게 변하고 있었고 예의염치가 쓸어버린 듯 땅에
떨어져 이미 어떻게 할 수 없음을 깨달으면서, 송흠은 그 대열에서 추창하
며 따르려고 하지 않았던 것이다.

우참찬 송흠宋欽이 아뢰기를,

"지난 기해년 여름에 신이 공조판서로서 말미를 받아 고향으로 내려가던 도중에 습기濕氣로 인하여 허리 아래가 차게 되는 병을 얻어 약藥으로 구료하여도 효과가 없기 때문에 사직하였습니다. 그 뒤로 조금의 차도가 있는 듯하기는 하나 여독이 없어지지 않고 가끔 다시 발작하여 오래도록 누워 있으면서 죽을 날만 기다리고 있는데, 천은天恩이 갑자기 미천한 신에게 미칠 줄을 어찌 헤아렸겠습니까. 신이 명命을 듣고 감동하여 병으로 쇠약한 몸이 떨치고 일어날 수 없음을 스스로 헤아렸으되, 삼가 상의 은혜가 하늘같이 끝이 없음을 생각하면 신하된 자로서 죽을 지경이 되지 않았는데 가만히 앉아서 그 은혜를 저버릴 수 없었습니다. 때문에 지독히 추운 때이지만 늙은 몸으로 아픈 것을 참으면서 왔습니다.

신은 나이가 매우 많아 귀도 먹고 눈도 어두우며, 한질寒疾과 복병腹病이 번갈아가며 발작하여 곧 죽을 지경에 이르렀습니다. 단연코 하루라도 조정에 있을 수 없기 때문에 어쩔 수 없이 사직하는 것뿐이며, 병을 핑계대고 물러나기를 바랄 리는 전혀 없습니다. 천일天日이 밝은데 신이 어찌 감히 거짓으로 속이겠습니까. 신이 조정에 있어도 국가에 보탬은 없고 자신에게 해로움만 있을 뿐입니다. 만약 다시 머뭇거리면서 지체하면 살아서 돌아갈 수 없을 것이 분명합니다. 신의 집은 남쪽으로 6백 리 밖(영광靈光)에 위치하여 있습니다. 그래서 서울에는 자신을 의탁할 한 칸의 집도 없으며, 또 친척과 친지도 없어 외로운 한 몸이 얼굴과 그림자가 서로 불쌍히 여기는 처지인데, 하루아침에 병이 들어 구료할 수 없는 지경에 이른다면 누가 기꺼이 돌보며 구휼하겠습니까?

신은 본래 재주와 덕망이 없는데도 성명聖明한 조정을 만나 늘 특별한 은혜를 입어 지위가 정2품에 이르렀으니, 미천한 신분으로는 극도에 이른 것입니다. 비록 아주 늙었다고 할 수는 없더라도 그만두어야 할 나이입니다. 더구나 나이가 여든이 넘었는데 떠나지 않는다면 반드시 탐욕에 연연하여 머물러 있다는 비난을 불러일으킬 것이니, 그것도 시종 잘 보전하는 방법이 아닙니다. 바라건대 빨리 신의 직을 해임解任하도록 명하시어 살아서 고향으로 돌아갈 수 있도록 허락함으로써 죽어가는 남은 연령을 보전하게 하소서."

하니, 답하기를,

"경卿의 깨끗한 덕행과 나이를 귀중하게 여겼기 때문에 특별지 본직本職에 임명하였다. 그런데 이제 사직하는 내용을 보니 매우 절실하기 때문에 마지못하여 그것을 따른다. 경이 지금 고향으로 돌아가면 다시 볼 수 없을 것이니, 근간에 비록 시사視事를 정지하였으나 마땅히 만나보아야겠다."

하고, 이어 정원에 전교하기를,

"송흠에게 빈청賓廳에서 술을 내려주고 머물러 있게 하라."

하였다. 상이 사정전에 나아가 송흠을 인견하고 앞으로 나아오게 하여 이르기를,

"조정에는 모름지기 노성老成한 사람을 기용한 뒤에야 사람을 기용하는 도리가 정당해지며, 깨끗한 덕행을 숭상한 뒤에야 청렴한 풍습이 크게 행하여진다. 경은 노성한 사람이고 또 깨끗한 덕행이 있기 때문에 특별히 정부에 기용하였는데, 지금 사직하는 뜻을 보니 간절하기 때문에 마지못하여 그것을 따른다."

하였다. 정원에 전교하였다.

"송흠을 특별히 명하여 정부의 관원으로 삼은 것은 그의 깨끗한 절개를 귀하게 여긴 것이다. 사직을 청하는 정상이 간절하기 때문에 마지못하여 따르니, 그 도道의 감사에게 하서하여 음식물과 쌀·콩 40석씩을 주도록 하라."

송흠의 나이 83세이므로, 상이 걷지 못할까 싶어 나이 어린 내시로 하여금 부축해서 합문閤門 안으로 들어오게 하였으며, 이미 입시하여서는 상이 송흠에게 운운云云하였다. 송흠이 상 앞에 나아가 부복하자 또다시 운운하였는데

도, 송흠이 한마디 말도 하지 않았다. 상이 주서注書 이수경李首慶에게 영슈을 내려 송흠에게 말을 전하게 하였는데도, 송흠이 한마디 말도 없이 자리에 부복하여 물러날 뜻이 없으므로, 주서가 일어나서 물러나기를 아뢰자 송흠이, 내가 마땅히 먼저 나가야 한다고 아뢰고 물러났다.

사신은 논한다. 송흠은 나이 83세인데도 기력이 오히려 건장하여 조정의 반열에서 활동할 수 없는 정도가 아니었는데 스스로 물러나 여생을 마칠 뜻을 두었다. 특별히 불러 조정에 돌아와서도 이와 같이 굳이 사직하였으니, 거기에는 틀림없이 까닭이 있었던 것이다. 정부에 있은 지 두어 달 사이에 조정의 일이 이미 힘쓸 수 없는 데 이르렀고 예의염치가 쓸어버린 듯 땅에 떨어져 이미 어떻게 할 수 없음을 알았으니, 송흠이 그 대열에서 추창하며 따르려고 하지 않은 것은 어쩔 수 없었던 것이다. 다만 인견할 때 어찌 곧고 간절한 말 한마디라도 하여 떠난 뒤의 간언諫言으로 남겨둠으로써, 신하가 임금에게 간곡하게 당부하는 뜻을 다하지 않았던가. 임금의 말이 두 번 이르고 사관史官이 또 말을 전했는데도, 끝내 한마디 말도 없었으니 이것이 한스럽다. 어떤 이는 하사한 술을 전부 마시고 혼미하게 취하여 그렇게 되었다고도 한다.

사신은 논한다. 송흠의 성품은 본래 청백한데 학술學術이 부족하기 때문에, 아주 하직하는 즈음에 경계가 되는 유익한 말을 아뢰어 임금의 잘못된 점을 보충하지 않았으니 애석하다.[5]

관수정의 영건과 내면 닦기

그리하여 송흠은 83세이던 중종 36년(1541) 4월에 전문箋文을 올려 사은하고 고향으로 돌아갔다. 고향으로 돌아간 뒤에 송흠에 대하여 실록에서는 다음과 같이 평가하고 있다.

관수정, 현재 전라남도 장성군 삼계면 내계리 610

전 우참찬 송흠이 전문을 올려 사은하고 고향으로 아주 돌아갔다.

사신은 논한다. 송흠은 사람됨이 청렴하고 간명하며, 부모를 위하여 여러 번 남방 고을의 수령을 자청해 나갔는데, 정사에 자상하였다. 만년에는 전라감사가 되었다가 청렴한 덕행으로 참찬에 올랐으며, 이때에 이르러 사직하니, 나이가 여든 넷이었다. 조정에 선 50년 동안에 끝내 몸만을 보전하여, 그때에 필요한 사람이 되지 못하였으니, 취할 만한 점이 없기는 하다. 그러나 공명을 세우는 데 있어 그 아름다움을 끝까지 지키는 사람이 드문데, 송흠은 홀로 진퇴에 여유가 있었으므로 조야가 모두 그를 어질게 여겼다.[6]

중종 36년(1541) 영광으로 귀향하게 된 송흠은 평생 지향해 온 지절을 지키면서 고향에 관수정觀水亭을 세우고 기문을 짓고 시를 읊었다.

「관수정기」의 내용은 다음과 같다.

관수정기

양팽손의 차운

내가 평소에 본 정자는 많다. 땅의 형세가 높고 시원한데다 산과 물이 둘러싸고 있어서 먼 곳까지 볼 수 있고 마음과 눈을 상쾌하게 하는 것도 있었으나, 깊은 산과 막힌 골짜기 속에 시냇물이 굽어 꺾이면서 물이 깊게 괴어 연이어 끊어지지 않아 장강과 한수와 같이 깊고 넓은 것은 결코 없었다. 내가 지금 다행스럽게 얻었으니 어찌 하늘이 아끼고 땅이 감추었다가 드러낸 것이 아니랴? 이에 냇가에 몇 칸의 정자를 세웠는데 대개 물이 가까운 곳에 의지하고 보고 즐기기에 편하기 때문이다. 내가 천심을 살펴건대 달빛이 다다르면 금벽이 물위에 잠기었다가 뜨고, 바람이 불면 비단이 펼쳐지고 주름이 생기며, 엷은 비가 잠깐 개면 짙은 빛과 엷은 빛이 서로 비추며, 바람이 고요하고 물결이 조용하면 잠긴 물고기를 셀 수 있다. 아침 햇살과 저녁 그늘에 이르러 기이한 모양과 일만 형상이 모두 정자의 빼어난 경개이다. 그러나 바깥이어서, 그 물결을 보고 물에 근본이 있음을 알아야 하고, 그 맑음을 보고 그 마음의 사악함을 씻은 뒤에야 물을 보았다고 할 수 있는 것이다. 우리 자손들은 힘쓸지어다.[7]

외형상 빼어난 경개를 자랑하는 곳이지만 물결을 통하여 물에 근본이 있음을 알고, 맑음을 통하여 마음을 깨끗하게 씻을 수 있도록 하는 것이 관수정에서 물을 보는 핵심이라고 지적하고 있다. 여산군수로 재임할 때 박상을 전별하던 세심정洗心亭이 지닌 뜻을 환기했다고 할 수도 있을 것이다. 그때 박상은 흐린 세상을 맑게 하자고 했는데, 관수정에서 송흠은 자신의 내면을 맑게 하면서 후손들을 면려하는 뜻도 포함시키고 있다.

7언 율시로 된 〈관수정〉은 다음과 같다.

물에 닿은 높은 건물이 여름에도 차가운데	危構臨流夏亦寒
늙은이가 난간에 기대지 않는 날이 없네.	老夫無日不憑欄
이미 골짜기 입구의 두 줄기 물을 독차지하는데	旣專谷口雙溪水
어찌 용문의 여덟 가닥 여울[8]을 부러워하랴?	奚羨龍門八節灘
고요한 그림자와 잠긴 빛은 참으로 즐길 만하고	靜影沉光眞可樂
갠 뒤의 단장과 비가 쓸고 간 모습은 가장 볼 만하네.	晴粧雨抹最堪觀
즈믄 맵시와 골 모양이 모두 눈을 어지럽히는데	千姿萬態渾迷眼
맑은 물결을 취하여 나의 마음을 씻기를 바라네.[9]	要取淸瀾洗我肝

수·함·경련에서는 주변 경개와 견준 정자의 위치와 모습을 말하고 있고, 미련에서는 「관수정기」에서 관수의 핵심을 지적한 것과 같이 자신의 마음을 씻는 쪽으로 방향을 잡고 있다. 이 시에서 송흠은 관수정에서 자

신의 내면을 닦는 방향으로 마무리하고 있는데, 유식공간遊息空間이라고 할 수 있는 정자에서 자신의 내면을 수습하고자 하는 인식은 뒷날 송순이 면앙정에서 지향한 바와 상통하는 것이다.

기영정 잔치와 호남사림의 호응

송흠은 85세이던 중종 38년(1543) 7월 초이렛날에 숭정대부에 오르고 스무엿샛날에 판중추에 배수되었는데, 2월에 전라도관찰사에 임명된 송인수宋麟壽(1499~1547)가 잔치자리를 마련하여 축하하려고 나주목사 조희曹禧와 영광군수에게 삼계현에 잔치를 베풀 장소를 찾았으나 마땅한 장소를 찾지 못하였다. 그런데 송흠의 관수정이 있는 남쪽 가에 수백 명이 앉을 수 있

기영정, 현재 전라남도 장성군 삼계면 사창리 산 520

는 장소를 찾아 새로운 정자를 마련하고 기영정耆英亭이라 이름한 것이다.

일반적으로 양로연은 고을의 수령이 나이가 많은 일반 백성을 모셔서 베푸는 잔치인데, 기영정 잔치는 임금의 특명으로 관찰사가 퇴임 관료를 위하여 마련한 것이다. 청렴과 염퇴를 실천한 노성한 신하에 대한 조정의 대접과 이를 목격한 각 지역의 수령과 백성들이 스스로 삶의 태도를 정하는 참조의 틀로 삼을 기회를 마련하게 된 것이다. 이것이 바로 향촌문화의 방향을 조절하는 계기로 이해할 수 있는 것이다.

칠월 스무이렛날에 감사가 관수정에 이르고, 다음 날인 스무여드렛날에 새 정자에서 연례를 베풀었는데, 가까운 고을의 수령들이 10여 명 참석하고 나주목사 조희가 연례를 관장하였다.

연례는 음례飮禮와 연석宴席으로 나뉘어 진행되었는데, 음례는 수작읍양 酬酌揖讓 → 전배진찬傳杯進饌 → 주악奏樂의 순서로 이루어졌으며 정자를 둘러서 구경하는 사람이 몇천 명인지 알 수 없을 정도였다고 한다.

음례가 끝난 뒤에 감사가 다시 마련한 연석은 술잔을 서로 주고받는 가운데 뭇 음악이 차례로 연주되었다. 먼저 정업곡定業曲을 연주하였는데 정업곡은 정대업定大業으로 종묘제례의 아헌과 종헌에 연주하는 악무이다. 다음 순서로 향악인 처용무處容舞, 관음찬觀音贊, 포구기抛球伎, 발도가發棹歌 등이 연주되었다. 처용무는 정재 때나 구나의 뒤에 처용의 탈을 쓰고 추는 춤이고, 관음찬은 불가佛歌의 하나이며, 포구기는 포구락으로 정재 때에 공을 가지고 추는 궁중 춤의 한 가지이고, 발도가는 배가 출발할 때 부르는 뱃노래의 일종으로 추정되는 것이다.

이러한 기영정의 잔치에 대하여 실록에서는 이듬해 봄에 다음과 같이 기록하고 있다.

전라도관찰사 송인수가 영광군에 순찰 나가, 판중추判中樞 송흠을 위해 기영

관수정 앞 개울. 건너편에 기영정이 보인다

정에서 잔치를 베풀었다.

사신은 논한다. 송흠은 이 고을 사람이고 정자는 곧 송인수가 조정에서 숭상
하고 장려하는 뜻을 이어받아 세운 것인데, 이때에 이르러 잔치를 베풀어 영
광스럽게 해 준 것이다. 송흠은 청결한 지조를 스스로 지키면서 영달을 좋아
하지 않았다. 어머니를 봉양하기 위해 걸군하여 10여 고을의 원을 지냈고 벼
슬이 또한 높았었지만, 일찍이 살림살이를 경영하지 않아 가족들이 먹을 식
량이 자주 떨어졌었다.

육경에서 은퇴하여 늙어간 사람으로는 근고에 오직 이 한 사람뿐이었는데,
시냇가에 정자를 지어 관수정觀水亭이란 편액을 걸고 날마다 한가로이 만족
하게 지내기를 일삼았으므로 먼 데서나 가까운 데서나 존대하지 않는 사람
이 없었다. 젊은 시절부터 집에 있을 적이면 종일토록 의관을 반듯하게 하고
조금도 몸을 기울이지 않고서 오직 서책만을 대하였고, 고을 안의 후진을 접

할 때에는 비록 나이가 젊은 사람이더라도 반드시 당堂에서 내려가 예절을 다했었다. 그의 어머니도 가법이 또한 엄격하여 감히 의에 어긋나는 일은 하지 않았고 나이가 1백 살이었다. 송흠 또한 90이 가까운데도 기력이 오히려 정정하였다. 특별히 조정에서 숭품崇品을 총애하는 은전을 입게 되었으므로 논하는 사람들이 인자한 덕의 효과라고 했었다.

도내에서 재상이 된 사람 중에 소탈하고 담박한 사람으로는 송흠을 제일로 쳤고, 박수량朴守良을 그 다음으로 친다고 하였다.[10]

나라 걱정과 본받아야 할 삶의 표본

송흠은 86세이던 중종 39년(1544) 9월에 상소를 올려 나라를 걱정하고 중국과 일본을 경계해야 한다고 간언하였다.

판중추부사判中樞府事 송흠宋欽의 상소上疏를 정원에 내리고 이르기를,
"이 소를 보니, 그 멀리 염려한 것이 지극히 마땅하다. 우리나라 사람은 늘 적을 깔보는 마음이 있다. 서북이나 남방에 변방의 말썽이 있으면 아랫사람의 생각이 다들 반드시 이기리라 여기고, 비변사와 변장邊將이 된 자의 경우도 다들 말을 쉽게 하여 경계하고 두려워하는 뜻이 없다. 갑작스런 기미를 살피고 늘 용병用兵의 어려움을 생각하는 자가 있는지 내가 모르겠다. 바야흐로 왜노를 거절하는 때이고 서방에도 성식聲息이 있으니, 멀리 염려하는 자가 있으면 미리 조치해야 할 때이다. 당선唐船·왜선倭船이 와서 변경을 침범하는 일이 있거든 바다 가운데에서 만나더라도 도적의 배로 여겨 잡으라고 각도에 하유하라."
하였다. 그 소는 다음과 같다.

"신은 나이가 86세이므로 정신과 기력이 날로 쇠약해져서 세상에 뜻이 없어진 지 오래되었습니다. 그러나 오히려 해바라기의 정성이 남아있으므로, 차마 잠자코 있을 수 없습니다. 생각하옵건대, 나라를 다스리는 도리는 본디 한 가지뿐이 아니라 그 큰 요체는 안으로 다스리고 밖으로는 적을 물리치는 것에 지나지 않을 따름입니다. 안으로 다스리는 도리는 조정에서 본디 이미 행하였으나, 밖으로 물리치는 계책에는 혹 죄다 거행하지 못한 것이 있으니, 신이 어리석은 생각을 아뢰겠습니다. 국가가 태평한 세월이 오래이므로 군정軍政이 해이하여, 변장이 된 자는 안일에 젖어 헛된 이름만이 있을 뿐, 멀리 생각하는 것이 없고 방어하는 일에 대하여 태연하게 뜻을 기울이지 않으니, 혹 뜻밖의 경보가 있으면 어떻게 막겠습니까. 신은 생각이 여기에 미칠 때마다 크게 탄식하지 않은 적이 없습니다. 이제 듣건대, 변장이 여러 번 중국 배한테 욕보았다 하니, 과연 신이 생각하던 바와 같습니다. 신이 들은 바와 평소에 생각한 바를 아뢰겠습니다.

저 중국 배라는 것은 표류하여 길을 잃었다고는 하나, 반드시 다들 도적질에 마음이 있는 자일 것입니다. 도적질에 마음이 없다면 어찌하여 화포火砲를 많이 갖추어 걸핏하면 사람을 상해하겠으며, 참으로 표류한 사람이라면 어찌하여 불쌍히 여겨주기를 바라는 뜻이 없고 두렵게 하여 요동하는 말을 하겠습니까. 또 듣건대 그 배는 단단하기가 여느 것과 달라서 사면에 다 널빤지로 집을 만들고 또 가운데가 넓어서 1백여 인을 포용할 만하며 그 밖의 기계器械도 정비되지 않은 것이 하나도 없으므로, 가는 데마다 대적할 자가 없고 싸우면 반드시 이긴다 합니다. 우리나라는 이것과 달라서, 연변沿邊의 요해지要害地에 전함을 갖춘 것이 별로 없고, 공사公私의 배가 많이 있기는 하나 거의 다 좁고 사면이 다 허술하여 가려 막은 것이 없으며, 또 화포는 오래되고 화약의 힘은 효력이 없으므로, 저 중국 사람의 화포에 비하면 참으로 아이들 장난입니다. 그 밖의 기계도 다 잔폐殘弊하여 연마되지 않았으니, 적을 만나 반드시 지는 것은 형세가 그렇게 만드는 것입니다. 옛사람이 이르기를 '기계가 엄밀하게 정비되면 사기士氣가 정명精明하다.' 하였거니와, 우리나라의 기계가 이러하다면, 어떻게 사기를 떨칠 수 있겠습니까. 기계 가운데에서도 전함은 더욱이 중요한데, 탈 만한 전함이 없다면 양장良將·정졸精卒이 있더라도 어떻게 적을 막겠습니까. 지금의 계책으로는, 바닷가의 여러 고을에 그 조잔凋殘·풍성豐盛을 짐작하여 전함의 수를 나누어 정하여 감독해서 만들게 하되, 배를 만들 때에는 반드시 널빤지로 장벽을 만들어 모두 당인의 배와 같이 해야 합니다. 전함이 갖추어지고 나면, 군졸이 다 믿는 것이 있어서 편안하게 여길 것입니다. 또 화포·궁전弓箭·창검槍劍 따위 물건도 해마다 단련하고 달마다 단련한다면, 적선敵船을 만나더라도 우리가 어찌하여 저들을 두려워하겠습니까. 이른바 유비무환有備無患이라는 것이 이것입니다.

그러나 기계만 있고 장수는 마땅한 사람을 얻지 못한다면, 또한 어떻게 막을 수 있겠습니까. 그러므로 사람을 얻는 것이 첫째이고 기계는 다음이니, 사람을 얻으면 기계는 절로 정비될 것이나, 사람을 얻지 못한다면 기계가 있더라도 쓸 데 없는 물건이 될 것입니다. 신은 이제부터 병사兵使·수사水使와 연변의 수령守令·만호萬戶 등을 다 그 재덕才德이 장수가 될 만한 자를 가려서 맡기기를 바랍니다. 그렇게 하면 은혜와 위엄이 아울러 행해지므로 군졸이 명을 따라서 모두가 한 사람이 백 사람을 당하게 될 것입니다. 사람을 가리는 방도를 신이 또한 생각하였습니다. 대신과 여러 대부大夫가 각각 아는 사람을 천거하게 하여, 마땅한 사람을 천거하면 상주고, 마땅한 사람이 못되면 벌주되, 이를 법령으로 만들어 이 법령을 사시의 질서가 틀림없이 시행한다면, 잘못 천거하는 폐단이 없을 것입니다. 신이 사람을 얻는 것이 첫째라 한 까닭은 이 때문입니다.

그러나 각 진各鎭·각 포各浦의 군졸이 정예하지 않은 것은 그 유래가 오래되었습니다. 배를 타면 두려워서 활을 잡지 못하는 자가 10명 중에 8~9명이고,

이따금 잘 쏘는 자가 있어도 가난하여 궁시弓矢를 갖추지 못하여 빈손으로 번番을 서는 자가 있고, 진장鎭將의 뜻을 맞추어 짐짓 번들지 않고서 그 값을 바치는 자도 있습니다. 군졸이 정예하지 않은 것이 온통 이렇게까지 되었습니다. 그러므로 요즈음에 변장이 된 자는 적선敵船이 왔다는 말을 갑자기 들으면 계책이 나올 수 없고, 한량閑良의 무리를 죄다 찾아내어 조방助防하게 하면 그 무리도 군려軍旅에 익숙하지 않고 배를 부리는 데에도 익숙하지 않아, 변장이 적을 만났을 때에도 다 두려워하여 팔을 걷어붙이고 도와 쏘는 자가 없으니, 군졸이 정예하지 않은 것을 여기에서 알 만합니다. 그러므로 장수를 가리는 것이 첫째이고 군졸을 뽑는 것은 또 그 다음인데 군졸을 뽑으려면 장수된 자가 마땅히 군사들이 몸이 씩씩한지 활을 잘 쏘는지를 보아 선택하여 서로 혼동되게 하지 않아야 할 것입니다. 다만 잘 쏘는 자는 군사와 한량뿐이 아니라 공천公賤·사천私賤과 한잡閑雜한 사람 가운데에도 많이 있으니, 지방의 수령이 사정을 쓰지 않고 정밀하게 가려서 치부하여 잡역雜役을 면하게 하면, 갑작스러운 때의 쓰임에 갖출 수 있을 것입니다.

신이 아뢴 것은 오로지 당선을 대비하기 위한 것 때문에 발론한 것이 아니라, 변방의 일에 대비하는 것을 널리 논한 것인데, 변방의 일에 대비하는 계책은 표류한 배에 쓸 것이 아니라고 한다면, 나라를 위하여 멀리 생각하는 것이 아닐 것입니다. 신에게는 또 한 가지 염려가 있습니다. 우리나라의 변장은 적선 하나를 만나도 낭패하여 감히 대항하지 못하니, 만일 왜적이 자기 나라의 배를 몽땅 거느리고 길을 나누어 침략해 온다면 또한 장차 어떻게 감당해 내겠습니까. 신이 듣건대, 나라에서 대마도對馬島의 왜인을 접대하지 않고 화친을 아주 끊었다 하니, 저 왜인에게 원망이 없지 않을 것이므로 이런 염려를 합니다. 행여 신의 어리석은 생각을 늙은 자의 말이라 여기지 않고 시험하신다면, 밖으로 적을 물리치는 방도에 조금이라도 보탬이 없지는 않을 것입니다.”[11]

주)

1 『訥齋集』권4, 壬申春, 蒙告經幄, 觀省光州, 還京道出礪良下, 主倅宋先生欽, 置酒餞行. 清州判官柳君沔末至, 仍索韻得五十六字, 簡欽之先生.

2 『중종실록』34권, 13년(1518) 7월 24일(신유)

3 『중종실록』51권, 19년(1524) 9월 7일(무진)

4 『중종실록』73권, 27년(1532) 4월 20일(무술)

5 『중종실록』94권, 36년(1541) 3월 16일(임인)

6 『중종실록』, 95권, 36년(1541) 4월 11일(정묘)

7 『知止堂遺稿』제이, 「觀水亭記」, 余平生所觀亭榭多矣. 地勢高爽, 山水環拱, 可以遠覽, 快心目者, 則有之矣, 若深山窮谷之中, 溪流曲折, 至林麓斷處, 渟泓演迤, 如江漢之深廣者, 則絶無焉. 余今幸得之, 豈非天慳地秘, 而後顯耶? 於是, 構數間亭于川上, 蓋取其近水, 而便於觀翫也. 余觀夫天心, 月到, 則金壁沉浮水面, 風來, 則羅縠生紋, 薄雨乍晴, 濃淡交映, 風恬浪靜, 則潛鱗可數, 而至於朝暉夕陰, 奇態萬狀, 此皆亭之勝槩也. 然外也. 觀其瀾, 而知其水之有本, 觀其淸, 而洗其心之邪穢然後, 可謂之觀水也. 吾子孫勉之哉.

8 八節灘은 河南省 洛陽市 부근에 있는 매우 험난한 여울이다.

9 『知止堂遺稿』제이, 〈觀水亭〉

10 『중종실록』권102, 39년(1544) 3월 경신, 『국역 중종실록』51, 228~229면.

11 『중종실록』104권, 39년(1544) 9월 8일(갑진)

주촌과 이호촌의 호산한적

파직 기간의 자강과 김안국

갑자기 밀려난 벼슬자리

중종 14년(1519) 동짓달 기묘사화를 일으킨 훈구세력은 사림세력을 몰아내는 데에 공력을 기울였다. 개혁을 주도했던 사림 중에서 강경파는 완전히 제거하려 했지만 온건파는 파직 정도에 그치게 되었다. 의정부우참찬 겸 홍문관제학에 있다가 지중추부사 겸 전라도관찰사병마수군절도사에 특배되었던 김안국金安國(1478~1543)은 파직을 당하고 이듬해에 경기도 이천의 주촌注村으로 은거하였다. 이 무렵 동생인 김정국金正國(1485~1541)은 황해도관찰사로 있다가 파직을 당하고 경기도 고양의 망동리芒洞里로 은거하였다.

김안국은 15~6세 무렵에 환훤당 김굉필(1454~1504)에게 수업하였으며, 17세 무렵에 아버지를 여의고 연이어 19세에 어머니마저 여의었다. 어버이에 대한 그리움과 효도에 대한 면려가 마음바탕을 차지하게 된 연유라고 할 수 있다. 모재慕齋로 호를 삼은 것과 선친의 동년방이었던 성담령成聃齡(?~1523)에게 특별한 정성을 다한 것도 같은 맥락으로 이해할 수 있다.

39세인 중종 12년(1517) 경상도관찰사로 부임하여 『이륜행실도』, 『여씨향약언해』, 『벽온방』 등을 언해하거나 보급하였고, 각 지역을 순행하면서 효자·열녀 등을 면려하였으며, 숨어 있는 선비들을 천거하기도 하였다.

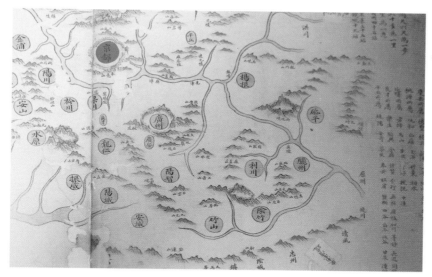

『해동지도』, 경기도

효우의 실천과 마음바탕

김안국은 일찍 어버이를 여의고 난 뒤에 효도에 대한 면려와 동생과의 우애를 소중하게 생각했다.

선친의 동년이었던 여러 분들의 모임에서 선친을 생각하면서 헌수의 술잔을 올릴 것을 생각한다든지, 이천에서 지내는 동안 수출水出에서 지내고 있던 선친의 동년인 성담령에게 각별하게 대했던 것도 이러한 모앙慕仰의 정과 효사추모孝思追慕의 마음바탕에서 말미암은 것으로 이해할 수 있다.

일례로 이천에서 은거하고 지내던 계미년(1523) 여름에 아버지의 동년인 유정수柳廷秀(1451~1501)의 아들 관灌(1484~1545)과 윤숭尹崇의 아들 세림世霖이 도성 안의 삼청동에서 수연을 베풀었다. 그 자리에 자제들이 차례로 나아가 축수의 잔을 올리니, 거동과 법도가 어그러짐이 없었고, 늙은 얼굴에 흰 머리로, 훌륭한 자제들이 모시어, 즐겁게 취하여 조용하니, 바라보 매 신선과 같아서 참으로 한 때의 성대한 일이었다는 것이다. 정수강丁壽岡 (1454~1527) 상공이 그의 집에 권석순權碩淳을 초대하여 전별하면서 시를 짓 고 또 그 모임의 내용을 차례로 기록하여 화운을 구하기에, 김안국은 그 자리에 참석하지는 못했지만 아버지의 동년으로 이천에 사는 성담령成聃齡 을 생각하면서 느꺼운 마음을 드러내었다. 김안국은 일찍이 아버지를 잃는 바람에 추모의 마음을 머무를 곳이 없어서, 때로로 선생을 뵙고 갱장羹墻 의 슬픔을 흘렸다고 하였다.[1] 성담령을 아버지로 생각하면서 효도의 마음 을 되새기고 있는 것이다.

7언 율시의 첫째 수를 보도록 한다.

평생토록 울면서 그리워하느라 아픔과 슬픔을 안고 있는데	號慕終天抱痛悲
검은 하늘은 알지 못하는 듯 잠잠하기만 하네.	玄穹默默似無知
오정五鼎의 인간세상에서 넉넉함과 화려함이 그릇되어	人間五鼎豊華謬
천년동안 지하에서 곁에서 모심이 늦어지네.	地下千年侍奉遲
선방에는 남긴 모임을 가짐이 아직도 많은데	仙榜尙多遺契執
수연을 경사에서 마련했다고 자랑삼아 말하네.	壽筵誇道設京師
아직도 하배霞杯를 여러 공들 뒤에 들지 못하는데	霞觴未擧諸公後
탄식하는 궁박한 숲에 병마가 달려드네.	嘆息窮林病趨垂

아버지의 동년들이 가지는 성대한 모임에 대한 소문을 듣기는 했으나, 아버지를 일찍 여의는 바람에 아버지를 모시고 참석할 수 없는 아픔과 슬 픔이 가득한 내용이다. 수련에서 아버지를 일찍 여읜 슬픔으로 평생 울면 서 그리워하고 지내는데, 하늘은 알지 못하는 것처럼 잠잠하다고 하였다. 함련에서는 벼슬살이에서 궁달이 심하여 지하로 가서 어버이를 모시는 일

도 늦어지고 있다고 토로하고 있다. 경련에서는 성대한 모임에 대한 소문이 자자함을 듣고, 미련에서 화자의 탄식과 함께 병마까지 찾아왔다고 안타까워하고 있다.

그리고 여주의 이호촌梨湖村에서 지내는 동안에는 엄용순嚴用順이라는 사람이 어버이를 극진히 모시는 것을 격려하고 잔치 자리에 함께 참석하여 부러움과 안타까움을 표현하였다. 여러 차례 격려와 부러움을 드러내는 시편을 남기고 있는데, 그중에서 〈엄상사용순효중수석상유감…嚴上舍用順孝中壽席上有感…〉이라는 작품을 보도록 한다. 잔치 자리에 참석하여 노래자처럼 어버이를 즐겁게 하는 엄용순을 보면서 부러운 마음을 드러내었는데, 결구에서 표현한 것처럼 속으로는 눈물을 흘리고 있는 안타까움을 동시에 표출하는 것이다.

해마다 봄에 북당에서 채색 옷 입고 춤을 추면서	年年菜舞北堂春
흰 머리 어버이에게 만년의 수를 누리라고 축배의 술을 올리네.	萬壽觴稱鶴髮親
누가 알랴? 자리에 참석한 당하의 손님이	誰識參筵堂下客
홀로 바람에 흔들리는 나무를 더위잡으며 수건을 적실 줄을.[2]	獨攀風樹欲沾巾

기·승구에서는 엄용순이 어버이를 위하여 마련한 잔치 자리의 광경을 묘사하고 있고, 전·결구에서는 그 자리에 참석한 자신이 이런 자리를 마련할 수 없음을 안타까워하면서 눈물을 삼키고 있다. 특히 결구에서는 나무가 고요히 있고자 해도 바람이 멈추지 않는 것처럼, 자식이 봉양하고자 해도 어버이가 기다리지 않는다는 풍수風樹의 고사를 원용하여 슬픔을 강조하고 있다. 천성으로서의 효를 실천하는 것에 대한 부러움인 동시에 스스로 효친을 실천할 수 없는 상황에 대한 아픔이 동시에 드러난 것으로 볼 수 있다.

아울러 관인의 입장에서 효자를 면려하거나, 효행이 뛰어난 사람들에 대한 각별한 관심을 보이는 것도 이러한 그리움의 다른 표현이라고 할 수 있다. 〈증효자난금贈孝子難金〉(『모재집』 권4), 〈증여형贈呂衡〉(권4), 〈증공효자贈 孔孝子〉(권6) 등에서 효자에 대한 면려의 내용을 읽을 수 있다.

주촌의 은일정恩逸亭

김안국은 이천과 여주 사이에 우거할 장소를 찾으려고 배를 타고 교암交巖 가에 있는 인의引儀 신득함辛得涵의 임정에 들르기도 하고, 이천의 효양사孝 養寺에 들르기도 하다가, 남천南川의 주촌注村[3]에 자리를 잡게 되었다. 김안 국의 이천과 여주 생활은 귀양살이와는 다르게 도덕적 책임과 함께 도리어 근신하면서 자강自强할 수 있는 기회를 가지게 된 것이라 할 수 있다.

주촌으로 추정되는 부발읍 죽당리 죽골

주촌에서 지내는 동안 가까이 지낸 사람은 여럿이지만 그중에서도 박인량朴寅亮(1495~1525)과 최광한崔光瀚(?~1533)을 주목할 수 있다. 박인량은 박은朴誾(1479~1504)의 아들로 모옥茅屋을 지을 수 있는 목재를 보내주는 등 여러 차례 도움을 주었다. 최광한은 최숙정(1432~1480)의 아들로 이들은 모두 사마소司馬所의 구성원이라 할 수 있다.

사마소의 구성원들과 함께 효양산에 올라서 모임을 서술한 것이다. 이들과 기미氣味가 같다고 함으로써, 은거 생활이지만 달빛 속에서 이들과의 놀이를 통하여 자신의 마음을 가라앉히고 있는 셈이다.

들판은 가랑비에 젖는데	原六潤微雨
좋은 그늘로 향기로운 바람이 오네.	嘉蔭來薰風
짐승과 새는 좋은 소리를 남기며	禽鳥遺好音
뒤섞이어 서쪽에서 동쪽으로 옮기네.	交交西復東
이에 시절의 경물이 아름다움을 기뻐하며	欣玆時物佳
말을 타고 높은 언덕에 오르네.	駕言陟崗崇
좋은 벗이 또한 모여서 머무르고	良朋亦萃止
나물 향기에 술 또한 짙네.	蔬香酒又濃
우리들은 기미가 같은데	吾曹同氣味
다행히 문운이 융성함을 만났네.	幸値文運隆
유유자적하니 한가한 시간이 많고	優游多暇豫
읊으면서 마음 속 생각까지 여네.	言詠開襟衷
뿔잔과 산가지를 어찌 다시 헤아리랴?	觥籌豈復箄
기쁘게 취하니 한창 무르녹네.	歡醉方融融
밤놀이에 촛불을 잡을 수 있는데	夜遊燭可秉
하물며 달빛이 밝아옴에랴?	娥輝況朣朧

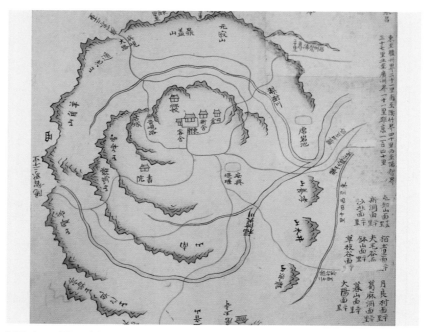

『해동지도』, 이천. 효양산 등이 보인다

굴대를 던지고 돌아간다고 말하지 말라.　　　　　　　投轄莫言歸

이 즐거움은 참으로 끝이 없네.[4]　　　　　　　　　此樂良無窮

신사년(1521) 봄에 박인량·최광한과 달빛에 술을 마시며 지은 시는 다음
과 같다.

늦은 봄의 남은 날이 다만 열여드레인데　　　　　　餘日殘春唯二九

좋은 밤의 밝은 달이 둥글려 하네.　　　　　　　　良宵明月欲團圓

막걸리를 서로 권하니 또 한밤중이 되려는데　　　　濁醪相勸更將半

함께 신사년을 기억하고 잊지 말게나.　　　　　　共記毋忘辛巳年

이듬해 임오년(1522) 3월 12일에는 홀로 술을 마시면서 지난해의 모임을 지속하지 못함을 아쉬워하고 있다.

지난 해 오늘 밤은 봄이 곱고 좋았는데　　　　　去年今夜春妍好
최·박과 함께 달빛 아래에서 술잔을 기울였네.　崔朴同頃月下杯
올해의 이 밤은 옛날과 같은 달인데　　　　　　今歲此宵依舊月
술 한 동이를 두 사람을 마주하고 열기 어렵네.　一樽難對兩君開

임오년에 집 앞에 작은 모정을 짓고 은일정恩逸亭이라고 이름하였다. 이곳에서 지내는 삶이 모두 임금의 은혜에서 말미암은 것이라는 표현이다.

평소에 꿈결에서 구원의 뜻을 생각했는데　　　　平生夢想丘園志
오늘에야 참으로 편안한 즐거움을 누리는 몸이네.　今日眞成逸樂身
쇠약한 나이를 기다리지 않고 이렇게 갖추게 되었으니　不待頹齡能辦此
창해와 같은 성은은 나루가 없도록 넓네.　　　　聖恩滄海濶無津

계미년(1523)에는 은일정의 동쪽 언덕에 동고정東臯亭을 짓기도 하였다.

이호촌의 범사정

중종 23년(1528) 무렵 김안국은 여주의 이호촌梨湖村[5]으로 거처를 옮겼다. 이곳은 옛날 천녕현으로 별장이 있던 곳이다. 이곳에 범사정泛槎亭[6]과 팔이정八怡亭을 마련했다. 이곳 이호촌에서는 엄용순嚴用順, 강은姜㶏(1487~1552) 등과 자주 만나고 있다.

화창한 봄 경치에 응답하는 데는 술이 공이 있고	酬答韶光酒有功
삼춘에 온갖 꽃 속에서 술에 취하네	三春酩酊百花中
많고 많은 세상 길에 겨르로움이 다행이고	多岐世路閑堪幸
값없는 연파에 즐거움이 다함이 없네	無價烟波樂不窮
향사의 남은 그림은 모름지기 옛 자취를 잇고	香社遺圖須繼躅
난정의 좋은 모임은 늘 풍류를 흠모하네	蘭亭勝集每欽風
남쪽 못의 버들 빛이 지금 응당 좋으리니	南池柳色今應好
한 번 취함이 그대와 더불어 지내는데 무슨 방해이랴?[7]	一醉何妨與子同

범사정 맞은편에 고산孤山이 있어서 이곳에 오른 과정을 적은 시에서 범
사정 주변의 경물을 말하고 있다.

고산은 여강의 하류에 있는데, 물 가운데 홀로 가파르게 특별히 우뚝 서고
맑은 물결이 연꽃처럼 사방을 도는데 빼어나게 그 위에 솟았다. 사면이 평평
하고 넓으며 혹 높기도 하고 혹 낮기도 하여 모두 돈대의 형상을 짓고 있으며
가운데 봉우리가 가장 높으며, 위에는 또 숫돌처럼 넓고 평평하여 3~40명이
앉을 수 있다. 사방을 바라보면 멀리 산이 고리처럼 봉우리들이 천만 개로 합
하고 펼쳐져 있다. 큰 들판은 아득하고 긴 강은 구불하게 혹 천천히 흐르기도
하고 빠르게 소용돌이치기도 한다. 굽은 개와 갈라진 물의 지류는 천백 개가
서쪽으로 흘러서 간다. 초록빛 물결이 바닥까지 맑고, 긴 모래톱이 비낀 앞의
흰 모래는 눈이 덮은 것 같아서, 참으로 천하의 절승이다. 이호촌과의 거리는
겨우 6~7리이고, 범사정과는 참으로 궤안처럼 마주 대하고 있다. 사람들이
전하는 말에, 장사 이존오가 어릴 때에 지은 〈강창시〉에서 일컬은 바로, '큰
들판이 모두 잠겼는데, 높은 산만 항복하지 않았네.'라고 한 것이 곧 이 산이
다. 산은 본래 강 가운데 홀로 서 있어서, 이름을 얻었는데 세상에서 고孤를

고高로 잘못 알고 있으니 웃을 만하다. 선현을 흠모하고 생각하느라 늘 한 번 오르고 싶었으나 이루지 못했는데, 가정 갑오년(1534) 초여름에 상사 윤관이 산 위에 술자리를 마련하고 나에게 완상하기를 청하였다. 내가 상사 강윤덕 을 데리고 작은 배를 끌고 가서 닻줄을 매고 올라보니 정자 이여, 봉사 이필, 수재 우귀상이 또한 모여 있었다. 기쁘게 마시고 매우 취하여 멋대로 노래하 고 마음대로 춤추고 구호로 절구 몇 수를 짓다.[8]

그리고 이호촌에서 지내면서 이호십육경으로 다음과 같은 것들을 들고 있다.

영릉서애英陵瑞靄, 구수평초具藪平楚, 치악부람雉嶽浮嵐, 용문층취龍門層翠, 남지상련南池賞蓮, 북야심매北野尋梅, 반기계음盤磯禊飮, 파성답청婆城踏靑,

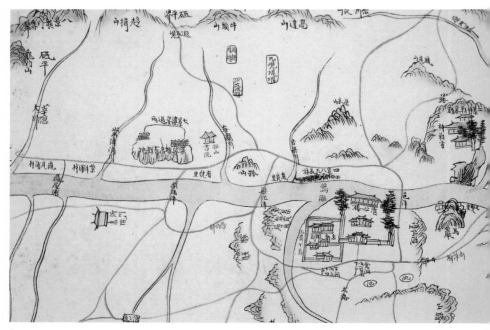

『해동지도』 여주목, 이포진(梨浦津), 양화진(梁化津), 고산(孤山) 등이 보인다

장흥설려長興雪驢, 교연우사交演雨蓑, 대야운가大野耘歌, 두천목적豆川牧笛,

양진연수楊津煙樹, 이호월정梨湖月艇, 입포풍범笠浦風帆, 우탄어화尤灘漁火[9]

달빛의 그리움, 〈정과정〉과 〈강월곡〉

이천과 여주에서 지내는 동안 김안국은 한결같이 임금에 대한 그리움을
보이고 있다. 그중에서 달빛을 통한 그리움을 감추지 않고 있는데, 〈정과
정〉을 노래하고 〈강월곡〉을 노래하면서 내면을 투사하고 있다. 〈정과정〉은
고려 때에 정서가 동래로 유배된 뒤에 임금에 대한 마음을 드러낸 것으로

이른바 충신연주지사에 해당하는 것이고, 〈강월곡〉은 중종 20년(1525)경 심달원沈達源(1494~?)이 짓고 최광한 등이 노래로 불렀던 것이다.

김안국은 〈차최자징운次崔子澄韻〉(『모재집』권4)에서 달을 통하여 자신의 중심을 차지하는 대상을 향하여 그리운 마음을 전하고자 하는 간절함을 담고 있다. 고려 때에 정서鄭敍가 동래로 귀양 가서 읊은 〈정과정〉의 "잔월殘月"을 환기하면서 님에 대한 그리움을 내면화하고 있다. 청장강개淸壯慷慨한 〈정과정〉의 곡조를 들으면서 노랫말에 담긴 의미를 되새기는 것으로 이해할 수 있다. 서정주체는 〈정과정〉을 누구와 함께 부를 수 있을지 묻기도 한다. 〈정과정〉의 정서를 공유할 대상을 확인하고자 하는 것이다. 최숙정의 셋째 아들인 최광한崔光瀚(?~1533)이 〈정과정곡〉을 잘 불렀다는 사실[10]을 부기하면서 최광한과 함께 〈정과정곡〉을 부르고 싶은 마음을 발화한 것으로 볼 수 있다. 그런데 화자는 홀로 꽃냄새를 맡고 달빛 아래를 걷고 있어서 마음이 가엾게 느껴진다고 하였다. "가엾게 여기는 마음(矜憐)"이 서정주체의 복잡한 내면일 터인데, 이러한 내면을 이해하고 함께 나눌 수 있는 친숙한 동료가 부르는 〈정과정〉이라는 노래를 통해 복잡한 마음을 대변해 주기를 바라는 것으로 이해할 수 있다. 그 배경으로 설정된 황화黃花, 달을 표상하는 두꺼비(蟾) 등의 매개물이 서정주체의 격앙된 감정을 전달하거나 풀어줄 수 있는 중요한 장치로 등장한 것이다.

누런 꽃이 물러나려하고 두꺼비가 장차 이지러지려는데　　　黃花欲謝蟾將缺
가을비가 새로 개니 물이 논에 가득하네.　　　秋雨新晴水滿田
한 곡조 과정瓜亭을 누구와 함께 부르랴?　　　一曲瓜亭誰共唱
꽃냄새를 맡으며 달빛 아래를 걸으며 홀로 가엾게 여기네.[11]　　　嗅花步月獨矜憐

달을 매개물로 삼아 서정주체의 감추어진 내면을 표출하고자 하는 이러한 발화는 화자의 상황을 이해하고 받아들일 수 있는 동료가 있을 때 더욱 그 체험의 내면화가 두드러진다고 할 수 있다. 〈여향반상춘 취중추사동유팔구인…與鄕伴賞春 醉中追思同遊八九人…〉(『모재집』권7)의 전·결구에서 최광한의 죽음을 안타까워하면서, "장가 한 곡조를 이제 듣기 어려우니, 늙은이의 눈물은 부질없이 피리 뒤의 수건을 적시네.(長歌一曲今難聽 老淚空沾笛裏巾)"라고 하여, 장가[12] 〈정과정〉을 떠올리거나, 〈최진사광한만崔進士光瀚挽〉(권7)의 첫째 수 함련에서 "달빛 아래 거룻배에서 물고기를 낚으며 피리를 비껴불고, 봄날에 정자에서 술을 마시며 거문고를 탔네.笛橫漁艇月 琴弄酒亭春"라고 한 것과, 둘째 수 경련에서 "달밤에 노를 젓던 놀이는 장차 내치고, 바람 부는 등불 앞의 일은 갑자기 텅 비네.(月棹遊將放 風燈事遽虛)"라고 한 데에서 최광한과 함께 지내면서 체험한 내용을 구체적으로 진술하고 있어서, 매개물을 동반한 상황에서 마음을 나눌 수 있는 사람들인 사마회司馬會의 구성원들과의 교감을 주목할 수 있는 것이다. 〈정과정곡〉이라는 이미 알려진 작품을 두고 '서정주체' – '매개물' – '동료'의 연결 고리를 새롭게 설정하면서, 화자의 체험을 환기하고 내면화하고 있는 것이다. 〈비가 개다. 배를 타고 내려가면서 비파 소리를 듣다.(雨晴 泛舟而下 聞琵琶)〉와 같은 작품에서도 〈정과정곡〉의 시적 감흥이나 내적 긴장을 바탕에 드리우고 화자의 내면을 드러내고 있다. 여강에서 누리는 표면적인 흥취와 풍류의 이면에 〈정과정곡〉이라는 다른 한 축이 자신의 처지를 반추하는 내면화로 자리를 잡고 있는 셈이다.

푸른 물결과 흰 새가 있는 여강의 흥취에　　　　　　　　滄波白鳥驪江興
이틀이나 배 안에서 취하여 깨지 아니하네.　　　　　　兩日舟中醉不醒
땅거미가 질 때 청심루淸心樓 아래에서 마시는데　　　　薄暮淸心樓下飮
비파로 한 곡조 정과정을 부르네.[13]　　　　　　　　　琵琶一曲鄭瓜亭

이렇듯 〈정과정〉의 "잔월효성殘月曉星"과 연결시킨 달빛의 내면화는 서정주체가 〈정과정곡〉의 화자가 처한 상황과 비슷하다고 인식한 데서 비롯되는 것으로 볼 수 있다. 실제 기묘사화(중종 14, 1519)로 관직에서 물러나 여주驪州와 이천利川 등에서 지내게 된 김안국이 자신의 처지를 되돌아보면서 달을 매개로 임금으로 비정되는 님에 대한 그리움의 내면을 드러내고 있는 셈이다.

　달빛에 대한 김안국의 태도는 〈강월곡江月曲〉[14]이라는 우리말 노래를 계기로 새로운 국면으로 전개되고 있다. 강월江月은 강 위의 하늘에 뜬 달이나 강 속의 달그림자를 가리키는데, 기묘사화 이후에 남한강 주변인 여주와 이천 등지에서 유배생활에 버금간다고 할 수 있는 한거 생활을 하면서, 개경의 적전에서 양전을 하면서 느꼈던 달, 양전에 함께 참여하고 동료들과 헤어지면서 쓴 시 등과 연결시켜 중요한 체험 항목으로 강월을 제시하고 있으며, 〈강월곡〉의 향유를 통하여 한거 생활의 체험을 여러 차례 진지하게 발화하고 있다. 앞에서 소개한 바 있는 최광한과의 직접적인 교유를 전제로 하고 있고, 함께 모인 자리에서 부르는 것을 들으면서 내면화의 방향으로 설정한 것이다.

　〈최자징이 술을 가지고 찾아와서 함께 복사꽃 아래에서 마시다. 자징의 운을 따다.(崔子澄持酒來訪共飮桃花下次子澄韻)〉라는 작품이 그것이다.

아름다운 풍광이 오직 두셋으로 나뉘는데	韶光唯有兩三分
그대에게 권하나니 마침내 저녁이 되었다고 말하지 말라.	勸子休辭竟夕曛
한 평생의 온갖 일을 한 바탕 웃음으로 감당하니	萬事百年堪一笑
새 노래 〈강월곡〉을 그대에게 듣기를 청하네.[15]	新腔江月倩君聞

　그런데 주기注記에서는 〈강월곡〉의 내용과 이 노래를 부르게 된 사정을

풀이하고 있다.

근래에 어떤 사람이 우리말 노래인 〈강월곡〉을 불렀는데, 들으니 느낌이 있어 몇 구로 풀어 적는다. "푸른 물결 만 이랑 눈썹달 같고, 너는 나를 볼 수 있고 또 저를 볼 수 있네. 나는 둘 다 볼 수 있는 너와 같지 못하여, 밤마다 부질없이 저와 너를 보기를 바라네.(滄波萬頃如眉月, 你得看儂亦見伊, 儂不似你能兩見, 宵宵空望見伊你)" 이날 노래를 부르면서 술을 권했기 때문이다.[16]

그리고 〈우취주필 증별심전부달원부연경又醉走筆贈別沈典簿達源赴燕京〉의 주기에서는 더욱 자세한 내막을 밝히고 있다. 〈강월곡〉을 지은 사람이 심달원沈達源이고, 개경의 적전에서 양전을 할 때 함께 지낸 인물이며, 개경에서 헤어질 때 달에 견준 시를 주고받았다는 내용이다. 개경의 공간이 여주와 이천의 공간으로 옮겨지고, 양전의 일에서 한거 생활로 바뀌고, 심달원과의 교유가 최광한과의 교유로 확대되면서 매개물인 꽃과 달이 다시 물과 이어져서 강월로 구체화된 것으로 이해할 수 있다. 김안국의 삶의 행적과 그 내면의 추이와 함께 달빛을 매개로 형상화하는 향방을 확인할 수 있게 된 것이다.

십년 전에 내가 사명을 받들어 송도에 가서 때마침 광명사에 우거하며 심군과 더불어 몇 달을 같이 지냈다. 헤어지게 되어 술을 취하게 마시고 내가 노래를 지어 작별을 고했는데, "거울이 깨어져 반달처럼 나뉘는데, 언제나 다시 꼭 둥글랴?(破鏡分半月 何時更恰圓)"라는 말이 있었다. 근래에 내가 주촌에 있으면서, 심군이 〈강월곡江月曲〉을 지었다는 말을 들었다. 거기에는 "푸른 물결 만 이랑 눈썹달 같고, 너는 나를 볼 수 있고 또 저를 볼 수 있네. 나는 둘 다 볼 수 있는 너와 같지 못하여, 밤마다 부질없이 저와 너를 보기를 바라네.(滄波萬頃如眉月, 你得看儂亦見伊, 儂不似你能兩見, 宵宵空望見伊你)"라고 하였다. 내가 그 노랫말을 매우 좋아하여, 취하면 문득 노래로 불렀다. 오늘 함께 마시면서, 이야기가 두 노래에 미쳐서 장난삼아 이 시를 지어서 선물한다.[17]

〈우취주필 증별심전부달원부연경又醉走筆贈別沈典簿達源赴燕京〉에서는 개경에서 심달원 등과 작별하면서 지은 시나, 〈강월곡〉이 모두 "슬픔(悲)"을 불러일으킨다고 하였다.

거울이 달처럼 나뉘고 달은 눈썹 같은데	鏡分如月月如眉
옛 곡이나 새 노래가 모두 슬픔을 일으키네.	舊曲新腔摠起悲
만리에 모름지기 시로 증별하지 못하여	萬里不須詩贈別
가나 머무르나 서로 잡고 두 노래를 생각하네.[18]	去留常把兩歌思

〈강월곡〉의 내용은 다음과 같다.

푸른 물결 만 이랑 눈썹달 같은데	滄波萬頃如眉月
너는 나를 볼 수 있고 또 저를 볼 수 있네.	你得看儂亦見伊
나는 둘 다 볼 수 있는 너와 같지 못하여,	儂不似你能兩見
밤마다 부질없이 저와 너를 보기를 바라네.	宵宵空望見伊你

나(儂), 너(你), 저(伊)로 표현된 서정주체, 매개물, 중심 대상의 관계에서 서정주체인 '나'는 매개물인 '너'를 통하여 중심 대상인 '저'에게 연결될 수 있기를 바라는 내면을 토로하고 있다. 실제 〈강월곡〉은 심달원이 지은 것이고, 최광한과 함께 향유한 것이기는 하지만 김안국이 자신의 내면과 같은 상황에 있는 것이라고 인식하고 향유한 것으로 볼 수 있다.

동래로 유배를 간 정서가 〈정과정곡〉에서 매개물로 끌어왔던 "잔월殘月"
이 새벽달로 오랜 시간이 지났음을 암시하면서 이미 찼다가 이지러진 모습
을 가리키고 있는데, 개경의 적전에서 양전의 일을 마치고 헤어지면서 심달
원 등에게 지어준 시에서 제시한 "반월半月", 심달원에게 준 시에서 드러낸
"미월眉月", 최광윤崔光潤의 시에 차운한 작품에서 말한 "세월細月" 등은 모
두 보름달을 향하면서 커지고 있는 달의 모습이다. 이것은 화자의 내면 상
태를 반영하는 것으로 달을 매개물로 삼은 이유가 바로 여기에 있는 것으
로 이해할 수 있다. 풍류와 놀이의 현장에서 드러난 달의 모습이 보름달이
거나 보름달에 가까운 것에 견주면 서정주체가 자신의 내면에 자리한 슬픔
이나 시름을 아직은 완전하게 둥글지 않은 달을 통해 형상화하고 이를 내
면화하는 것으로 볼 수 있는 것이다. "잔월"과는 달리 초승달이나 반달을
끌어들임으로써 완전한 모습에 대한 기대를 내포하고 있다는 점은 내면에
긍정적인 태도를 지니고 있는 것이다.

한편 〈산중명월가〉에서는 은거의 내면을 드러내기도 하였다.

산 가운데 밝은 달이	山之中兮有明月
오랜 세월 찼다가 이울었다	千古萬古圓又缺
찼다가는 이울고 이울었다 또 차고	圓又缺缺又圓
뒷날 오랜 뒤는 말하기도 어려워라	後有萬古難究說
산 가운데 삼 년 동안 와서는 서로 찾으니	山中三載來相尋
밝은 달은 참으로 둥글어 내 옷깃을 비추고	明月正圓照我襟
내가 가면 달은 다시 이지러지네	我已去兮月復缺
공산은 적적하고 구름은 그윽하다	空山寂寂雲沈沈
앞으로 찼다가 이울기를 다시 몇 번이나	邇來圓缺更幾度

봄과 가을 아침과 저녁에   春復秋兮朝復暮
나에게 달이 없으면 마음이 길이 괴롭고   我無月兮懷長苦
달에게 내가 없으면 시름이 만나지 않는다   月無我兮愁不遇
달이 다시 둥글자 눈이 산에 가득   月復圓兮雪滿山
희고 깨끗하여 티가 없구나   白白皎皎無瑕瘢
그대는 어찌하여 돌아오지 않으니   君胡爲乎不歸來
티끌과 진흙 사이를 발을 끌고 다니네   屑屑蹋蹋塵泥間
밝은 달아 밝은 달은 저버리지 않으리니   明月兮明月不可負
백년간 너를 대하면 내 얼굴이 기쁨일세   百年對爾怡我顔

새기는 마음

김안국이 기묘사화로 파직하고 20여 년의 기간 동안 이천과 여주의 남한강 가에서 지낸 생활의 핵심은 한적閑適과 자강自强이라고 할 수 있다. 한적이 현실에 적응하는 태도라면 자강은 미래를 위한 준비라고 할 수 있다. 해마다 춘첩시春帖詩를 써서 자신을 돌아보고 임금에 대한 마음을 새롭게 다짐하기도 한다. 은거의 날들이 길어지면 길어질수록 서울로 돌아갈 날이 늦어지고 있다는 점을 절감하게 되는 것이다. 그럴 때일수록 임금의 은혜를 되새기면서 자신을 더욱 다독이고 자중하는 자세를 보이는 것이다. 내면에 배인 임금에 대한 그리움을 읽어낼 수 있는 것이다.

이후 이천과 여주 지역에서는 김안국을 그리워하는 마음에 그에 대한 추모의 뜻을 모았다. 이천에서는 명종 19년(1564) 안흥정사安興精舍에 서희, 이관의와 함께 모셨으며 관고리로 이전하여 설봉서원雪峰書院이라 일컬었다. 선조 26년(1593)에 최숙정을 추배하였는데, 최숙정은 최광한의 아버지

설봉서원의 상현사. 서희, 이관의, 최숙정, 김안국을 모셨다

이다. 한편 여주에서는 선조 13년(1580) 김안국金安國의 학문과 덕행을 추모하기 위해 기천서원沂川書院을 창건하여 위패를 모셨는데, 임진왜란에 소실되기도 했으며, 광해군 3년(1611) 이언적李彦迪과 홍인우洪仁祐를 추가 배향하였다. 인조 3년(1625)에 '기천沂川'이라고 사액되었다. 현종 2년(1661)에 정엽鄭曄, 이원익李元翼, 홍명구洪命耉, 숙종 34년(1708)에 이식李植, 그 뒤에 홍명하洪命夏를 추가 배향하여 선현제향과 지방교육의 일익을 담당하였다. 뒤에 다시 화재로 전소되었다가 1877년 김영진金泳鎭 등 여주지방 향유鄕儒 100여 명의 기금으로 사우만을 중건, 모현사慕賢祠라 일컫고 있다.

사람은 늘 어려운 상황에 처할 수 있다. 자신의 의지와는 다르게 상황이 급변하여 자신이 있던 자리에서 밀려날 가능성도 있다. 이러한 경우에 어떻게 처신하면서 다음 기회를 준비해야 하는지 김안국의 이천과 여주의 삶이 그 해답을 제시하고 있다.

주)

1 『慕齋集』卷4, 『총간』20, 73면, 〈吾先君甲午榜同年, 存者無幾. 癸未夏, 故掌令柳公廷秀之子判決事瀷與故正尹公之崇之子右通禮世霖, 約榜中子弟, 爲先榜遺老諸公, 設壽宴于都城內之三淸洞. 諸公存而在京者, 各奉子弟往赴, 其居近鄕者, 亦聞而來會, 榜中故家子弟參赴者亦多. 迭進上壽, 儀度莫愆, 蒼顔白髮, 蘭扶玉侍, 歡醉從容, 望若神仙, 誠一時盛事也. 及權公碩淳之還鄕也, 丁相公壽岡, 復邀餞于其第, 詩以贐別, 且紀記其會之實, 感念存沒, 興懷今昔, 慨嘆之意, 溢於言外.榜老成先生聯齡居利川, 與安國村寓相近, 以疾未赴會爲恨. 乃次丁相公韻, 加以近體一首, 投送索和, 安國伏閱而諷詠之. 不覺淚隨聲零. 安國不幸早失所天, 無所寓其追慕之懷, 時謁先生, 以洩虁墻之悲. 其他先榜諸公, 雖切慕仰之情, 事故所靡, 不得以時謁拜, 常用介于中. 今判決諸公之是擧, 乃能稱觴于一席之上, 以伸孝思追慕之至心, 其神倫化厚風俗, 大矣, 非安國之所及也. 安國適滯迹窮村, 未及趨走於尊俎之間, 以展微誠之萬一, 恨可量歟. 謹賡韻以復, 兼用達鄙意於判決諸公云.〉

2 〈嚴上舍用順孝中壽席上有感上舍. 從余學, 事親孝每歲慈堂生辰, 必上壽, 招賓戚助歡, 余亦屢參〉, 『慕齋集』卷6, 『총간』20, 110면.

3 注村은 注叱洞으로 현재 경기도 이천시 부발읍 죽당1리 줏골이다. 이긍익, 1776, 『연려실기술』권8, 중종조 고사본말 金安國條 참조.

4 〈與鄕中進士生員輩 登孝養山設會〉, 『慕齋集』권4.

5 현 여주군 금사면 이포리.

6 〈서영원상인시축(書靈源上人詩軸)〉(『모재집』권6)에서 상인(上人)이 설명한 대로 범사정에서 바라보이는 여러 산을 북쪽으로 용문산(龍門山, 1157m), 동쪽으로 혜목산(慧目山), 치악산(雉嶽山, 1282m), 백운산(白雲山, 1087m), 미륵산(彌勒山, 689m), 천등산(天登山, 807m), 오갑산(烏甲山, 609m), 남쪽으로 보련산(寶蓮山, 765m), 백족산(白足山, 402m), 월악산(月岳山, 1094m), 오음산(五音山), 서쪽으로 원적산(圓寂山, 563m) 등을 들고 있다.

7 『모재집』권7, 〈嚴孝中詩以請之適與客痛飮大醉中走筆次答〉

8 『모재집』권7, 〈登孤山〉, 孤山在驪江下流, 水中孤嶼特立, 淸波四環如芙蓉, 秀出其上, 四面平廣, 或高或低, 皆作臺形, 中峰最高, 而上又寬平如砥, 可坐三四十人. 四望遙山環合峯巒羅列以千萬數, 大野渺茫, 長江逶迤, 或慢流或湍急, 曲浦歧沱態狀千百. 西流而去, 綠淨澈底, 長洲橫前白沙如雪鋪, 眞天下絕勝也. 距梨湖僅六七里, 與泛槎亭正相對如几案. 人傳云, 李長沙存吾, 幼時作江漲詩所云, 大野皆爲沒, 高山獨不降者, 卽此山也. 山本孤立江中, 故得名而世誤以孤爲高可笑. 欽想先賢, 每欲一登而不得, 嘉靖甲午初夏, 尹上舍瓘置酒山上, 邀余來賞, 余拉姜上舍潤德, 挽小艇而上繫纜而登則, 李正字畲·李奉事芯·禹秀才龜祥亦會, 歡飮甚醉, 狂歌縱舞, 因口號數絕.

9 「서이호십육경후(書梨湖十六景後)」, 『모재집』 권12.

10 "최군이 취하면 문득 〈정과정곡〉을 노래하는데, 음조가 청신하고 화려하면서 감정이 격
   앙되었다.(崔君醉輒唱鄭瓜亭曲 音調淸壯慷慨)"라는 부기가 있다.

11 『모재집』 권4.

12 詩題에 "자징은 취하면 반드시 장가를 노래했으므로 언급한다.(子澄醉必唱長歌故及)"
   라는 내용이 포함되어 있다.

13 『慕齋先生集』卷5.

14 〈강월곡〉은 그리움과 관련하여 시조 갈래의 중요한 주제 항목으로 볼 수 있다.
   최재남, 「형성기 시조의 서정적 주제」, 『서정시가의 인식과 미학』, 보고사, 2003, 83~91
   면 참조.

15 『慕齋先生集』卷4.

16 近有人唱俚歌江月曲, 聽而有感, 以句解之曰, 滄江萬頃如眉月, 你得看儂亦見伊. 儂不似你
   能兩見, 宵宵空望見伊你. 是日, 唱以侑酒故云.

17 十年前, 余奉使松都, 時寓廣明寺, 與沈君同處幾月. 臨別飲醉, 余作歌敍別, 有破鏡分半
   月, 何時更恰圓之語. 近余在注村, 聞沈君作江月曲有云, 滄波萬頃如眉月, 你得看儂亦見
   伊. 儂不似你能兩見, 宵宵空望見伊你. 余甚喜其詞, 醉則輒歌之, 今日共飮, 語及兩歌, 戲
   賦此詩贈之.

18 『慕齋先生集』, 卷4.

도산서당의 공부와 놀이

퇴계 이황의 행적

우리가 평소 퇴계 선생이라고 부르는 이황李滉(1501~1570)은 진보인眞寶人으로 연산군 7년(1501)에 경상도 예안현 온계리에서 태어났다. 열두 살에 숙부 송재공 우堣(1469~1517)에게 수학하였으며, 뒷날 〈서어부가후〉에서 송재 선생의 수연에서 〈어부가〉를 들었다고 술회하였다. 23세인 중종 18년(1523)에 처음으로 대학에 들어갔다가 얼마 있지 않아서 고향으로 돌아갔다. 그 뒤 사마시에 합격하였으나 벼슬에는 뜻이 없었으며, 형의 권고로 과거에 나가게 되었고, 33세인 중종 28년(1533) 반궁泮宮에 유학하였다. 십년 전 대학에 들어갔을 때 선생의 반듯한 행동거지를 보고 비웃었다고 했는데, 십년 뒤의 동료들은 존경하면서 마음으로 좇았다고 하였다. 이해 가을에 권벌權橃(1478~1548)과 함께 고향으로 내려가는 길에 여주의 이호촌梨湖村에 은거하고 있던 김안국金安國(1478~1543)을 뵙게 되었다. 이황은 만년에 "모재를 뵙고 정인군자正人君子의 언론을 들었다."라고 술회하였다.

34세인 중종 29년(1534) 과거에 급제하여 승문원권지부정자에 임용되었다. 그 이후 예문관검열, 홍문관정자, 저작, 성균관전적, 홍문관부수찬, 사간원정언, 형조정랑, 홍문관교리 등을 맡았으며, 41세인 중종 36년(1541) 사

도산서당

가독서의 명을 받아 동호東湖에서 독서하였다. 42세인 중종 37년(1542) 8월
에는 고향으로 돌아가는 농암 이현보李賢輔(1467~1555)를 전송하였고, 재해
를 시찰하는 어사로 강원도로 갔는데 청평산淸平山을 지나는 시와 서문을
남겼다. 그 다음에도 사헌부장령, 성균관사성, 홍문관전적 등을 지냈다.

외직과 은거의 삶

이황은 45세인 인종 원년(1545) 10월에 우상 이기李芑 등이 아뢰어 관직을
삭탈당하였다가 얼마 있지 않아서 다시 서용되었다. 을사사화가 일어나 선
비들이 화를 당하는 때였다. 46세인 명종 원년(1546)에 퇴계退溪의 동쪽 두
서너 마장 되는 바위 옆에 양진암養眞菴을 지었다. 원래 시내의 이름은 토계

兎溪였으나, 토를 퇴退로 고치고 자신의 호로 삼았다. 48세인 명종 3년(1548) 정월에 외직을 청하여 단양군수가 되었다. 10월에는 형이 충청감사가 되자 풍기군수로 전임되었다. 49세인 명종 4년(1549) 12월에 감사 심통원沈通源에게 글을 올려 백운동서원의 편액과 서적을 청하여, 소수서원紹修書院의 사액과 사서·오경 등의 책을 하사받았다. 백운동서원은 주세붕周世鵬이 풍기군수로 있으면서 세운 것이다. 병으로 감사에게 사표를 제출하고 회보를 기다리지 않고 고향으로 돌아갔다가, 고신告身 2등을 삭탈당하기도 하였다. 50세인 명종 5년(1550) 2월에 퇴계 서쪽에 자리를 잡고 그곳에서 살기로 하였고, 한서암寒栖菴을 지었다. 이때부터 배우러 오는 선비가 날로 많아졌다고 한다. 귀향해서 신선처럼 지내던 농암 이현보를 분천汾川으로 가서 뵙기도 하고, 4월에는 한서암 앞에 광영당光影塘을 파기도 하였다. 8월에는 형 해瀣(1496~1550)가 죽었다는 소식을 접하게 되었다. 이해가 사헌부에 있으면서 이기가 정승이 되는 것이 합당하지 못하다고 탄핵한 적이 있었는데, 을사사화가 일어난 뒤로 이기가 죄를 얽는 바람에 곤장을 맞고 귀양가다가 길에서 죽은 것이다.

52세인 명종 6년(1552) 4월에 농암을 임강사臨江寺로 찾아뵙고, 4월에 홍문관교리로 임명되어 조정으로 들어갔다. 53세인 명종 7년(1553) 7월에 대왕대비의 환정還政의 교서를 짓기도 하였다. 55세인 명종 9년(1555) 6월에 농암 선생이 별세하여 분곡奔哭하고 행장을 지었다. 56세인 명종 10년(1556) 12월에 예안향약을 초하였다. 57세인 명종 11년(1557) 도산의 남쪽에 서당 지을 터를 마련하였다. 58세인 명종 12년(1558)년 3월에 창랑대滄浪臺를 지었는데, 뒤에 천연대天淵臺로 고쳤다. 6월에는 관포 어득강의 시집에 발문을 썼다. 윤7월에 소를 올려 치사致仕하기를 빌었으나 임금이 허락하지 아니하였다. 이때부터 벼슬이 내릴 때마다 사직의 상소를 올려 물러나기를 청하였으나 선뜻 받아들여지지 않았다.

천연대

61세인 명종 15년(1561) 3월에 절우사節友社를 지었고, 4월 보름에는 탁영
담濯纓潭에 배를 띄우고 뱃놀이를 하였으며, 11월에 〈도산기〉를 지었다.

그 이후에도 사직의 상소를 지속적으로 올렸으며, 65세인 명종 20년
(1565)에 〈심경후론〉을 지었다.

69세인 선조 2년(1569) 3월 무신일에 물러날 것을 허락받고, 오정 때에
하직하고 도성을 나와서 동호몽뢰정東湖夢賚亭에서 자고, 기유일에 배를 타
고 동쪽으로 향하여 봉은사奉恩寺에서 자고, 경술일에 양주 무임포無任浦에
서 자고, 신유일에 집에 도착하였다. 70세인 선조 3년(1570) 5월에 도산에
나와서 제생들과 『계몽啓蒙』을 강론하고, 7월에는 역동서원에 가서 제생과
『심경心經』을 강론하였으며, 8월에는 도산에서 여러 제자들과 『계몽』·『심
경』을 강의하였고, 11월에는 피곤하다 하여 여러 제자들을 돌려보냈다. 12
월 병신일에 자제들에게 명하여 다른 사람의 서적을 기록해서 돌려보내게

도산서원의 현판

하고, 정유일에 조카 영甯에게 명하여 유계遺戒를 쓰게 하였으며, 낮에 여러 제자들을 보았으며, 무술일에 수기壽器를 준비하게 한 뒤에, 경자일에는 문생 이덕홍李德弘에게 서적을 맡게 하고는 신축일 유시에 세상을 떠났다.

선조 8년(1575) 봄에 서원을 도산 남쪽에 세우기로 하고, 이듬해 여름에 서원이 낙성되니 나라에서 도산서원陶山書院의 현판을 하사했다. 현판의 글씨는 한호韓濩가 썼다.

도산서당의 공부와 놀이

도산서당은 맞배지붕으로 되어 있으며 정면 3칸 측면 1칸을 기본으로 하면서 남쪽 정면을 제외한 3면에 퇴칸이 딸린 모습이다. 행례를 위한 개방

앞에 보이는 부분이 공(工)자 모양의 농운정사이다

된 마루 1칸에 온돌방과 간단한 부엌 시설을 갖춘 정면 3칸의 간소한 건물
은 선비의 이업 공간으로서 최소한의 공간인 동시에 더 이상의 공간이 필
요 없는 최대한의 공간이라는 평가[1]를 받기도 한다. 방의 이름은 완락재玩
樂齋로, 마루의 이름은 암서헌巖栖軒으로 정하였다.

한편으로 배우는 사람들이 지낼 수 있는 공간은 여덟 칸으로 마련했는
데, 시습재時習齋·지숙료止宿寮·관란헌觀瀾軒이라고 이름을 붙이고 이를 합
해서 농운정사隴雲精舍라고 현판을 달았다.

도산서당의 구성과 주변의 배치에 대하여 「도산잡영 병기」를 통해 확인
할 수 있다.

영지산靈芝山의 한 줄기가 동쪽으로 나와 도산이 되었다. 그런데 어떤 이는,
"이 산이 두 번 이루어졌기 때문에 도산이라 이름하였다." 하고, 또 어떤 이

는, "옛날 이 산 중에 도기굴이 있었으므로 그 사실을 따라 도산이라 한다." 하였다. 이 산은 그리 높거나 크지 않으며 그 골짜기가 넓고 형세가 뛰어나고 치우침이 없이 높이 솟아, 사방의 산봉우리와 계곡들이 모두 손잡고 절하면서 그 산을 사방으로 둘러 안은 것 같다. 왼쪽에 있는 산을 동취병東翠屏이라 하고, 오른쪽에 있는 것을 서취병西翠屏이라 한다. 동병은 청량산淸涼山에서 나와, 이 산 동쪽에 이르러서 벌려 선 품이 아련히 트였고, 서병은 영지산에서 나와 이 산 서쪽에 이르러 봉우리들이 우뚝우뚝 높이 솟았다. 두 병풍이 마주 바라보면서 남쪽으로 꾸불꾸불 기어내려가 8·9리쯤 내려가다가, 동병은 서쪽으로 달리고 서병은 동쪽으로 달려서 남쪽의 넓고 넓은 들판의 아득한 밖에서 합세하였다. 산 뒤에 있는 물을 퇴계라 하고, 산 남쪽에 있는 것을 낙천洛川이라 한다. 퇴계는 산 북쪽을 돌아 낙천에 들어 산 동쪽으로 흐르고, 낙천은 동병에서 나와 서쪽으로 산 기슭아래에 이르러 넓어지고 물이 깊어졌다. 여기서 몇 리를 거슬러 올라가면 물이 깊어 배가 다닐 만한데, 금 같은 모래와 옥 같은 조약돌이 맑게 빛나며, 검푸르고 차디차다. 여기가 이른바 탁영담濯纓潭이다. 서쪽으로 서병의 벼랑을 지나서 그 아래의 물까지 합하고, 남쪽으로 큰 들을 지나 부용봉芙蓉峰 밑으로 들어가는데, 그 봉이 바로 서병이 동병으로 와서 합세한 곳이다.

처음에 내가 퇴계 위에 자리를 잡고, 시내 옆에 두어 칸 집을 얽어 짓고, 책을 간직하고 옹졸한 성품을 기르는 처소로 삼으려 하였더니, 벌써 세 번이나 그 자리를 옮겼으나 번번이 비바람에 허물어졌다. 그리고 그 시내 위는 너무 한적하여 가슴을 넓히기에 적당하지 않기 때문에 다시 옮기기로 작정하고 산 남쪽에 땅을 얻었던 것이다. 거기에는 조그마한 골이 있는데, 앞으로는 강과 들이 내려다보이고, 깊숙하고 아늑하면서도 멀리 트이었으며, 산기슭과 바위들은 선명하며 돌 우물은 물맛이 달고 차서 이른바 비돈肥遯할 곳으로 적당하였다. 어떤 농부가 그 안에 밭을 일구고 사는 것을 내가 그 땅을 샀는데, 거기에 집짓는 일을 법련法蓮이란 중이 맡았다가 얼마 안 되어 갑자기 죽었으므로, 정일淨一이란 중이 그것을 계승하였다. 정사년에서 신유년까지 5년 만에 당사 두 채가 되어 겨우 거처할 만하였다.

한 당사는 세 칸인데, 중간 한 칸은 완락재玩樂齋라 하였으니, 그것은 주선생의 「명당실기名堂室記」에, "완상하여 즐기니, 족히 여기서 평생토록 지내도 싫지 않겠다."라고 하는 말에서 따온 것이다. 동쪽 한 칸은 암서헌巖棲軒이라 하였으니, 그것은 운곡雲谷의 시에, "(학문에 대한) 자신을 오래도록 가지지 못했더니 바위에 깃들여 조그만 효험이라도 바란다."는 말을 따온 것이다. 그리고 합해서 도산서당陶山書堂이라고 현판을 달았다.

다른 당사는 모두 여덟 칸이니, 시습재時習齋·지숙료止宿寮·관란헌觀瀾軒이라고 하였는데, 모두 합해서 농운정사隴雲精舍라고 현판을 달았다.

한 당사의 동쪽 구석에 조그만 못을 파고, 거기에 연을 심어 정우당淨友塘이라 하고, 또 그 동쪽에 몽천蒙泉이란 샘을 만들고, 샘 위의 산기슭을 파서 추녀와 맞대고 평평하게 쌓아 단을 만들고는, 그 위에 매화·대·소나무·국화를 심어 절우사節友社라 불렀다. 당 앞 출입하는 곳을 막아서 사립문을 만들고 이름을 유정문幽貞門이라 하였는데, 문 밖의 오솔길은 시내를 따라 내려가 마을 어귀에 이르면, 양쪽 산기슭이 마주 대하여 있다. 그 동쪽 기슭 옆에 바위를 부수고 터를 쌓으면 조그만 정자를 지을 만한데, 힘이 모자라서 만들지 못하고 다만 그 자리만 남겨 두었다. 마치 산문과 같아 이름을 곡구암谷口巖이라 하였다.

여기서 동으로 몇 걸음 나가면 산기슭이 끊어지고 탁영담에 이르는데, 그 위에는 큰 돌이 마치 깎아세운 듯 서서 여러 층으로 포개진 것이 10여 길은 될 것이다. 그 위를 쌓아 대를 만들고 우거진 소나무는 해를 가리며, 위로 하늘과 밑으로 물에는 새와 물고기가 날고 뛰며, 좌우 취병산의 물에 비친 그림자가 흔들거려, 강산의 훌륭한 경치를 한 눈에 다 볼 수 있으니, 이름을 천연대

天淵臺라 한다. 그 서쪽 기슭 역시 이것을 본떠서 대를 쌓고 천광운영天光雲影이라 하였으니, 그 훌륭한 경치는 천연대에 못지 않다. 반타석盤陀石은 탁영담 가운데 있다. 그 모양이 반타하여 배를 매두고 술잔을 서로 전할 만하며, 큰 홍수를 만날 때면 물속에 들어갔다가 물이 빠지고 물결이 맑은 뒤에야 비로소 드러난다.

나는 항상 오랜 병의 시달림에 괴로워하기 때문에, 비록 산에서 살더라도 마음을 다해 책을 읽지 못한다. 깊은 시름에 잠겼다가 조식調息한 뒤 때로 몸이 가뿐하고 마음이 상쾌하여, 우주를 굽어보고 우러러보아 감개가 생기면, 책을 덮고 지팡이를 짚고 뜰마루에 나가 연못을 구경하기도 하고 단에 올라 사社를 찾기도 하며, 밭을 돌면서 약초를 심기도 하고 숲을 헤치며 꽃을 따기도 한다.

또 혹은 돌에 앉아 샘물을 구경도 하고 대에 올라 구름을 바라보며, 여울에서 고기를 구경하고 배에서 갈매기와 친하면서 마음대로 시름없이 노닐다가, 좋은 경치 만나면 흥취가 절로 일어, 한껏 즐기다가 집으로 돌아오면 고요한 방 안에 쌓인 책이 가득하다.

책상을 마주하고 잠자코 앉아 삼가 마음을 잡고 이치를 궁구할 때, 간간이 마음에 얻는 것이 있으면 흐뭇하여 밥 먹기도 잊어 버린다. 생각하다가 통하지 못한 것이 있을 때는 좋은 벗을 찾아 물어 보며, 그래도 알지 못할 때는 혼자서 분비憤悱한다.

그러나 감히 억지로 통하려 하지 않고 우선 한 쪽에 밀쳐 두었다가, 가끔 다시 그 문제를 끄집어 내어 마음에 어떤 사념도 없애고 곰곰 생각하면서 스스로 깨달아지기를 기다리며 오늘도 그렇게 하고, 내일도 그렇게 하는 것이다.

또 (봄에는) 산새가 즐거이 서로 울고, (여름에는) 초목이 우거져 무성하며, (가을에는) 바람과 서리가 차갑고, (겨울에는) 눈과 달이 서로 얼어 빛나며 사철의 경치가 서로 다르니 흥취 또한 끝이 없는 것이다.

그래서 너무 춥거나 덥거나, 또는 큰 바람이 불거나 큰 비가 올 때가 아니면, 어느 날이나 어느 때나 나가지 않는 날이 없고 나갈 때나 들어올 때나 이와 같은 것이다.

이것은 곧 한가이 지내면서 병을 조섭하기 위한 쓸데없는 일이라, 비록 (도학하는) 옛 사람의 집앞 뜰도 엿보지 못했지마는, 스스로 마음 속에 즐거움을 얻음이 얕지 않으니, 아무리 말이 없고자 하나 말하지 않고는 배길 수가 없어, 곳곳에 따라 칠언 한 수씩으로 그 일을 적어 보았더니, 모두 18절이 되었다.

또 몽천蒙泉·열정洌井·정초庭草·간류澗柳·채포菜圃·화체花砌·서록西麓·남안南岸·취미翠微·요랑廖朗·조기釣磯·월정月艇·학정鶴汀·구저鷗渚·어량魚梁·어촌漁村·연림烟林·설경雪徑·낙천樂遷·칠원漆園·강사江寺·관정官亭·장교長郊·원수遠岫·토성土城·교동校洞 등 오언으로 사물이나 계절 따라 아무렇게 읊은 시 26수가 있으니, 이것은 앞의 시에서 다하지 못한 뜻을 말한 것이다.[2]

도산서당 주변의 모습을 그림으로 나타내면 다음과 같다.

도산서당 주변

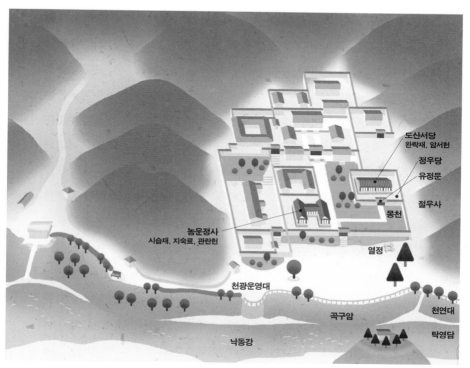

「도산기」의 내용을 바탕으로 이황이 실천한 도산서당에서의 공부와 놀이를 정리할 수 있다. 서당을 중심으로 한 강학講學 공간과 천연대와 천운대를 중심으로 한 유식遊息 공간이 그 중심이다.

〈도산십이곡〉의 세계

〈도산십이곡〉은 12수로 된 연시조로 앞의 6수를 뜻을 말하는 언지言志, 뒤의 6수를 배움을 말하는 언학言學이라 하였다. 발문과 함께 전하는데, 발문의 내용은 다음과 같다.

〈도산십이곡〉은 도산 노인이 지은 것이다. 노인이 이 노래를 지은 까닭은 무엇인가. 우리나라의 가곡은 대개 음란한 소리가 많아서 말할 바가 못 된다. 〈한림별곡〉과 같은 것들도 문인의 입에서 나왔으나 교만하고 호화스럽고 기탄이 없이 멋대로 굴고 아울러 외설스럽고 업신여기고 함부로 해서 더욱 군자가 숭상할 바가 아니다. 오직 요사이 이별의 〈육가〉라고 하는 것이 세상에 널리 전하는데 오히려 이보다 낫기는 하나 또한 세상을 희롱하는 불공한 뜻이 있고 온유돈후한 내실이 적음을 안타깝게 여긴다. 노인은 본디 음악의 가락을 모르고 세속의 악은 오히려 듣기 싫어해, 한가하게 지내며 병을 요양하는 틈틈이 무릇 정성에서 느끼는 바가 있으면 늘 시로 나타냈다. 그러나 오늘날의 시는 옛날의 시와 달라서 읊을 수는 있으나 노래할 수는 없다. 만약 노래하고자 하면 반드시 이속의 말로 엮어야 한다. 대개 국속의 음절이 그렇지 않을 수 없는 것이다. 그러므로 일찍이 이별의 〈육가〉를 약방하여 〈도산육곡〉을 둘 지었는데 그 하나는 언지이고 또 하나는 언학이다. 아이들로 하여금 아침저녁으로 익히게 하여 노래부르게 하고 책상에 기대어 듣고, 또한 아이들에게 이르러 스스로 노래하고 기뻐하며 뛰며 춤추게 하여 거의 더러움과 인색함을 씻어버리고 느낌이 일어 녹아 통하고 노래부르는 사람과 듣는 사람이 서로 유익하게 됨이 없지 않을 것이다. 나의 자취를 돌아보건대 자못 어긋남이 있는지라 이와 같은 한가한 일로 혹시 말썽을 일으키지는 않을는지 알 수 없고 또한 그것이 노래 곡조에 들고 음절에 어울릴지 알 수 없다. 잠시 한

벌을 베껴서 상자에 넣어 두고 때때로 꺼내어 보고 스스로 깨달으며, 또 후일 보는 사람이 있어 버리고 취함을 기다릴 따름이다.[3]

도산서당의 공부와 놀이와 관련하여 우선 언학 1을 주목할 수 있다.

天雲臺천운대 도라드러 玩樂齋완락재 蕭洒소쇄 ᄒᆞᆫ 듸
萬卷生涯만권생애로 樂事낙사ㅣ 無窮무궁ᄒᆞ얘라
이듕에 往來風流왕래풍류를 닐어 므슴홀고 (언학 6-1)

천운대를 두루 돌아다니다가 완락재로 들어가니 소쇄하다고 하였다. 맑고 산뜻하다는 것이다. 완락이 주선생의 「명당실기名堂室記」에, "완상하여 즐기니, 족히 여기서 평생토록 지내도 싫지 않겠다."라고 하는 말에서 따온 것이라고 했으니, 그 자체가 맑고 깨끗하다는 것이 아니라, 천운대를 비롯한 바깥의 자연경물에서 시름없이 노닐며 흥취를 즐기는 가운데 마음이 맑고 산뜻하게 된 것이다. 산뜻한 마음으로 수많은 책을 읽노라면 즐거운 일이 다함이 없을 것이라고 하고 있다. 그리고 완락재와 천운대 사이를 오가는 일을 풍류風流로 이해하고 있다.

이런들 엇다ᄒᆞ며 뎌런들 엇다ᄒᆞ료
草野愚生초야우생이 이러타 엇다ᄒᆞ료
ᄒᆞ믈며 泉石膏肓천석고황을 고텨 므슴ᄒᆞ료

언지 1인데, 여기에서는 자연에 대한 지독한 사랑을 말하고 있다. 여기에는 자연에서 어리석게 살아가는 사람이라는 초야우생草野愚生이 전제로 깔려 있다. 1행에서 여러 가지 삶의 길이 있음을 말한 뒤, 초야의 우생을

완락재

전제했기 때문에 자연에 대한 지독한 사랑은 순리적이다. 또 다른 길에 대한 호기심을 고려하지 않고 자연 속에서 지내는 삶을 중심축으로 잡은 것이다.

煙霞연하로 지블 삼고 風月풍월로 버들 사마
太平聖代태평성대예 病병으로 늘거가뇌
이듕에 ᄇᆞ라는 이른 허므리나 업고쟈

언지 2에서는 안개와 놀, 바람과 달 등 구체적인 자연물을 들어 일상적 삶의 자연스러움을 제시하고 있다. 2행에서 현실을 태평성대로 바라보고 있는 인식을 주목할 수 있는데, 실제로 당대 현실이 태평성대로 평가되느냐 하는 것은 다른 차원의 문제이다. 태평성대로 설정한 현실이 바로 지향해야 할 목표와 연결되어 있는 것이다. 병을 핑계로 자연으로 물러난 시인의 입장도 고려해야 하지만 3행에서 허물이 없기를 바라는 마음은 물의物議를 일으키지 않겠다는 다짐이 매우 분명함을 알 수 있다. 우생이 자연에서 허물이 없이 살겠다는 마음에 차분하게 정리되고 있는 것이다. 마음을 가다듬기 위한 준비라 할 수 있다.

淳風순풍이 죽다ᄒ니 眞實진실로 거즈마리
人性인성이 어디다ᄒ니 眞實진실노 올ᄒᆫ마리
天下천하애 許多英才허다영재를 소겨 말솜ᄒᆯ가

언지 3은 인성론人性論이라 할 수 있는데, 사람의 본성이 어질다고 자신 있게 진술하고 있다. 순박한 세상인심에 견주어 사람의 어진 본성을 강조함으로써 사람으로서 어떻게 살아가야 할 것인지 자연스럽게 암시하고 있는 셈이다.

幽蘭유란이 在谷재곡ᄒ니 自然자연이 듣디됴해
白雲백운이 在山재산ᄒ니 自然자연이 보디됴해
이듕에 彼美一人피미일인를 더옥 닛디몯ᄒ얘
一云일운 이듕에 고온ᄒ니믈 더옥 닛디 몯ᄒ뇌

山前산전에 有臺유대ᄒ고 臺下대하애 有水유수ᅵ로다
ᄢᅦ만ᄒᆫ ᄀᆞᆯ며기는 오명가명ᄒ거든
엇다다 皎皎白駒교교백구는 머리ᄆᆞᆷ ᄒᄂᆞᆫ고

언지 4에서 산골짜기에 있는 그윽한 난초 향기와 산 위에 피어오른 흰 구름을 들어 미인에 대한 변하지 않는 마음을 강조하는 것도, 이미 앞에서 제시한 현실에 대한 인식과 연결되어 있는 것이다. 언지 5에서 산, 누대, 물, 갈매기 등이 어울리는 광경도 이와 같은 맥락이다. 이어서 어진 사람이 타

몽천

는 흰 망아지가 마음을 다른 곳으로 돌리는 것을 경계하고 있어서 스스로 조심하고 있음을 강조하고 있다.

春風춘풍에 花滿山화만산ᄒ고 秋夜추야애 月滿臺월만대라
四時佳興사시가흥ㅣ 사름과 ᄒ가지라
ᄒ믈며 魚躍鳶飛雲影天光어약연비운영천광이아 어늬그지 이슬고

그리고 언지 6에서는 봄, 여름, 가을, 겨울 등 계절의 변화에 따른 좋은 흥취를 말하고, 이어서 물에는 물고기가 뛰고 하늘에는 솔개가 날며, 구름이 그림자를 드리운 사이로 하늘에 햇살이 비치는 자연스럽고 아름다운 자연의 지극한 경지를 강조함으로써 마음 또한 그러한 경지에 이를 수 있도록 하겠다는 각오를 새롭게 한다. 꾸미지 않고 거리낌이 없이 자연스럽

게 움직이는 삼라만상의 질서를 보면서 사람의 마음도 한결같을 수 있기를 바라는 것이다. 마음이 흔들리지 않아야 뜻을 제대로 세울 수 있고 실제 공부도 착실하게 할 수 있는 것이다.

다음으로 언학은 공부에 관한 것인데, 이미 앞에서 예시한 언학 1이 천운대에서 완락재를 왕래하면서 풍류風流를 느낀다고 진술한 것을 환기할 수 있다. 물론 공부의 핵심은 마음공부라고 할 수 있다. 언지에서 마음을 정돈한 뒤 언학에서는 배움을 구하는 구체적 과정을 일상의 삶에서 말하고 있다. 이미 언학 1에서 살펴본 것처럼 천운대 등을 노닐다가 완락재에 들어와 공부를 하고 있는 것이다. 천광운영대天光雲影臺 혹은 천운대天雲臺는 바로 하늘과 구름의 일상적이고 자연스러운 상태를 보는 곳이고 실제 그렇게 명명한 것인데, 일상 속에서 자연스러움을 스스로 느끼게 된다면, 완락재에서의 공부도 저절로 이러한 느낌과 연결될 수 있을 것이다.

언학 2에서는 제대로 듣고 제대로 보아야 한다고 강조한다.

雷霆뇌정이 破山파산ᄒ야도 聾者농자는 몯듣ᄂ니
白日백일이 中天중천ᄒ야도 瞽者고자는 몯보ᄂ니
우리는 耳目聰明이목총명 男子남자로 聾瞽농고 ᄀ디 마로리

누구나 들을 수 있는 우레와 천둥소리도 듣지 못하는 귀머거리와 누구나 볼 수 있는 밝은 해를 보지 못하는 장님을 예로 들어 세상일에 귀먹고 눈멀어서는 안 된다는 점을 강조하고 있다. 분명하고 확실한 것을 제대로 듣고 제대로 볼 수 있는 마음을 지녀야 한다는 것이다. "총명예지가 지극하면 중용中庸을 말한다."는 『예기』「중용」의 말을 환기할 필요가 있다.

古人고인도 날몯보고 나도 古人고인몯뵈

古人고인를 몯봐도 녀던딜 알픽 잇니

녀던길 알픽 잇거든 아니녀고 엇뎔고

언학 3은 공부의 방향을 정한 것이다. 나와 고인 사이의 거리에도 불구하고 고인이 행하던 분명하고 확실한 길을 따라야 하는 것이다. 이러한 자세는 언학 4에서 자신의 행적을 돌아보게 되고 당연히 실천해야 할 길을 중도에 멈추었던 것을 되돌아보고 새로운 실천을 굳게 다짐하는 것으로 이어진다. "당시예 녀던 길"은 30대의 젊은 시절에 처음 시작했던 『심경』 공부라고 할 수 있다. 『심경』 공부를 통해 "감발흥기感發興起"했다는 「심경후론」의 진술을 주목할 수 있기 때문이다.

當時당시예 녀던길흘 몃히를 브려두고

어듸가 둔니다가 이제아 도라온고

이제나 도라오나니 녇듸ㅁ 숨 마로리

그렇다면 마음공부는 언제까지 해야 하는가? 늘 푸른 산과 같이 언제나 흐르는 물과 같이 그치지 말고 끝까지 이어가야 하는 것이다. 언학 5의 만고상청은 지속적인 실천을 강조한 것이다.

靑山청산는 엇뎨ᄒ야 萬古만고애 푸르르며

流水유수는 엇뎨ᄒ야 晝夜주야애 긋디 아니는고

우리도 그치디마라 萬古常靑만고상청호리라

다음 언학 6에서는 공부에 마음을 다하면 어리석은 사람도 차츰 깨닫게 되고 위대한 성인도 모자라는 부분을 느끼게 된다고 하였다. 쉬움과 어려움은 공부 자체의 특성이 아니고 도달한 공부의 높이와 관련되어 있는 셈이다. 공부가 즐거우면 깊이 마음을 다할 것이고, 공부가 어려우면 또 잠시 쉬면서 새로운 자세를 가다듬어야 하는 것이다. 우부愚夫는 언지 1에서 제시했던 초야우생草野愚生에 대응되는데, 언지의 처음과 언학의 끝이 자연스럽게 이어진 것으로 볼 수 있다.

　　愚夫우부도 알며 ᄒᆞ거니 긔 아니 쉬운가
　　聖人성인도 몯다 ᄒᆞ시니 그 아니 어려운가
　　쉽거나 어렵거낫듕에 늙ᄂᆞ주를 몰래라

주)

1　김동욱, 「퇴계의 건축관과 도산서당」, 『건축역사연구』 9(한국건축사학회, 1996.6), 36면.

2　〈도산잡영 병기〉

3　『퇴계집』 권43, 「도산십이곡발」, 右陶山十二曲者, 陶山老人之所作也. 老人之作此何爲也哉. 吾東方歌曲, 大抵多淫哇不足言. 如翰林別曲之類, 出於文人之口, 而矜豪放蕩, 兼以褻慢戲狎, 尤非君子所宜尙. 惟近世李鼈六歌者, 世所盛傳, 猶爲彼善於此, 亦惜乎其有玩世不恭之意, 而少溫柔敦厚之實也. 老人素不解音律, 而猶知厭聞世俗之樂, 閑居養疾之餘, 凡有感於情性者, 每發於詩. 然今之詩異於古之詩, 可詠而不可歌也. 如欲歌之, 必綴以俚俗之語, 蓋國俗音節所不得不然也. 故嘗略倣李歌而作爲陶山六曲者二焉. 其一言志, 其二言學. 欲使兒輩朝夕習而歌之, 憑几而聽之, 亦令兒輩自歌而自舞蹈之, 庶幾可以蕩滌鄙吝, 感發融通, 而歌者與聽者不能無交有益焉. 顧自以縱跡頗乖, 若此等閒事, 或因以惹起鬧端未可知也, 又未信其可以入腔調諧音節與未也. 姑寫一件藏之篋笥, 時取玩以自省, 又以待他日覽者之去取云爾.

하늘을 우러르고 땅을 굽어보며

송순의 면앙정

송순의 삶과 행적

송순宋純(1493~1582)은 신평인新平人으로 자字가 수초遂初 또는 성지誠之이고 호號는 기촌企村 또는 면앙정俛仰亭이다. 송순은 10세 무렵 삼종숙 흠솴(1459~1547)에게 수학하였다. 송흠에게 수학한 계기로 평생 동안 마음속으로 그의 삶의 태도를 배우고자 한 것으로 이해할 수 있다. 연보에는 다음과 같이 기록하고 있다.

> 기축년 가정 8년 중종 24년(1529), 선생 37세라.
> 10월에 돌아가서 어머니를 뵙다.
> 이때에 단문숙 지지당 송흠 공이 본 고을에 부임하다. 화목과 우애가 서로 절실하였는데, 공은 일찍이 양팽손교리와 함께 그 문하에서 공부하여 이에 이르러 더욱 돈독하였다.[1]

송순은 가까운 곳에서 송흠을 모실 기회를 늘 갖지는 못했지만, 마음속으로 흠모하면서 발자취를 뒤따르고 어려운 일을 상의하고자 했던 것으로

판단할 수 있다. 청렴과 효성으로 평가되는 송흠의 삶이 보여 준 실천적 태도는 송순이 평생을 두고 자신을 되돌아볼 수 있는 거울의 역할을 맡은 것으로 이해할 수 있으며, 송흠이 관수정에서 마음을 새긴 일과 기영정의 잔치 자리에서 양로연을 베푼 일을 송순은 면앙俛仰의 내면화를 통해 이어가고자 했던 셈이다. 힘들고 어려운 일이 닥칠 때마다 자신의 삶을 추스르는 나침반으로 삼종숙이자 스승인 송흠의 실천적 삶을 되새긴 것으로 추정할 수 있다.

다음으로 송순은 21세인 중종 8년(1513)에 진사시에 합격하고 27세인 중종 14년(1519)에 별시에 급제하는데, 그 기간에 새로운 스승 눌재 박상訥齋 朴祥(1474~1530)과 육봉 박우六峰 朴祐(1476~1546) 형제를 모시고 새로운 전기를 맞게 된다. 그때 담양부사로 내려온 박상을 만나게 된 것인데, 연보에서는 스스로 "평생에 향방을 조금 알게 된 것은 오로지 이끌어주심에 힘

입은 것이다.(平生稍知向方 專賴導引之力)"²라고 밝히고 있다. 이때 정만종鄭萬鍾 (?~?)과 함께 배웠는데, 시에 대한 공부는 이 무렵에 본격적으로 이루어졌다고 추정할 수 있다. 이 무렵 능성현감으로 부임한 송세림宋世琳과 교유하기도 하였다.

그 이후 성균관에 드나들고 벼슬길에 나간 뒤에 정치현실에서 만난 선배·동료들과 교유하면서 지낸 삶을 살필 필요가 있다. 실제 정치현실의 소용돌이에서 경륜을 펴기 위해 애쓰기도 하고 정적들과 갈등을 빚기도 하였다. 송순의 삶에서 중요한 비중을 차지하는 시기이고 적극적인 입장에서 정치현실과 대면한 것으로 이해할 수 있다. 실제 실록 등의 기록을 통하여 당대의 정치 상황과 송순의 발언 내용을 면밀하게 분석하는 일이 필요할 것이다. 벼슬길에 나간 송순은 승문원권지부정자를 시작으로 세자시강원 설서, 사간원정언 등을 지냈다.

그런데 문화공간과 관련하여 32세인 중종 19년(1524)에 고향 기촌企村의 서북에 있는 면앙정 터를 구입하였다고 알려져 있다. 당시에 곽씨郭氏 성을 가진 사람이 그곳에 살고 있었는데 꿈에 관복을 입은 사람들이 그 위에 잇달아 나부끼는 모습을 보았다고 했는데 송순이 이곳을 사들였던 것이다. 41세인 중종 28년(1533)에 귀향하여 면앙정俛仰亭을 건립하였다.

조정의 정치 상황이 바뀌면서 다시 나아가 홍문관부응교, 홍문관부제학, 승정원우부승지, 경상도관찰사, 사간원대사간 등을 역임하고, 60세인 명종 7년(1552) 선산도호부사가 되었으며, 이해에 면앙정을 개축하였다. 이때에 담양부사인 오겸吳謙과 함께 면앙정에 올랐는데, 중수하기를 권하고 도움을 주어서 이해에 이루게 된 것이다. 기대승의 기문과 임제의 부와 임억령 등의 시가 전한다.

송순은 65세인 명종 12년(1557) 겨울에 내제內弟인 소쇄처사 양산보梁山甫의 죽음을 맞았고, 66세 이후에 전주부윤 등을 지낸 뒤에, 77세인 선조

2년(1569)에 완전히 귀향하였다. 송순의 삶에서 매우 중요하게 살펴야 할 내용은 87세인 선조 12년(1579)에 면앙정에서 회방연回榜宴을 열었는데, 임금께서 꽃을 하사하고 선온宣醞까지 했으며, 당시 호남의 명망 있는 시인과 학자였던 정철鄭澈, 고경명高敬命, 기대승奇大升, 임제林悌와 도백이었던 송인수宋麟壽 등이 참여하였고, 송순이 술이 조금 취하여 온실로 돌아갈 때에 정철이 주창하여 직접 가마(藍輿)를 메고 모셨다는 것이다.

면앙의 의미와 주변 경관

면앙俛仰은 하늘을 우러르고 땅을 굽어본다는 뜻인데, 하늘과 땅을 가리킨다고 할 수 있다. 사람이 그 사이에서 어떻게 살아야 할 것인지 다잡는 것이라 할 수 있다. 면앙의 핵심이 〈면앙정삼언가俛仰亭三言歌〉에 집약되어 있다.

굽어보니 땅이 있고, 우러러보니 하늘이 있네. 그 가운데 정자를 마련하니, 흥취가 호연하네. 바람과 달을 부르고, 산과 시내에 읍하며, 명아주지팡이를 짚고, 백년을 보내리라.

俛有地 仰有天 亭其中 興浩然 招風月 揖山川 扶藜杖 送百年

한편 기대승奇大升(1527~1572)이 지은 「면앙정기俛仰亭記」가 2편 있는데, 면앙정을 짓게 된 경과와 주변의 지세가 자세하게 기술되어 있다.

면앙정俛仰亭은 담양부潭陽府의 서쪽 기곡錡谷 마을에 있으니, 지금 사재四宰로 있는 송공宋公이 경영한 것이다. 내 일찍이 송공을 따라 면앙정 위에서 놀았는데, 공은 나에게 정자의 유래를 말하고 나에게 기문을 지어 줄 것을 요

면앙정삼언가

구하였다.

내가 정자의 경치를 보니 탁 트인 것이 가장 좋고 또 아늑하여 좋았으니, 유자柳子(유종원柳宗元)가 말한 "놀기에 적당한 것이 대개 두 가지가 있다."는 것을 이 면앙정은 겸하여 갖추었다고 할 만하다.

정자 동쪽의 산은 제월봉霽月峯인데, 제월봉의 산자락이 건방乾方을 향하여 조금 아래로 내려가다가 갑자기 높이 솟아서 산세가 마치 용이 머리를 들고 있는 듯하니, 정자는 바로 그 위에 지어져 있다. 집을 세 칸으로 만들고는 사방을 텅 비게 하였는데, 서북 귀퉁이는 매우 절벽이며, 좌우에는 빽빽한 대나무가 병풍처럼 둘러 있고 삼나무가 울창하다. 동쪽 뜰 아래를 탁 트고는 온실溫室 몇 칸을 짓고 온갖 화훼花卉를 심어 놓았으며, 낮은 담장을 빙 둘러 쳤다.

좌우 골짝으로 이어진 봉우리의 등마루를 따라 내려가면 장송長松과 무성한 숲이 영롱하게 서로 어우러져 있어서 인간 세상과 서로 접하지 않으므로 아득하여 마치 별천지와 같다. 빈 정자 안에서 멀리 바라보면 넓은 수백 리 사이에는 산이 있어서 마주 대할 수 있고, 물이 있어서 구경할 수가 있다. 산은 동북쪽에서부터 달려와서 서남쪽으로 구불구불 내려갔는데, 이름은 옹암산瓮巖山·금성산金城山·용천산龍泉山·추월산秋月山·용구산龍龜山·몽선산夢仙山·백암산白巖山·불대산佛臺山·수연산修緣山·용진산湧珍山·어등산魚登山·금성산錦城山 등이다. 바위가 괴상하고 아름다우며, 내와 구름이 아득히 끼어 있어서 놀랍기도 하고 아름답기도 하다.

물이 용천龍泉에서 나온 것은 읍내를 지나 백탄白灘이 되었는데 굽이치고 가로질러 흘러 빙빙 감돌며, 옥천玉川에서 발원發源한 것은 여계餘溪라 하는데 물결이 잔잔하며 맑고 정자의 기슭을 감돌아 아래로 흘러 백탄과 합류한다. 그리고 아득한 큰 들은 추월산 아래에서 시작되어 어등산 밖에 펼쳐져 있는데, 그 사이에는 구릉과 나무숲이 마치 한 폭의 그림처럼 펼쳐져 있으며, 마을이 여기저기 흩어져 있고 밭두둑이 마치 아로새긴 듯하여서 사시四時의 경치가 이와 더불어 무궁하게 펼쳐진다. 정자에는 산이 빙 둘러 있고 경치가 그윽하여 고요히 보면서 즐길 수 있고, 밖은 탁 트이고 멀리 아득히 보여서 호탕한 흥금을 열 수 있으니, 앞에서 말한 탁 트여서 좋고 아늑하여 좋다는 것이 어찌 사실이 아니겠는가.

처음에 공의 선조先祖가 관직을 그만두고 기곡에 거주하니, 자손들이 인하여 이곳에 집터를 정하게 되었다. 정자의 옛터는 곽씨郭氏 성을 가진 자가 거주하고 있었는데, 일찍이 꿈에 의관衣冠을 갖춘 선비들이 자주 와서 모이는 것을 보고는, 자기 집에 장차 경사가 있을 조짐이라고 생각하여, 아들을 산사山寺의 승려에게 부탁해서 공부하게 하였다. 그러나 그가 성공하지 못하고 빈궁하게 되자 마침내 그곳에 있는 나무를 베어 버리고 사는 곳을 옮겼다. 공이 재물을 주고 이곳을 사서 얻자, 마을 사람들이 모두 와서 축하하기를 "곽씨의 꿈이 징험이 있다." 하였으니, 이것은 조물주가 신령스러운 곳을 감추어 두었다가 공에게 준 것이 아니겠는가. 공은 다시 새로운 집을 제월봉 남쪽에 지었는데, 면앙정과 가깝기 때문이었다. 정자의 터는 갑신년(1524, 중종 19)에 얻었고, 정자를 짓기 시작한 것은 계사년(1533)이었으며, 그 후 그대로 방치되었다가 임자년(1552, 명종 7)에 이르러 중건하니, 그제야 탁 트이고 아늑하여 보기 좋은 것이 모두 다 드러나게 되었다.

공은 일찍이 정자의 이름을 지은 뜻을 계시하여 객에게 보여 주었으니, 그 뜻은 "굽어보면 땅이 있고 우러러보면 하늘이 있는데, 이 언덕에 정자를 지으니 그 흥취가 호연浩然하다. 풍월을 읊고 산천을 굽어보니 또한 나의 여생을 마치기에 족하다."는 것이었다. 공의 이 말씀을 음미해 보면 공이 면앙에 자득自得한 것을 상상할 수 있을 것이다.

아, 갑신년으로부터 지금까지는 40여 년이 지났는데 그 사이 슬픈 일과 기쁜 일, 좋은 일과 궂은 일이 진실로 이루 말할 수 없이 반복되었다. 그러나 공이 굽어보고 우러러보며 여기에서 소요逍遙한 것은 끝내 올바름을 잃지 않았으니 어찌 가상하지 않겠는가. 나는 여기에 이름을 남기는 것을 영광으로 여겨 감히 사양하지 못하였으니 또한 이러한 뜻이 있어서였다. 이에 이 글을 쓰노라.[3]

큰 허공에 모습을 드러내고 있는 땅의 형체는 단 한 덩어리의 물건일 뿐이다. 이것이 아래로 내려가서 물이 되고 높이 솟아서 산이 되었는데, 이것들이 또한 덩어리로 땅 가운데에서 절로 흐르고 절로 솟아 있다. 인간이란 하늘의 천명天命을 받고 땅의 형질形質을 받아 산수山水 간에 놀고 거처하는데, 눈으로 보아서 사랑스러울 만하고 귀로 들어서 기쁠 만한 아름다운 경치를 또 조물주가 인간을 위하여 제공해 주는 듯하다. 그러나 놀기에 적당하여 나의 귀와 눈에 싫지 않은 것으로 말하면, 반드시 높은 산을 넘고 아득한 곳으로 나간 뒤에야 그 완전함을 얻을 수 있는 것이다. 너른 수백 리에 산과 물이 다투어 기이한 경치를 드러내고 있는데, 내가 곧 한 언덕의 위에 앉아 이것을 모두 다 소유하는 것으로 말하면, 놀기에 적당하고 즐거움이 온전함이 과연 어떳다 하겠는가.

지금 완산부윤完山府尹으로 있는 송공宋公(송순宋純)이 사는 집 뒤 끊어진 기슭의 정상에다 정자를 짓고 '면앙정俛仰亭'이라 이름 붙였는데, 앞에서 말한 놀기에 적당하고 즐거움이 완전하다는 것들이 그야말로 모두 갖추어져 있어서 딴 데서 구할 것이 없다. 처음에 공의 선조 중에 휘諱 모某란 분이 연로하여 벼슬길에서 물러나 기곡錡谷 마을에 거주하니, 자손들이 인하여 이곳을 거주지로 삼게 되었는데, 노송당老松堂의 옛터가 남아 있다.

기곡에서 북쪽으로 걸어서 채 2,3리가 못 되는 곳에 작은 마을이 있는데, 산을 등지고 양지바른 곳에 있으며 토지가 비옥하고 샘물이 달다. 이곳에 한 떼기의 집이 있으니 공이 신축한 것으로 이 마을 이름은 기촌企村이라 한다. 기촌의 산은 서리고 울창하며, 가장 빼어난 봉우리를 '제월봉霽月峯'이라 한다. 기촌에서 제월봉 허리를 지나 돌아서 북쪽으로 나오면 산자락이 조금 아래로 내려가 건방乾方을 향하여 쭈그리고 있는데, 산세가 마치 용이 드리운 듯 거북이가 고개를 쳐든 듯하여 구불구불하고 높이 솟아 있으니, 이곳이 바로 면앙정이 있는 곳이다.

면앙정은 모두 세 칸인데, 긴 들보를 얹어서 들보가 문미門楣보다 배나 높다. 그러므로 그 가운데를 보면 단정하고 확 트였으며 판판하고 바르며 그 모서리는 깎아지른 듯하여 마치 새가 나래를 펴고 나는 듯하다. 사면四面을 비우고 난간을 세웠으며, 난간 밖은 지형이 다 약간의 벼랑인데, 서북쪽은 특히 절벽이다. 빽빽한 대나무가 병풍처럼 둘러 있고 삼나무가 울창하다.

그 아래에는 '암계촌巖界村'이란 마을이 있으니, 산에 돌이 많고 깎아지른 듯하기 때문에 암계촌이라 이름 붙인 것이다. 동쪽 뜰 아래에는 약간 아래로 내려간 산세를 인하여 확 터놓고, 온실溫室 4칸을 지은 다음 담장을 둘러치고는 아름다운 화초를 심어 놓고 서책을 가득히 쌓아 놓았다. 산마루에서 좌우 골짝으로 내려가면 큰 소나무와 무성한 나무들이 울창하게 서 있다. 정자가 있는 곳은 이미 지형이 높고 탁 트였으며 또 대나무와 나무들이 둘러싸고 있어서 인간 세상과 서로 접하지 않으니, 아득하여 마치 별천지別天地와 같다. 빈 정자 안에서 멀리 바라보면 그 시원한 모습과 우뚝 솟은 산세가 이어져 구물구물하는 듯하고 뛰어서 나오는 듯하니, 마치 귀신이나 이상한 물건이 남몰래 와서 흥취를 북돋아 주는 듯하다.

동쪽으로부터 온 산은 제월봉에 이르러 우뚝 솟았는데, 그 한쪽 자락이 편편하고 구불구불하게 서쪽으로 큰 들에 임하여 3,4리 사이에 뻗쳐 있는데 모두 여섯 굽이이다. 정자의 뒷산은 왼쪽으로 연결되고 오른쪽으로 연결되어 가장 높고 차례로 솟아나왔으며, 동북으로부터 달려서 서남 수백 리에 뻗쳐 있는 산들은 높기도 하고 뾰족하기도 하며 울퉁불퉁하기도 하고 한곳으로 모이기도 하며 함께 달려가기도 하였는데, 우뚝한 바위와 큰 돌로 딱 버티고 서 있는 것은 용구산龍龜山이요, 아래 기슭이 빙 둘러 있고 정상이 뾰족하며 단정하고 후중하며 성글게 서 있는 것은 몽선산夢仙山이다. 기타 옹암산甕巖山, 금성산金城山, 용천산龍泉山, 추월산秋月山, 백암산白巖山, 불대산佛臺山, 수연산修緣山, 용진산湧珍山, 어등산魚登山, 금성산錦城山 등 여러 산은 창고 같기도 하고 성곽 같기도 하며, 병풍 같기도 하고 제방 같기도 하며, 와우臥牛 같기도 하고 마이馬耳 같기도 하다. 푸른 산이 배열되어 사람의 눈썹 같기도 하고, 상투 같은 것이 어긋나게 숨었다 드러났다 하기도 하며, 아득히 보이다 없어지기도 하고 내와 구름에 열리고 닫히기도 하며, 초목들이 꽃이 피었다가 지곤하여 아침저녁으로 모양이 다르고 겨울과 여름에 징후가 다른데, 이 사이에 기인畸人들이 도술道術을 익힌 것과 열부烈婦들이 절개를 지킨 것은 특히 사람으로 하여금 멀리 생각하고 길이 상상하게 한다.

물이 옥천玉泉에서 근원하여 나온 것을 여계餘溪라 하는데, 바로 면앙정 뒤쪽 기슭 앞을 감돌아 잔잔히 흐르고 맑아 가뭄에도 마르지 않고 장마에도 넘치지 않는다. 넘실넘실 아득히 흐르며 가다가도 멈추는 듯한데, 석양에는 뛰는

고기들이 텀벙거리고 가을 달밤에는 조는 백로들이 다리를 연해 있다. 그리고 용천龍泉에서 근원한 것은 읍내에 이르러 백탄白灘이 되어서 꺾어 흐르고 가로질러 졸졸 흐르다가 깊은 못이 되어 여계와 함께 흘러 한 마장쯤 지나서 합류하여 서쪽으로 흘러간다. 그리고 서석산瑞石山에서 발원發源한 것은 정자 왼쪽 세 번째 굽이의 밖으로부터 비로소 그 모습을 드러내는데, 아래로 흘러 앞의 두 내와 합류하여 곧바로 용산에 이른 뒤 혈포穴浦로 흐른다.

아득한 큰 들은 추월산 아래에서 시작되어서 어등산 밖 만타미曼陀靡의 불단佛壇이 있는 곳까지 뻗쳐 있는데, 깊이 들어가기도 하고 높이 솟기도 하여 구릉과 숲이 서로 가리고 있는 것이 마치 한 폭의 그림과 같다. 이 사이에는 도랑과 밭두둑이 아로새긴 듯이 널려 있고 마을이 여기저기 흩어져 있는데, 그 사이에서 농사짓는 사람들이 봄이면 밭을 갈고 여름이면 김을 매고 가을이면 수확하여 한때도 쉼이 없으며, 사시의 경치도 또한 이와 더불어 무궁하게 펼쳐진다.

복건幅巾에 짧은 잠방이를 입고서 난간 위에 기대 있노라면 높은 산과 멀리 흐르는 물, 떠 있는 구름과 노니는 새와 짐승 또는 물고기들이 모두 자유롭게 와서 내 흥취를 돋운다. 명아주 지팡이를 짚고 나막신을 끌고 섬돌 아래에서 조용히 거니노라면, 푸른 연기는 절로 멈춰 있고 맑은 바람은 때로 불어온다. 소나무와 회나무에서는 바람 소리가 들리고 온갖 울긋불긋한 꽃들은 향기가 온통 가득하니, 자유롭게 육신을 잊어버리고 한가롭게 조물주와 놀 수 있어서 일찍이 다함이 없다.

아, 아름답다. 이 정자여! 그 안에 가 있어 보면 빙 둘러 있는 산과 그윽한 경치를 고요히 보면서 즐길 수 있고, 그 밖을 바라보면 탁 트이고 멀고 아득해 보여서 호탕한 흉금을 열 수 있으니, 유자柳子(유종원柳宗元)의 말에 "놀기에 적당한 것이 대개 두 가지가 있다."는 것은 바로 이런 것을 말한 것일 것이다.

내 일찍이 공(송순)을 면앙정 위에서 배알하였는데, 공은 나에게 말씀하였다.

면앙정기(기대승)

"옛날 이 정자가 없을 때에 곽씨郭氏 성을 가진 자가 이곳에 살고 있었네. 그는 일찍이 꿈에 자금어대紫金魚帶와 옥대玉帶를 띤 학사들이 이 위에서 모여 노는 것을 보고는 자기 집안이 장차 일어날 것이요, 그 아들이 이 꿈에 응할 것이라고 생각하였다네. 그리하여 아들을 승려에게 부탁하여 글을 배우게 하였으나 성공하지 못하고, 또 곤궁하게 되자 마침내 그곳에 있는 나무를 베어 버리고 사는 곳을 옮겼다네. 내가 갑신년(1524, 중종 19)에 돈을 주고 이곳을 샀더니, 동네 사람들이 다투어 와서 서로 축하하기를 '이 기이하고 아름다운 땅을 공이 마침내 얻었으니, 이것은 아마도 곽씨의 꿈이 조짐이 된 것일 것이다.' 하였다네. 나 역시 이 산수의 아름다움을 사랑하였으나 관직에 매여 조정에 있어서 감히 몸을 이끌고 물러나지 못하였다네. 그 후 계사년(1533)에 체직되어 시골로 돌아와서 비로소 초정草亭을 엮어 바람과 비를 가리고는 5년 동안 한가로이 놀았네. 그러다가 곧바로 다시 버리고 가니, 이 정자는 비바람을 맞음을 면치 못하였고 다만 나무 그늘이 너울거리고 풀과 쑥대가 무성할 뿐이었네.

경술년(1550, 명종 5)에 나는 관서關西로 귀양 갔는데, 두려워하고 군색하여 온갖 일을 괘념掛念치 않았으나 오히려 정자를 수리하여 그곳에서 늙지 못함을 한으로 여겼다네. 신해년(1551)에 은혜를 받아 방면되어 돌아오니, 옛날 소원을 다소 이룰 수 있었으나 재력이 부족하여 또 계책을 세울 수 없었네. 하루는 부사府使 오공 겸吳公謙이 마침 와서 이곳에 함께 올라와 보고는 나에게 정자를 이룰 것을 권하였으며 또 재정을 도와줄 것을 허락하였네. 마침내 다음 해인 임자년(1552) 봄에 역사를 시작하여 몇 달이 채 못 되어서 완공되었네. 집이 대강 완전해지자 숲이 더욱 무성하였네. 나는 이곳에 한가로이 노닐며 굽어보고 우러러보아 여생을 보내게 되었으니, 나의 평소 소원이 이제야 이루어진 셈이네.

아, 내 이곳을 점거한 지가 지금 30여 년이 지났는데, 인사人事의 득실은 참으로 말하기 어려우나 정자가 폐지되었다가 다시 일어난 것은 또한 운수가 그 사이에 있는 듯하네. 이 일을 살펴보면 감회가 절로 일어나니 이것을 글에 의탁하여 쓰지 않을 수 없네. 자네는 나를 위하여 기문記文을 지어 주게."

내가 문장이 졸렬하다고 사양하였으나 받아들여지지 않았다. 그리하여 나는 다시 공에게 말씀하였다.

"저 푸르른 하늘을 누가 우러러 떠받들지 않으며 아득한 땅을 누가 굽어보며 밟지 않겠습니까. 그러나 그 소이연所以然을 알아서 이것을 자신에게 돌이키는 자는 적습니다. 지금 공께서는 이미 이것을 마음속에 얻고 이것으로 정자의 이름에 뜻을 부쳤으니, 그 호연浩然한 흥취는 진실로 일반인은 감히 알 수 없는 것입니다. 그러나 물건의 변화는 무궁하고 인생은 한계가 있으니, 한계가 있는 인생으로서 무궁한 변화를 다스리려면, 땅을 굽어보고 하늘을 우러러보는 사이에 천지의 영허盈虛하는 이치와 인물의 영췌榮悴하는 진리를 마음에 경영하여 스스로 힘쓰지 않아서는 안 될 것입니다. 어찌 산수의 낙樂에만 오로지 할 뿐이겠습니까. 아, 송공이 아니라면 누가 능히 이 정자의 이름에 걸맞을 수 있겠습니까."⁴

교유한 인물과 행적

송순이 면앙정에서 지내면서 교유한 인물은 모두 담양에서 그리 멀지 않은 호남의 선비들이었다.

우선 박우朴祐(1476~1549)와 박순朴淳(1523~1589)은 남평南平에 연고를 두고 있는 사람들로, 박우는 박상의 동생이다. 송순은 젊은 시절 박상과 박우에게 학문과 시를 익힌 바가 있어 스승으로 모셨다. 남평은 담양에서 50리 정도의 거리가 된다. 박순은 〈면앙정삼십영俛仰亭三十詠〉을 지었다.

다음 정만종鄭萬鍾(?~?)과 고경명高敬命(1533~1592)은 광주光州에 연고를 두고 있는 사람들로, 정만종은 젊은 시절 함께 박상의 문하에서 수학한 적이 있다. 광주는 담양에서 30리 정도의 거리이다. 고경명은 〈면앙정삼십영俛仰亭三十詠〉을 지었다.

그리고 임억령林億齡(1496~1568)은 성산星山의 식영정息影亭에 연고를 두고

『해동지도』 하, 전라도

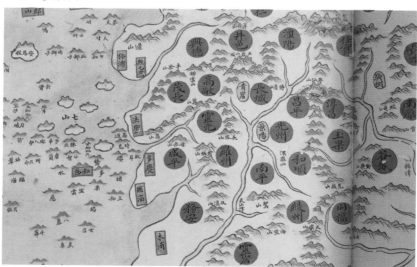

있는 사람으로, 성산은 담양에서 20리 정도의 거리이다. 임억령은 〈면앙정삼십영俛仰亭三十詠〉을 지었다. 임억령이 지은 삼십영의 제목은 다음과 같다.

추월취벽秋月翠壁, 용귀만운龍龜晩雲, 몽선창송夢仙蒼松, 불대낙조佛臺落照, 어등모우魚登暮雨, 용진기봉湧珍奇峯, 금성묘애錦城杳靄, 서석청람瑞石晴嵐, 금성고적金城古迹, 옹암고표瓮巖孤標, 죽곡청풍竹谷淸風, 평교제설平郊霽雪, 원수취연遠樹炊煙, 광야황도曠野黃稻, 극포평사極浦平沙, 대추초가大秋樵歌, 목산어적木山漁笛, 석불소종石佛疏鍾, 칠천귀안漆川歸雁, 혈포효무穴浦曉霧, 심통수죽心通脩竹, 산성조각山城早角, 이천추월二川秋月, 칠곡춘화七曲春花, 후림유조後林幽鳥, 청파도어淸波跳魚, 사두면로沙頭眠鷺, 간곡홍료澗曲紅蓼, 송림세경松林細逕, 전계소교前溪小橋

또한 김인후金麟厚(1510~1560)와 기대승奇大升(1527~1572)은 장성長城에 연고를 둔 인물로, 장성은 담양에서 40리 정도의 거리가 된다. 김인후는 〈면앙정삼십영俛仰亭三十詠〉을 지었으며, 기대승은 〈면앙정기〉 2편을 지었다.

한편 임형수林亨秀(1504~1547)와 임제林悌(1549~1587)는 나주羅州에 연고를 두고 있으며, 담양에서 70여 리의 거리이다.

그리고 정철鄭澈(1536~1593)은 당시에 창평昌平에 연고를 두고 있었으며, 담양에서는 20리의 거리가 된다.

〈면앙정가〉의 세계

송순은 면앙정에서 지내면서 가사 〈면앙정가〉를 지었는데, 주변 산수의 아름다움과 그곳에서 유유자적하는 생활을 그려내고 있다.

〈면앙정가〉는 크게 세 단락으로 가를 수 있는데, 첫째 단락은 서사라고 할 수 있는 것으로 제월봉霽月峰과 면앙정俛仰亭 주변의 산수를 그린 것이다. 현대어로 옮긴 내용을 들면 다음과 같다.

무등산 한 줄기 산이 동쪽으로 뻗어 있어
멀리 떨쳐와 제월봉이 되었거늘
무변 대야에 무슨 생각 하느라
일곱 굽이 한데 뭉쳐 우뚝우뚝 벌여 논 듯
가운데 굽이는 구멍에 든 늙은 용이
선잠을 막 깨어 머리를 앉혔으니
넓은 바위 위에 송죽을 헤치고
정자를 세웠으니 구름 탄 청학이
천리를 가려고 두 날개 벌렸는 듯
옥천산 용천산 내린 물이
정자 앞 넓은 들이 올올히 펼친 듯이
넓고도 길구나 푸르거든 희지 말고
쌍룡이 뒤트는 듯 긴 깁을 펼쳤는 듯
어디로 가느라 무슨 일 바빠서
닫는 듯 따르는 듯 밤낮으로 흐르는 듯
물 따른 모래톱은 눈 같이 펼쳐졌고
어지러운 기러기는 무엇을 어르느라
앉으락 내리락 모일락 흩어질락
갈대꽃을 사이하여 울면서 따르는가
넓은 길 밖이요, 긴 하늘 아래
두르고 꽂은 것은 산인가 병풍인가

그림인가 아닌가 높은 듯 낮은 듯

끊어진 듯 이어진 듯 숨거니 보이거니

가거니 머물거니 어지러운 가운데

이름난 체 뽐내 하늘도 두려워 않고

우뚝이 섰는 것이 추월산 머리 삼고

용귀산 몽선산 불대산 어등산

용진산 금성산이 허공에 벌렸는데

원근 창애에 머문 짓도 너무 많다.

흰 구름 뿌연 연하 푸른 것은 산람이라

천암만학을 제집을 삼아 두고

나면서 들면서 이리도 구는 건가

오르거니 내리거니 장공에 떠나거니 광야로 건너거니

푸르락 붉으락 옅으락 짙으락

사양과 섞어져서 세우조차 흩뿌린다.

면앙정가비

다음 둘째 단락은 본사에 해당하는데 송순의 유유자적하는 풍류 생활을 그리고 있다.

가마를 급히 타고
솔 아래 굽은 길로 오며 가며 하는 때에
녹양에 우는 꾀꼬리 교태겨워 하는구나
나뭇가지 우거져서 수음이 엉긴 때에
백척 난간에 긴 졸음 내어펴니
수면 양풍이야 그칠 줄 모르는가
된서리 내린 뒤에 산빛이 금수로다
황운은 또 어찌 만경에 퍼졌는가
어적도 흥겨워서 달을 따라 부는구나
초목이 다 진 뒤에 강산이 묻히거늘
조물이 야단스레 빙설로 꾸며 내니
경궁 요대와 옥해 은산이 눈 밑에 펼쳐졌네
건곤도 풍요로워 간 곳마다 경치로다
인간을 떠나와도 내 몸이 겨를 없다
이것도 보려하고 저 것도 들으려고
바람도 쐬려 하고 달도 맞으려 하고
밤알은 언제 줍고 고기는 언제 낚고
시비는 뉘 닫으며 진 꽃은 뉘 쓸 건가
아침이 모자라니 저녁이야 싫을쏘냐
오늘이 부족한데 내일이라 유여할까
이 산에 앉아보고 저 산도 걸어보니
번로한 마음에 버릴 일이 아주 없다

쉴 사이 없는데 길이야 편평하랴

다만 한 청려장이 다 무디어 가는구나

술이 익어가니 벗이라 없을쏘냐

불리고 타게 하며 켜면서 이으며

온갖 소리로 취흥을 재촉하니

근심이라 있으며 시름이라 붙었으랴

누으락 앉으락 굽으락 젖히락

읊으락 휘파람 불락 마음대로 놀거니

천지도 넓고 넓고 일월도 한가하다.

다음으로 셋째 단락은 결사에 해당하는데, 임금의 은혜로 풍류 생활을 누리고 있음을 밝히고 있다.

희황을 모르거니 이때야말로 그때로다

신선이 어떻든지 이 몸이 그로구나

강산 풍월 거느리고 내 백년을 다 누리면

악양루 위의 이태백이 살아온들

호탕 정회야 이보다 더할쏘냐

이 몸이 이리 사는 것이 역군은이로다[5]

주)

1 『면앙집』권5, 「연보」, 『한국문집총간』 26, 275면.
2 『면앙집』권5, 「연보」, 『한국문집총간』 26, 273면.
3 기대승, 「俛仰亭記」, 『고봉집』권2, 『한국문집총간』 40, 90면, 俛仰亭, 在潭陽府之西錡

하늘을 우러르고 땅을 굽어보며 **275**

谷之里, 今四宰宋公之所營也. 余嘗從公遊於亭之上, 公爲余道亭之故, 徵余文爲記. 余觀亭之勝, 最宜於曠, 而又宜於奧, 柳子所謂遊之適, 大率有二者, 亭可兼而有也. 亭東山曰霽月峯, 峯支向乾方, 稍迤而遞隆, 勢如龍首之矯亭正直其上. 爲屋三間, 四虛, 其西北隅, 極陟絕, 屛以密竹, 蕭槮悄蒨. 東階下廓之, 構溫室數楹植花卉, 繚以短垣, 循峯眷延于左右谷, 長松茂樹, 惹瓏以交加, 與人煙不相接, 迴然若異境焉. 憑虛以望, 則曠然數百里間, 有山焉, 可以對而挹也. 有水焉, 可以臨而玩也. 山自東北而馳, 迤遷於西南者, 曰瓮巖, 曰金城, 曰龍泉, 曰秋月, 曰龍龜, 曰夢仙, 曰白巖, 曰佛臺, 曰修緣, 曰湧珍, 曰魚登, 曰錦城. 其巖崖之詭麗, 煙雲之縹緲, 可愕而可嘉. 水之出於龍泉者, 過府治曰白灘, 屈折橫流, 汨㶁淳洄, 發於王川者名曰餘溪. 漣漪澄瀅, 廻帶亭簏下, 合於白灘. 蒼茫大野, 首起於秋月山下, 尾撇於魚登之外, 間以丘陵林藪, 錯如圖畫, 聚落之雜襲, 丘求之刻鏤, 而四時之景, 與之無窮焉. 亭之□合幽官, 足以專靜謐之觀, 其寥廓悠長, 可以開浩蕩之襟, 向所謂宜於曠宜於奧者, 其不信矣乎. 始公之先祖, 解官而居于錡, 子孫因家焉. 亭之舊址, 則郭姓者居之, 得異夢見衣纓之七, 頻來盍簪, 謂其家之將有慶, 托子於山僧以學書, 及其無成而且窮, 乃伐其樹而遷其居. 公以財貿而獲之, 里之人, 皆來賀, 以郭之夢爲有驗云. 斯無乃造物者, 蓄靈閟祉, 以遺於公耶. 公又葉新居于霽月之陽, 取其與亭近也. 亭之地, 得於甲申, 亭之起, 始於奏巳, 後仍頹廢, 至壬子重營而後, 曠如奧如之適, 無不盡焉. 公嘗揭其名亭之意以示客, 其意若曰, 俛焉而有地也, 仰焉而有天也. 亭于玆之丘, 其興之浩然也. 招風月而挹山川, 亦足以終吾之餘年也. 味斯語也, 公之所以自得於俛仰者, 蓋可想也. 噫, 自甲申迄于今四十有餘年, 其間悲歡得喪, 固有不勝言者. 而公之俛仰逍遙者, 終不失正, 豈不尙哉. 余之以托名爲幸, 而不敢辭者, 意亦有以也. 於是乎書.

4　기대승,「俛仰亭記」,『고봉집』권2,『한국문집총간』40, 81면. 地之凝形於太虛空者, 特一塊之物耳. 其播之而爲水其隆之而爲山者, 又自流且峙於一塊之中也. 人也命于天, 質于地, 而游處於山水之間. 其目之而可愛, 耳之而可悅者, 又似造物者獻助而供奉之也. 然而求其游之適, 而不詘於吾之耳目, 則必凌峻阻出眇莽, 然後有以得其全焉. 若曠然數百里, 山也水也, 爭效奇呈異, 而吾乃坐乎一丘之上, 撫而有之, 則其爲游之適也, 而樂之全也, 果如何哉. 今完山府尹宋公, 作亭於其居之後, 斷麓之巓, 名之以俛仰. 向所謂遊之適樂之全者, 固無以他求爲也. 始公之先祖有諱某者, 年老退仕, 居于錡谷之里, 子孫因而爲家, 有老松堂舊基. 自錡谷北行不能二三里, 得小洞, 負山而抱陽, 土肥而泉甘, 有一區之宅, 公之所新築也, 名企村. 企村之山, 盤紆蓊鬱, 其峯之秀麗者曰霽月, 自企村穿霽月之腰, 轉以北出, 則山支稍迤, 向乾維而蹇, 勢如龍垂龜昂, 蜿蜿然趺趺然看, 卽亭之所在也. 亭凡爲屋三間, 駕長樑, 樑倍於楣, 故視其中, 端韶平正, 而其靡隅翼如也. 虛其四面而欄檻之, 檻外形皆微隱, 而西北隅尤陡絕, 屛以密竹, 蕭槮蒨蔚, 其下有村曰巖界, 以其麓多石而巉削, 故名之. 東階下, 因稍迤之勢廓之. 構溫室四間, 繚以周垣, 植以佳卉, 而充之以書史. 循山眷以延于左右谷, 長松茂樹, 蔥瓏以交加, 亭之處地旣亢爽, 而竹木又回擁之. 與人煙不相接,

迴然若異境. 憑虛以望, 則見其清泠之狀, 突兀之勢, 纚纚乎其宛轉踊躍而出, 若有鬼神異物, 陰來以相之也. 山之自東而來者, 至壽月而峙, 其偏支按衍蜷屈, 西臨大野, 窮於三數里間者凡六曲. 而亭之麓, 左控右挹, 最夭矯而軼出, 自東北而馳, 迤邐於西南數白里者, 巍峨騰踔, 巉崒週遭, 谽呀崛崎, 攢蹙奔迸. 而巖危石醜, 偃蹇雄踞者, 龍龜山也. 趾蟠頂尖, 端重疏立者, 夢仙山也. 若瓮巖也, 若金城也, 龍泉也, 秋月也, 白巖也, 佛臺也, 修緣也, 湧珍也, 魚登也, 錦城也. 象山, 或如囷倉, 或如城郭, 如屛如防, 如臥牛如馬耳. 排青掃黛, 浮眉露鬢, 參差隱見, 縹緲明滅, 煙雲之開闔, 草木之榮落, 朝昏異態, 冬夏殊候, 而畸人之所騁術, 烈婦之所成節, 尤使人遐思而求想也. 水之源於玉泉者, 爲餘溪, 正帶亭麓之前, 漣漪澄瀅, 不渴不溢, 洋洋悠悠, 去而若留, 跳魚撥刺於夕陽, 宿鷺聯奉於秋月. 而源於龍泉者, 至府治爲白灘, 屈折橫流, 汨瀺潺洄, 與餘溪竝行, 過牛鳴地, 合流西去. 其發於瑞石者, 則從亭左第一曲之外, 始效其色, 而下灌於前二川, 直抵龍山, 以趨于穴浦. 而蒼茫大野, 首起於秋月山下, 尾撤乎魚登之外, 壇曼陁靡, 洼然煥然. 丘陵林藪之相蔽虧者, 錯如圖畫, 溝塍之刻鏤, 聚落之雜襲. 而人之趨事於其間者, 春而耕, 夏而耘, 秋而獲, 無一時之息也. 而四時之景, 亦與之無窮焉. 幅巾短褐, 徙倚乎欄檻之上. 則山之高, 水之遠, 雲之浮, 鳥獸魚之遨遊, 擧熙熙然來供吾興. 而扶藜躡屐, 從容於階除之下, 則翠煙自留, 淸風時至, 松檜蕭蕭有聲, 而紛紅駭綠, 香氣檢苒, 施施乎與形骸相忘, 于于乎與造物者遊, 而未始有極. 美哉, 亭乎. 據其內, 環合幽窅, 足以專靚謐之觀. 達其外, 寥廓悠長, 可以開浩蕩之襟. 柳子曰, 游之適, 大率有二者, 其不在玆歟. 余嘗拜公於亭上, 公爲余言曰, 昔亭之未有也, 有郭姓者居之, 嘗得異夢, 見金魚玉帶學士, 聯翩益簪於其上, 意其家之將有興, 而謂其子之膺是夢也, 託之僧以學書, 及其無成而且窮, 乃伐其樹而遷其居. 僕於甲申年間, 以財貨之, 里人競來相賀曰, 以玆地之奇勝, 而公乃得之, 豈郭之夢, 有所兆朕者歟. 僕亦愛其溪山之勝, 而繫官在朝, 不敢引身. 癸巳歲, 遞職還鄕, 始縛草亭, 以蔽風日, 優遊五載, 旋復棄去, 則亭不免爲風雨所揭, 獨樹陰婆娑, 而草萊蕪沒矣. 庚戌, 謫關西, 揣慄窘束, 百念不掛, 猶以未克葺亭以終老, 爲恨也. 辛亥, 蒙恩放歸, 宿昔之抱, 可以少償. 而財力短, 又無以爲計. 一日, 府使吳公謙, 適來同登, 勸僕成之, 且許相助. 遂於壬子春, 起其役, 不幾月而功訖. 棟宇粗完, 而林薄益茂, 逍遙俛仰, 以遺餘生, 僕之素願, 於是乎畢矣. 嗚呼, 僕之占此, 于今三十餘年. 人事之得喪, 固有難言, 而亭之廢而起者, 亦若有數存焉者, 撫事興懷, 不可不托于斯文, 子其爲我記之. 余以文拙辭不獲, 則又言于公曰, 蒼蒼者, 孰不仰而戴之, 茫茫者, 孰不俛而履之, 然而知其所以然, 而能反之於身者, 蓋寡矣. 今公旣以得之於心, 而寓之於名, 其浩然之興, 固有人所不敢知者. 然物變無窮, 而人生有涯, 以有涯之生, 御無窮之變, 則於其俛仰之間, 而天地之盈虛, 人物之榮悴者, 亦不可不經于心, 而以之自勵也. 夫豈專於山水之樂而已哉. 噫, 微吾公, 孰能稱是名也哉.

5 최강현 역주, 가사 1. 『한국고전문학전집』 3, 고려대학교 민족문화연구원, 1993, 116~125면.

맑고 시원한 공간

양산보의 소쇄원

맑고 시원한 공간

인품이 맑아 속기俗氣가 없음, 맑고 깨끗함을 소쇄瀟灑라고 한다. 공치규孔
稚珪의 「북산이문北山移文」에서는 소쇄를 속세를 벗어난 생각이라고 하였다.
소쇄원은 양산보梁山甫(1503~1557)가 그의 고향인 전라도 창평현의 창암촌에
마련한 별서別墅로 자연 환경을 최대로 활용하면서 인공을 가미하여 만든
민간 원림園林이라고 할 수 있다.

스승의 뜻과 삶의 방향

양산보는 본이 탐라耽羅, 자가 언진彦鎭, 호가 소쇄옹瀟灑翁이다. 아버지인
창암蒼巖 사원泗源 대에 창평현昌平縣에 살게 되었으며, 어머니는 신평 송씨
宋氏로 면앙정을 마련한 송순宋純과는 내외종內外從 사이가 된다. 그리고 양
팽손梁彭孫(1480~1545)의 재종질이다.

    양산보는 아버지 창암공의 뜻을 좇아 한양으로 가서 당시에 정학正學으
로 후진을 가르치던 조광조趙光祖(1482~1519)의 문하에 들게 되었다. 이것이

삶의 방향을 좌우하는 결정적인 계기가 되었다. 태학太學에 들어가고 17세인 기묘년(중종 14, 1519)에 제회第會에 합격하기도 했으나, 대관臺官의 요청으로 삭과削科되었다. 그런데 그해 동짓달 보름에 사화가 일어나면서 스승인 조광조가 가장 핵심 인물로 지목받게 되자, 양산보는 통분한 나머지 그날로 남쪽으로 돌아가 세상에 뜻을 두지 않고 처사處士로 지내게 되었다. 곧고 바른 뜻이 통하지 않은 세상, 그리고 정학正學을 가르치던 자신의 스승이 부당한 힘에 의해 죄인으로 몰리는 현실을 수긍할 수 없었던 것이다.

고향으로 돌아온 양산보는 세상과 절연한 채 의義를 실천하면서 은거의 삶을 살았는데, 거처가 있는 곳의 수석水石이 빼어나서 집을 짓고 담을 두르고 그 사이를 소쇄원瀟灑園이라 하고, 스스로 소쇄옹瀟灑翁이라 호를 삼았다.[1]

이곳에 별서를 마련한 뒤에도 송순(1493~1582), 임억령(1496~1598), 김인후(1510~1560) 등과 교유하고, 김성원(1525~1597), 기대승(1527~1572), 고경명(1533~

1592), 정철(1536~1593) 등의 문인들과 별서의 원림園林 문화를 이어갔다.

소쇄원의 구성

소쇄원은 담장을 경계로 내원과 외원으로 구분되어 있다. 외원의 물이 자연스럽게 내원으로 흘러들어오게 하여 외원과 내원이 자연스럽게 이어질 수 있도록 배려한 것이다.

내원은 김인후가 쓴 〈소쇄원사십팔영瀟灑園四十八詠〉[2]과 영종 31년(1755)에 판화로 만들어진 〈소쇄원도〉를 통해 전체적인 구성을 살필 수 있는데, 입구, 대봉대, 계류, 광풍각, 제월당 등의 현존 공간과 터만 확인되는 고암정사와 부훤당 터 등으로 나눌 수 있다. 48영 중에서 입구는 9영의 〈통나무대로 걸쳐 놓은 높직한 다리透竹危橋〉, 29영의 〈좁은 길가의 밋밋한 대나무들夾路脩篁〉, 39영의 〈버드나무 물가에서의 손님맞이柳汀迎客〉, 41영의 〈연못에 흩어져 있는 순채 싹散池蓴芽〉 등에서 확인할 수 있듯이 위교, 대숲, 버드나무, 연못 등이 해당한다.

다음 대봉대 구역은 소쇄원 입구에서 담을 타고 오곡문五曲門에 이르는 구간으로, 1영의 〈난간에 기댄 작은 정자小亭憑欄〉, 6영의 〈물고기 노니는 작은 연못小塘魚泳〉, 7영의 〈나무 홈통을 뚫고 흐르는 물刳木通流〉, 8영의 〈물보라 일으키는 물방아春雲水碓〉, 23영의 〈긴 섬돌 거닐기脩階散步〉, 32영의 〈저물어 대밭에 날아드는 새叢筠暮鳥〉, 37영의 〈오동나무 언

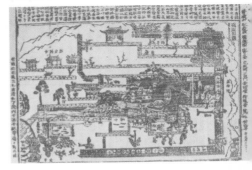

〈소쇄원도〉

담장을 경계로 내원과 외원으로 구별된다

오곡문. 외원의 물이 자연스럽게 내원으로 흘러들어오고 있다

덕에 드리운 여름 그늘桐臺夏陰〉, 40영의 〈골짜기 건너편 연꽃隔澗芙蕖〉, 42영의 〈계곡물 가까운 곳에 핀 백일홍襯澗紫薇〉, 47영의 〈애양단의 겨울 낮 맞이陽壇冬午〉 등에서 확인할 수 있듯이 모정茅亭으로 추정되는 작은 정자, 작은 연못, 나무 홈통, 물방아, 섬돌, 오동나무 언덕, 애양단 등이 해당한다.

다음 계류 구역은 외원에서 들어온 개울물이 흘러가는 구역으로, 3영의 〈높은 바위에 펼쳐 흐르는 물危巖展流〉, 13영의 〈넓은 바위에 누워 달 구경廣石臥月〉, 14영의 〈담장 밑을 뚫고 흐르는 물垣竅透流〉, 15영의 〈살구나무 그늘 아래 굽이도는 물杏陰曲流〉, 16영의 〈석가산의 풀과 나무들假山草樹〉, 20영의 〈맑은 물가에서 거문고 비껴 안기玉湫橫琴〉, 21영의 〈빙빙 도는 물살에 술잔 띄우기洑流傳杯〉, 22영의 〈평상바위에서 바둑 두기床巖對棋〉, 25영의 〈조담에서 미역 감기槽潭放浴〉, 33영의 〈골짜기 물가에서 졸고 있는 오리壑渚眠鴨〉, 34영의 〈세차게 흐르는 여울물가의 창포激湍菖蒲〉, 38영의 〈오동나무 녹음 아래 쏟아지는 폭포梧陰瀉瀑〉, 44영의 〈골짜기에 비치는 단풍映壑丹楓〉 등에서 확인할 수 있는 바와 같이 바위 위로 흐르는 물, 담장 밑을 뚫고 흐르는 물, 살구나무 아래 굽이도는 물, 석가산, 평상바위, 조담, 여울물가, 폭포 등이 해당한다.

광풍각 구역은 2영의 〈시내를 베개 삼은 글방枕溪文房〉, 36영의 〈복숭아 언덕에서 맞는 봄 새벽桃塢春曉〉 등에서 확인할 수 있듯이 계류를 베개 삼듯 광풍각이 있고 뒤에 복숭아나무를 심은 언덕이 있는 곳이다.

제월당 구역은 제월당이 있는 곳으로 주인이 거주하는 중심 공간으로 볼 수 있다. 이외에도 제월당 남쪽 낮은 곳에 양산보 사후에 세운 고암정사와 부훤당이 있었는데 지금은 그 터만 확인되고 있다.

한편 꽃과 나무는 곳곳에 자리하고 있어서 하나의 구역으로 묶기는 어렵지만 매우 중요한 구성 요소라고 할 수 있다. 제영에 등장하는 것만 해도 입구에서 본 대숲, 매화, 살구나무, 곳곳에 있는 소나무, 홰나무, 국화, 사계

화, 복숭아나무, 오동나무, 연꽃, 백일홍, 파초잎, 치자 등을 들 수 있다.

소쇄원 외원外苑은 소쇄원 주변의 경관으로 활을 쏘던 후간장帿竿場, 내원 북동쪽 담장에 있었던 오곡문五曲門, 오곡문 바깥의 오암鰲巖과 오암정鰲巖井, 지석리支石里, 자죽총紫竹叢, 바리봉鉢裏峰, 황금정黃金亭, 창암동蒼巖洞 등을 들 수 있고, 북쪽으로 옹정봉瓮井峰, 고암동鼓巖洞, 가재등加資嶝, 장자담莊子潭 등이, 동북쪽으로 죽림사竹林寺, 산리동酸梨洞, 석구천石臼泉, 통사곡通仕谷, 영지동靈芝洞 등이, 동쪽으로 할미봉과 장목등長木嶝이, 남쪽으로 한벽산寒碧山이 해당한다고 할 수 있다.[3]

제월광풍의 풍류

소쇄원은 담장을 경계로 내원內園과 외원 外苑으로 나누어서 살필 수 있는데, 풍류의 핵심은 내원에 있다고 할 수 있다. 그리고 내원의 건물로 제월당霽月堂과 광풍각光風閣을 중심으로 볼 수 있다.

제월당의 현판

제월당霽月堂은 소쇄원의 중심 공간이라 할 수 있으며, 제월광풍은 비가 갠 뒤에 솟아오른 밝은 달과 맑게 부는 바람으로 인품이 고상하고 도량이 넓음을 비유한다.

양산보가 마련한 소쇄원에서 양산보는 맑고 깨끗하게 세상과 떨어져서 지냈던 것으로 보인다. 송순(1493~1582), 임억령(1496~1598), 김인후(1510~1560) 등 호남 지역의 인사들이 드나들면서 주인과 소쇄瀟灑의 느낌을 함께 나누었던 것으로 보인다. 이 중에서 송순은 내외종內外從이라는 연분이 있고, 김인후는 이미 고우高友로서 양산보의 둘째 아들 자징子澂을 사

제월당

위로 맞기도 했다.

　김인후는 소쇄원에서 느끼는 전체적인 감흥을 〈소쇄정즉사瀟灑亭即事〉에서 다음과 같이 읊었다. 대나무, 바람, 시내, 달빛, 깊은 숲과 높은 나무가 이룬 승경에다 술과 시가 어우러지고 한밤중에 산새까지 울면서 소쇄원이라는 이름과 그대로 부합할 수 있다고 인식한 것이다.

대나무 바깥에서 바람이 귀를 맑게 하고	竹外風淸耳
시냇가에는 달빛이 마음을 비추네.	溪邊月照心
깊은 숲에는 상쾌한 기운이 전하고	深林傳爽氣
높은 나무에는 가벼운 그림자가 흩어지네.	喬木散輕陰
술이 익으면 작은 취기가 오르고	酒熟乘微醉
시가 이루어지면 짧게 읊어 내네.	詩成費短吟
한밤중에 몇 가닥 소리 들리니	數聲聞半夜

산새가 피나게 우는 것이리.⁴ 啼血有山禽

그리고 개별 경물에 주목하면서 지은 〈소쇄원사십팔영瀟灑園四十八詠〉에는 소쇄원의 구성을 알 수 있는 작품이 중심을 이루고 있지만, 소쇄원에서 맑고 깨끗하게 살아가는 풍류를 느낄 수 있는 작품이 여러 수 포함되어 있다. 10영의 〈대숲에서 들려오는 바람소리千竿風響〉, 11영의 〈더위를 식히는 못 가 언덕池臺納涼〉, 12영의 〈매대의 달맞이梅臺邀月〉, 13영의 〈넓은 바위에 누워 달 구경廣石臥月〉, 19영의 〈탑상 바위에 조용히 앉기榻巖靜坐〉, 20영의 〈맑은 물가에서 거문고 비껴 안기玉湫橫琴〉, 21영의 〈빙빙 도는 물살에 술잔 띄우기洑流傳杯〉, 22영의 〈평상 바위에서 바둑 두기床巖對棋〉, 23영의 〈긴 섬돌 거닐기脩階散步〉, 24영의 〈홰나무 가 바위에 기대어 졸기倚睡槐石〉, 25영의 〈조담에서 미역 감기槽潭放浴〉 등이 그것이다.

다음은 13영의 〈넓은 바위에 누워 달 구경廣石臥月〉이다.

이슬을 맞으며 누우니 푸른 하늘에 밝은 달이라	露臥靑天月
넓은 바위는 바로 좋은 자리가 되네	端將石作筵
긴 숲에는 푸른 그림자가 흩어져서	長林散靑影
깊은 밤에도 잠을 이룰 수 없다네	深夜未能眠

그리고 다음은 24영의 〈홰나무 가 바위에 기대어 졸기倚睡槐石〉이다.

몸소 홰나무 가의 바위를 쓸고서	自掃槐邊石
아무도 없이 홀로 앉아 있네	無人獨坐時
졸다가 놀라 일어나는데	睡來驚起立
의왕에게 알려질까 두렵기 때문이네	恐被蟻王知

광풍각

광풍각의 현판

　광풍각光風閣은 사랑채에 해당하
는 공간으로 계류溪流 구역의 물소리
를 들을 수 있는 곳이기도 하다.

　2영의 〈시내를 베개 삼은 글방枕溪
文房〉이 이곳 광풍각을 읊은 것인데, 밝은 창가에서 물소리와 돌과 가까이
지내면서 깊이 생각하면서도 편안하게 지내노라니 오히려 오묘한 경지에
이르는 느낌이라고 밝히고 있다.

창 밝으니 표찰 붙인 족자가 깨끗하고	窓明籤軸淨
물과 돌에 책들이 비치네	水石暎圖書
정밀하게 생각하고 편안하게 지내노라니	精思隨俯仰
묘한 언약이 연비어약鳶飛魚躍으로 들어가네	妙契入鳶魚

그리고 송순은 4수로 된 〈제외제양처사언진산보소쇄정題外弟梁處士彦鎭山甫瀟灑亭〉의 둘째 수에서 다음과 같이 읊고 있다.

기슭을 따라 좁은 길이 열렸는데	緣崖開一逕
계곡물에 닿아 두 개의 사립을 닫았네.	臨澗閉雙扉
돌이 늙어서 이끼가 평평하게 퍼지고	石老苔平鋪
정자는 깊어서 대나무가 어지럽게 둘렀네.	亭深竹亂圍
바람이 부니 높은 베개에 가득하고	風來高枕滿
사람이 이르니 작은 다리가 성기네.	人到小橋稀
쓸쓸하게 꽃을 보는 곳에	寂寂看花處
겨르로운 구름이 옅은 푸른빛을 내리네.[5]	閑雲下翠微

한편 정철은 양산보가 운영한 소쇄원의 풍류에는 참여하지 못한 것으로 보이는데, 〈소쇄원제초정瀟灑園題草亭〉에서 자신이 태어난 해에 이 정자를 세운 것으로 기록하면서 풍류가 지속되고 있음을 환기하고 있다.

내가 나던 해에 이 정자를 세웠다는데	我生之歲立斯亭
사람은 가도 다른 사람이 남아 사십 년이네.	人去人存四十齡
시냇물은 푸른 오동나무 아래에서 차가운데	溪水泠泠碧梧下
손님이 이르면 마땅히 취하여 깨려고 하지 않네.[6]	客來須醉不須醒

유훈과 공간의 지속

양산보는 후손들에게, "어느 언덕이나 골짜기를 막론하고 나의 발길이 미치지 않은 곳이 없으니 이 동산을 남에게 팔거나 양도하지 말고 어리석은 후손에게 물려주지 말 것이며, 후손 어느 한 사람의 소유가 되지 않도록 하라"고 유훈을 남겼다고 한다. 그 사이 정유재란 때에 왜적의 침입으로 소쇄원의 건물들이 불에 타버리자 손자인 양천운이 다시 중건하였으며, 5대손인 양경지에 의해 완전히 복구되었다고 전해지니, 그의 유훈에 따라 양씨 집안에서 오늘날까지 잘 보존하고 있는 셈이다.

양산보에게는 자홍子洪, 자징子澂, 자순子淳의 세 아들이 있었는데, 그중에서 둘째 아들 자징이 김인후의 따님을 아내로 맞아들이면서 실질적으로 소쇄원의 문화를 이어가게 한 것으로 이해할 수 있다.

백광훈(1537~1582)이 양산보의 둘째 아들 양자징에게 준 〈소쇄원에서 느껴워 읊으면서, 고암에게 보이다(瀟灑園感吟, 示鼓巖)〉를 보면 양산보 사후에 소쇄원이 어떻게 유지되고 있었는지 짐작할 수 있다. 고암鼓巖은 양자징의 호이다.

뜰 안의 학발선을 보지 않아도　　　　　　　不見庭中鶴髮仙
시내와 산은 옛 바람과 연기가 역력하네.　　溪山歷歷舊風煙
다시 매화 핀 가에서 새 시를 읽노라니　　　新詩更向梅邊讀
빈 뜰에는 눈이 가득하고 하늘에는 달이 훤하네.[7]　雪滿空階月滿天

그리고 송시열宋時烈(1607~1689)과 이민서李敏敍(1633~1688)가 각각 양산보의 행장을 지었는데, 17세기 후반에 양산보에 대한 재평가가 이루어지고 있었음을 이해할 수 있는 대목이다.[8]

18세기 후반에 윤봉조尹鳳朝(1680~1761)는 『소쇄원사실瀟灑園事實』을 엮고 여기에 「소쇄원사실서瀟灑園事實序」를 마련하였다.[9] 〈소쇄원도〉가 판화로 만들어진 것도 이 무렵으로 추정된다.

그리고 정조 시대에는 양산보의 아들 양자징을 장인인 김인후의 필암서원에 배향할 수 있도록 은전을 베풀기도 하였다.

전라도진사 이경집李敬緝 등이 상언하기를,
"고 현감 양자징梁子澂은 기묘명현己卯名賢 양산보梁山甫의 아들입니다. 그가 선정신 김인후에게 글을 배웠는데, 김인후가 매우 기특히 여겨 자기의 사위로 삼았습니다. 그러자 그가 학문에 뜻을 기울여 조예가 날로 깊어져 선정신 이황李滉·이이李珥·성혼成渾의 존중을 받았고 그 고장 사람들이 효자라고 조정에 아뢰어 거창居昌·석성石城 두 고을 원으로 제수되었습니다. 그 뒤 선정신 송시열宋時烈이 그의 행장行狀을 엮으면서 칭찬하였으나, 아직도 사당에 제사는 지내지 못하였습니다. 만약 김인후의 사당에 이 사람을 배향한다면 고정考亭의 사당에 면재勉齋를 배향하는 것과 무엇이 다르겠습니까?"
하였는데, 예조에 하달하였다. 예조에서 말하기를,
"지난 숙종 정축년에 호남의 선비들이 양자징을 필암서원筆巖書院에 배향할 것을 청하였으나, 지금까지 시행하지 않았으니, 이것만도 선비들의 억울한 일입니다. 성상께서 재량해 하소서."
하니, 하교하기를,
"그가 선정의 사위로 선정의 학문 정통을 이어받았고 또 여러 선정의 문하에 출입하였으니, 배향하더라도 의리상 안 될 것이 없다. 더구나 선정의 집안에 이제 막 직접 제문祭文을 지어 제사를 지내게 하였고 또 그의 후손을 채용하라고 명하였으니, 이때에 이 일은 우연한 것이 아니므로 허락한다."
하였다.[10]

주)

1 박세채, 「양산보묘갈명」, 『국조인물고』 중, 1470~1471면.

2 김인후, 〈소쇄원사십팔영〉, 『河西先生全集』 卷之五, 『한국문집총간』 033, 88면.

3 양진태, 〈근차중부가산삼십영운(謹次仲父家山三十詠韻)〉, 『芳菴遺稿』, 丙子7月(1636년 7월)

4 김인후, 〈소쇄원즉사〉, 『하서선생전집』.

5 송순, 〈제외제양처사언진산보소쇄정(題外弟梁處士彦鎭山甫瀟灑亭)〉

6 정철, 〈소쇄원제초정(瀟灑園題草亭)〉, 『松江續集』 卷之一, 『총간』 46, 187면.

7 백광훈, 『玉峯詩集』 上, 『총간』 047, 115면.

8 송시열, 「瀟灑園梁公行狀」, 『宋子大全』 卷二百六, 『총간』 115, 6면, 이민서, 「瀟洒園梁公行狀」, 『西河先生集』 卷之十六, 『총간』 144, 305면.

9 윤봉조, 『圃巖集』 卷之十二, 『문집총간』 193, 336면.

10 『정조실록』 21권, 10년(1786) 2월 26일(경자)

右句
盛水故屋
散步王溪月朝
如生貢威
非風自何来齊月當心句
成事約約
莫雪中意松雪霜淩色遂興歲
慮德

정영방의 서석 원정과 은거의 삶

전쟁의 상흔과 은거의 삶

석문 정영방鄭榮邦(1577~1650)은 경상도 용궁현에서 태어나 16세에 임진왜
란을 만나 형수와 누이가 자결하는 고난을 겪기도 했으며, 그 전말을 「임
진조변사적壬辰遭變事蹟」으로 기록하였고, 20세 이후에는 정경세鄭經世(1563~

서석 원정 입구의 선바위(立石)

1633)의 문하에서 학문을 익히고 29세에 진사시에 합격하였으나 벼슬길에 나아가지 않았으며, 병자호란 이후에는 진보현의 임천동에 은거하면서 경정敬亭을 짓고 서석지瑞石池를 파는 등 자적의 생활을 즐겼다. 그의 저서로 『암서만록巖棲漫錄』과 『석문고石門稿』가 있으며, 현전하는 『석문집石門集』 4권 2책에 사 2편, 부 2편과 함께 198제 567수의 시와 만사 30제가 수록되어 있다.

정영방은 동래인東萊人으로, 자는 경보慶輔 호는 석문石門이다. 9대조인 예문응교 정승원鄭承源이 안동安東에 적을 두면서 용궁에 장사지낸 이후 후손들이 용궁에 세거하게 되었다. 매오 정영후梅塢 鄭榮後(1569~1641)가 그의 형이며, 다섯 살에 아버지를 여의고, 커서 종조숙부인 정조鄭澡의 후사가 되어 안동의 송촌松村으로 옮겨 살게 되었는데, 몇 달에 한 번씩 출생지인 익장益庄과 송촌松村을 오가면서 효우의 도를 실천했다.

서석 원정의 조성

광해군 즉위(1608) 이후 조정이 흐려지고 어지러워지자 정영방은 세사에 마음을 두지 않고 진보현의 임천臨川(현재 영양군 입암면 연당리)에 복거지를 잡게 되었으나 어머니와 자식들 때문에 바로 뜻을 정하지 못하다가, 60세인 인조 14년(1637) 병자호란이 일어나자 집안일을 장자인 혼焜에게 맡기고 임천으로 은거하였다. 임천의 형세는 푸른 벼랑이 고리처럼 서 있고 수풀이 우거지고 아름다우며 여러 시내가 뭇 흰 돌을 펼치는 이경異境이었다.

병자년(1636) 3월에 임천臨川에 이르러 마을의 집에서 자다가 꿈을 꾸었는데, 꿈속에서 누군가가 봉한 편지 한 통을 주기에 열어보니 몇 조목의 글씨가 있는데 오채가 빛나서 똑바로 볼 수가 없었다. 꿈에서 깨어보니 지는

달이 창에 가득하였고, 마음속으로 '업의 물이 붉게 빛나고, 빛이 임천을 비추네.(鄴水朱華 光照臨川)'라는 글씨와 마을의 이름이 임천臨川이라 이러한 꿈을 꾼 것으로 여겼다고 기록하고 있다.[1]

정영방은 이곳 흰 돌을 갈고 쪼아 그 안으로 물을 대어 못을 만들고 서석瑞石이라 하고, 그 위에 주일재主一齋와 운서헌雲棲軒을 마련하는 등 스스로 선인仙人으로 비길 수 있는 문화공간을 마련하였다. 서석지 주변의 공간을 내원內苑으로, 석문石門을 포함한 주변의 자연을 외원外苑으로 삼은 것이다. 그리고 이때 호를 석문石門으로 삼았다.

정영방이 마련한 서석 원정 주변은 마을로 들어가는 입구에 부용봉이라는 산봉우리가 있고, 개울을 경계로 양쪽에 선바위(立巖)가 있어서 골짜기를 병풍처럼 에워싸고 있다. 이 선바위가 신선 세계로 들어가는 문의 역할을 하고 있어서 석문石門으로 삼은 것이다.

정영방이 마련한 원정의 배치를 보면 서석지를 중심으로 건너편 마주
보이는 곳에 방 두 칸, 마루 한 칸의 주일재主一齋가 있고, 북서쪽으로 앞쪽
을 네 칸의 마루로 틔우고 뒤쪽을 가운데 두 칸의 대청과 양쪽에 방 한 칸
씩 마련한 경정敬亭이 자리하고 있다. 주일재 앞에 사우단四友壇을 꾸미고,
연못의 동북쪽 모퉁이에 물을 끌어들이는 읍청거挹淸渠를, 그 반대편에는
물이 나가는 토예거吐穢渠를 두고 있다. 연못 바닥의 서석瑞石은 형상에 따
라 각각 선유석僊遊石, 상운석祥雲石, 어상석魚狀石, 낙성석落星石 등으로 명명
하였다.

서석지瑞石池의 외원에 해당하는 병암屛巖의 동구에 석문石門이 있는데,
오래도록 교유한 이환李煥(1582~1661)은 이곳의 승경을 다음과 같이 읊고 있
다. 이환은 여흥인驪興人으로 기우자 이행騎牛子 李行(1352~1432)의 후손으로,
서애 유성룡의 생질이고, 정영방의 계부인 정조鄭澡의 따님을 첫 부인으로
맞아 정영방에게는 매제가 되는 사람이다. 용궁현의 무호에서 지내면서 정
영방을 비롯한 영남의 선비들과 교유하였다.

나의 벗 정경보鄭慶輔가	我友鄭慶輔
병암屛巖의 골짜기에 터를 잡았네.	卜居屛巖谷
옛날부터 들은 아름다운 경관에 물리고	美景猒舊聞
새로 얻은 기이한 볼거리에 상쾌하네.	奇觀快新獲
걸음마다 그윽하고 깊은 곳으로 들어가고	步步入幽深
쉬지 않고 가면서 또 마음대로 살피네.	行行且遊目
바위와 뫼는 서로 통째로 삼키고	巖巒互吞噬
도로는 또 굽고 꺾이었네.	道途又回曲
물새는 마음대로 떴다가 가라앉고	水鳥任浮沉
산의 꽃은 절로 피었다가 지네.	山花自開落

선인은 어디쯤 있는가?	僊人在何許
구름과 놀 너머를 아득히 바라보네.	悵望雲霞隔
나를 돌아보니 속세의 인연이 다하는데	顧我俗緣盡
산과 골짜기를 멋대로 오르네.	山谷恣登陟
마침내 이곳에서 늙고자 하여	遂欲老於此
몇 칸 집에서 노닐며 쉬네.	棲遲數間屋
다만 걱정스러운 것은 도원 속에	但恐桃源中
고깃배가 느닷없이 들어옴이네.	漁舟解遡入
번거롭게 이 사이의 흥취를 가지고	煩將此間趣
세상을 떠돌면서 말하려네.	流傳世上說
둘러보는 것은 매우 아름다운 일이니	流觀儘美矣
이 놀이를 어찌 가벼이 내던지랴?	此遊豈輕擲
마땅히 나와 그대가	惟當我與子
길이 맑고 고운 경색을 따르리.	永與淸景逐

정영방은 주일재와 운서헌을 마련하고 왼쪽에는 그림을, 오른쪽에는 서적을 갖추어놓고 음풍농월하면서 자적하였고, 때때로 지팡이를 짚고 주변의 못과 푸른 벼랑 사이를 거닐면서 흥취가 다하면 돌아오곤 하였다. 현전하는 〈임천산수도〉에는 주변의 지세가 매우 자세하게 그려져 있어서 주변의 임천에 대해 세심한 관찰을 했음을 짐작하게 한다.

서석 원정의 내부 문화공간과 돌의 예술

정영방은 임천에 은거지를 마련한 뒤에 그곳 주변의 경물을 〈경정잡영삼

〈경정잡영〉 현판

경정(敬亭)

십이절敬亭雜詠三十二絕〉과 〈임천잡제십육절臨川雜題十六絕〉로 그리고 있는데, 〈경정잡영삼십이절敬亭雜詠三十二絕〉이 서석 원정의 내부 공간이라고 할 수 있다. 30개의 지소는 다음과 같다.

경정敬亭, 극기재克己齋, 서하헌棲霞軒, 의공대倚筇臺, 옥성대玉成臺, 사우단四友壇, 서석지瑞石池, 선유석僊遊石, 통진교通眞橋, 기평석棊枰石, 난가암爛柯巖, 탁영반濯纓盤, 화예석花蘂石, 희접암戲蝶巖, 봉운석封雲石, 관란석觀瀾石, 조천촉調天燭, 옥계척玉界尺, 어상석魚牀石, 와룡암臥龍巖(2수), 상운석祥雲石, 낙성석落星石, 수륜석垂綸石, 상경석尙絅石, 쇄설강灑雪矼, 분수석分水石, 읍청거挹淸渠, 토예거吐穢渠, 영귀제咏歸堤(2수), 주일재主一齋

이 중에서 경정, 극기재, 서하헌, 주일재 등은 심성을 닦거나 강학을 위한 공간이라고 할 수 있으며, 의공대를 비롯한 다른 대상은 자연과 더불어 지낼 수 있게 꾸며놓은 것이거나 자연 대상에 예술의 생명을 불어넣은 것이다.

〈사우단四友壇〉은 매죽송국梅竹松菊을 가리키는 것이라 하고, 소나무와 국화는 옛날부터 있던 것이고, 대나무는 용궁에서 옮겨온 것이며, 매화는 중요하지만 멀리 보낼 수 없어서, 지금은 박태기나무(紫荊)의 고담枯淡과 연蓮의 청복淸馥과 석죽石竹의 경개耿介로 유정幽貞의 운치에 재료로 삼고 또한 매화가 빠진 것을 기울 수 있을 것[2]이라 하였다. 시의 내용은 다음과 같다.

매화와 국화는 눈 속의 뜻이요	梅菊雪中意
소나무와 대나무는 서리 내린 뒤의 색이네.	松篁霜後色
마침내 세한옹과 더불어	遂與歲寒翁
함께 숫돌을 띠는 약속을 이루네.	同成帶礪約

서석지(瑞石池)

원정의 내부 공간에서 핵심을 이루는 것이 서석지瑞石池라고 할 수 있고, 돌에 생명을 불어넣은 예술이라고 표현할 수 있다. 임천 주변을 흐르는 여러 시내가 뭇 흰 돌을 펼치고 있었기 때문에 가능한 일이었을 수도 있다.

우선 〈서석지瑞石池〉에 대하여 다음과 같이 읊고 있다.

하늘이 백옥의 계단을 만들고	天生白玉墀
땅이 푸른 구리 거울을 바치네.	地獻靑銅鑑
머무르는 물은 담박하여 물결이 없어서	止水澹無波
바야흐로 고요한 느낌을 갖출 수 있네.	方能該寂感

그리고 서석에 대하여 다음과 같이 풀이하고 있다.

돌은 안에는 무늬가 있고 바깥은 희며, 사람의 자취가 닿기 어려운 곳에 감추어져 있는데, 숙인과 정녀가 정결을 잡고 스스로 지키는 것과 같으며, 또 세상에서 숨은 군자가 덕의를 쌓으며 나가지 않는 것과 같다. 그 가운데 있는 것은 분명하게 귀하게 여길 실질이 있으니, 상서롭다고 이르지 않을 수 있으랴? 어떤 사람은 그것이 진옥이 아님을 혐의하기도 하는데, 이것은 크게 그렇지 않다. 만약 과연 옥이라면 내가 그렇게 얻어서 가질 수 있으랴? 있다고 하더라도 기이하게 인정하지 않을 수 있으랴? 옥과 비슷하면서도 옥이 아닌 것에 이름에, 다만 아름다운 이름을 훔치되 쓰임에는 이르지 않았으니, 도리어 서투른 사람이 그 순수하고 어리석음을 지키면서 세상을 속이며 이름을 훔치는 해로움이 없음과 같지 않으니, 또한 어찌 상서로움에 인정되매 넉넉하지 않으랴?[3]

서석지 안의 돌의 모습

그리고 선유석僊遊石은 모가 나고 반듯하여 네댓 사람이 앉을 수 있다고 했고, 선유석에서 옥성대玉成臺 사이에 돌 두 개를 나란히 하고 물결 가운에 점을 두고 돌 하나를 보태어 다리 모양을 한 것은 통진교通眞橋로, 선유석 왼쪽에 바둑판처럼 모가 나고 반듯한 돌은 기평석棊枰石으로, 기평석과 나란히 서서 그 모양은 다르지 않으나 길이가 길고 네 모서리가 같은 것은 난가암爛柯巖으로, 난가암 왼쪽에 물이 빠지면 드러나고 물이 차면 잠기는 돌을 탁영반濯纓盤으로, 관란서 아래의 돌은 화예석花蘂石으로, 동쪽 가에 화예석과 마주하고 있는 돌은 희접암戱蝶巖으로, 화예석 위의 돌은 관란석觀瀾石으로, 봉운석 오른쪽의 옥호玉壺 모양의 돌은 조천촉調天燭으로, 조천촉 오른쪽에 모가 나고 반듯하며 상처럼 평평하고 곧은 돌은 어상석魚牀石으로, 동쪽 가에 있는 돌은 와룡암臥龍巖으로, 와룡암 앞뒤로 점점이 펼쳐져 있는 돌은 상운석祥雲石으로, 물결 사이에 점점이 있는 돌은 낙성석落星石으로, 와룡암 앞에 있는 돌은 수륜석垂綸石으로, 옥성대 왼쪽에 있는 돌은 상경석尙絅石으로, 폭포 물 아래에 있는 돌은 쇄설강灑雪矼으로, 폭포 물 위에 있는 돌은 분수석分水石으로, 그리고 물이 들어오는 곳은 읍청거挹清渠로, 물이 빠져나가는 곳은 토예거吐穢渠로, 아래 바닥에 돌 여러 개를 포개어 둑을 쌓고 그 위를 평평하게 흐르게 하고 어슬렁거리며 읊조릴 수 있도록 영귀제咏歸堤를 마련했다. 이외에도 특별한 설명이 없이 봉운석封雲石과 옥계척玉界尺을 만들어 놓았다.

　이렇듯 서석 원정 내부 공간의 핵심은 서석瑞石으로 꾸며놓은 돌의 예술이라고 할 수 있다.

외원의 구성과 지상의 신선

정영방은 자기가 은거한 주변의 경물을 「임천잡제십육절臨川雜題十六絕」로 그려놓았는데, 이것이 외원外園에 해당하는 것으로 입구인 입석立石 안쪽의 공간과 그 산수의 연원이 되는 것을 망라한 것으로 스스로 지상선地上仙으로 설정한 셈이다. 16개의 지소는 다음과 같다.

임천臨川, 유종정遺種亭, 구포龜浦, 나월엄蘿月崦, 자양산紫陽山, 대박산大朴山, 입석立石, 집승정集勝亭, 부용봉芙蓉峰, 자금병紫錦屛, 청기계靑杞溪, 가지천嘉芝川, 골입암骨立巖, 초선도超僊島, 마천벽磨天壁, 문암文巖

임천은 마을의 옛 이름이고, 유종정은 옛날 살던 곳의 남쪽에 있는 정

거북의 형상의 바위가 있는 구포(龜浦)

자이고, 못 위에 거북의 형상을 닮은 바위는 구포龜浦이며, 서쪽에 있는 산은 나월엄이고, 자양산은 주산으로 흙의 빛깔이 자색이면서 물의 북쪽에 있고, 자양산의 조산으로 청기 동쪽에 있는 산은 대박산이며, 강물이 합치는 곳에 열 길 정도의 돌은 입석이며, 입석 위에 집승정이 있으며, 집승정의 상봉이 부용봉이다. 이외에도 자금병紫錦屛, 청기계靑杞溪, 가지천嘉芝川, 골입암骨立巖, 초선도超僊島, 마천벽磨天壁, 문암文巖 등을 들고 있는데, 특히 대박산과 문암 등은 수십 리 바깥에 있는 것임에도 불구하고 산수의 연원을 보기 위해서 제시하고 있다. 집안에 보관된 〈임천산수도〉에서 주변의 산수를 자세하게 제시하고 있는 것도 같은 맥락이라 할 수 있다.

교유 인물과 문화 교류

임천의 석문에서 지내는 동안 벼슬길에 나아가지 아니하거나 벼슬길에서 물러난 영남의 선비들과 교유하면서 지선에 견줄 수 있는 삶을 살았다. 안동의 도헌 유우잠陶軒 柳友潛(1575~1635), 용궁의 국창 이찬菊窓 李燦(1575~1654)·호우 이환湖憂 李煥(1582~1661) 형제, 영양의 석계 이시명石溪 李時明(1590~1674) 등이 대표적인 인물이다. 이외에도 용궁의 박세웅朴世雄과 안동의 유인배柳仁培, 오우당 김근五友堂 金近(1579~1656), 무주 홍호無住 洪鎬(1586~1646), 박돈朴燉, 금대아琴大雅, 이형李炯 등을 더 들 수 있다. 이 가운데에서 서애 유성룡西厓 柳成龍의 생질이며 정영방의 매제이기도 한 이환과 주고받은 시가 가장 많은데 「차이계명환무호잡영次李季明煥蕪湖雜詠」(권1)을 비롯하여 「구일차이계명운九日次李季明韻」(권1), 「경정지영시이계명敬亭池詠 示李季明」(권2) 등 여러 편의 시를 남기고 있다. 다음 시는 앞에서 인용한 이환의 시에 차운한 것으로, 「차이계명일한재운次李季明一閒齋韻」이다. 경정敬亭의 서

경정 안에 걸린 편액. 청풍자, 도헌, 학호, 석계의 이름이 보인다

쪽 아래에 일한재一閒齋를 지은 뒤에 이환이 지은 시를 보고 정영방이 차운한 것인데, 일한재의 위치와 주변의 경개가 신선의 세계에 빠져들고 있는 듯한 느낌을 불러일으킨다.

경정敬亭의 서쪽 아래는 송관이 오래되었는데	敬亭西下舊松關
새로 띠집을 지어서 일한一閒이라 부르네.	新搆茅齋號一閒
깊숙한 숲을 도는 길은 겹쳐진 산을 뚫고	路轉深林穿合沓
깎아지른 계곡에 닿은 창은 흐르는 물소리를 막네.	囱臨絶澗鎖潺湲
높은 벼랑에서 약초를 뜯느라 옷과 두건이 젖고	雲崖採藥衣巾濕
들판의 절에서 꽃을 구경하면서 지팡이와 신발이 얼룩지네.	野寺尋花杖屨斑
따뜻한 봄을 얻은 화기에 좋은 말이 없어	和得陽春無好語
억지로 거칠고 난삽한 말로 참으로 산삭刪削으로 돌리네.	強將荒澁定還刪

한편 병자호란 이후 영양의 석보石保와 수비首比 등에서 후학을 양성한 재령인載寧人 이시명李時明(1590~1674)과의 교유는 연배에 차이가 있음에도 불구하고 〈이석계회숙시명방여계사李石溪晦叔時明訪余溪舍〉(권1)을 비롯하여 여러 편의 시를 남기고 있있다. 그 가운데 〈차이회숙입암음운次李晦叔立巖吟韻〉을 보도록 한다.

구고九皐도 멀지 아니하고	九皐亦不遠
학의 울음소리가 먼 곳까지 들리네.	鳴鶴聲長聞
풍기는 이응李膺이요	風裁李元禮
필법은 왕희지王羲之이네.	筆法王右軍
한 편 〈입암立巖〉의 시는	一篇立巖吟
천 년 뒤에도 석문에 빛나리.	千秋輝石門
때때로 우레가 치고 비 내리는 밤에	時於雷雨夕
벽 가운데에 용의 무늬가 움직이리.	半壁動龍文

정영방이 은거한 임천의 외원에 해당하는 석문石門의 선바위(立巖)를 읊은 이시명의 시를 두고 높이 평가하고 있다. 이시명을 학鶴, 이응李膺, 왕희지王羲之 등에 견주고 있는데, 실제 이러한 칭양은 이시명 개인에 대한 것이지만, 퇴계 이황의 뒤를 잇는 학맥에서 아들인 존재 이휘일存齋 李徽逸 (1619~1672), 갈암 이현일葛菴 李玄逸(1627~1704) 등으로 이어진 것으로 이해할 수도 있을 것이다.

〈정과정〉과 〈낭리선가곡〉에 대한 이해

정영방은 노래에 대한 관심도 몇 작품으로 드러내고 있는데 하나는 「제낭리선가곡후題浪裏船歌曲後」(권3)이고 다른 하나는 〈정과정부鄭瓜亭賦〉(권1)이다.

「제낭리선가곡후」는 〈낭리선가곡〉에 대한 감상이라 할 수 있는 것으로 22세인 선조 31년(1598)에 지은 것으로 밝혀 놓아서, 매우 중요한 자료적 가치를 지니는 것이다. 뱃길로 조천朝天을 하는 과정에 거친 물결 속에 배에서 위험을 무릅써야 하는 사정을 환기하면서 마음을 아프게 한다고 서술하고 있다. 발도가發棹歌, 이선곡離船曲 등의 연원과 전통을 이해하는 데에 참조가 될 수 있을 것으로 본다.

살아서 떨어지고 죽어서 헤어져 고향을 떠나는데	生離死別去家鄉
〈양관곡〉을 세 번 되풀이하니 눈물이 만 줄기이네.	三疊陽關淚萬行
훤당에 봄이 늦으니 학발이 슬퍼하고	春老萱闈悲鶴髮
금갑에 거미가 줄을 치니 난당을 가리네.	蛛絲金匣掩鸞堂
은정은 도리어 공명을 그릇되게 하고	恩情却被功名誤
풍물은 부질없이 원한을 길게 하네.	風物空敎怨恨長
물결 속에 배가 누워도 남들은 보지 못하는데	浪裏船橫人不見
오늘까지 맑은 노래가 온통 마음을 아프게 하네.	至今淸唱總心傷

양관삼첩陽關三疊은 당唐의 왕유王維(701~761)가 지은 송별의 시인 「송원이사안서送元二使安西」의 "위성의 아침 비가 가벼운 먼지를 적시는데, 새로운 버들 빛에 객사가 푸르고 푸르네. 그대에게 다시 한 잔 술을 다 권하나니, 서쪽으로 양관을 나서면 친구가 없으리.(渭城朝雨浥輕塵 客舍靑靑柳色新 勸君更盡一杯酒 西出陽關無故人)"를 악부樂府에 올려 부르는 가운데 제4구를 되풀이하

여 노래하면서 별리別離의 아픔을 반추하는 것이다. 그런데 〈낭리선가곡〉
이 이별의 시이면서 뱃노래로 추정되고 있어서, 사행의 신고辛苦에 대한 관
심을 환기할 수 있다.

　한편 〈정과정부〉는 방조인 고려의 정서鄭敍가 지은 〈정과정〉에 대한 화
운이라 할 수 있는 것이다. 정서의 원작인 〈정과정〉은 직접 확인하지 못하
고, 유숙柳淑과 이숭인李崇仁의 시를 읽은 상황에서 지은 것으로 확인이 된
다. 그중의 일부를 들면 다음과 같다.

아침에 임천臨川에서 수레를 출발하여	朝發軔於臨川
저녁에 봉원蓬原(동래)에서 부절을 멈추네.	夕弭節乎蓬原
강 물결은 목메어 소리를 내고	江波咽而有聲
안개 낀 숲은 흐릿하여 자취도 없네.	煙樹暝而無痕
…	
예로부터 충성스럽고 곧은 사람은 받아들이기 어려운데	自古忠直者難容
임금은 어찌하여 스스로 너그럽지 않은가?	君胡爲乎不自寬
가의賈誼는 장사에서 〈복조부鵩鳥賦〉를 지었고	賈賦鵩於長沙
굴원屈原은 상원에서 〈회사부懷沙賦〉를 지었네.	屈懷沙於湘源
모두 창랑에서 스스로 얻은 것이니	皆滄浪之自取
비록 따르고자 하나 어찌 어렵지 않으랴?	雖欲追而蓋難
…	
흰 구름을 노래하며 돌아오노라니	歌白雲而歸來
산은 푸르디푸르고	山靑靑兮
물은 졸졸 흐르네.	水潺湲

후대의 보전과 문화의 전승

정영방이 탁세濁世를 피해서 진보현의 북쪽에 마련한 서적지를 포함한 문화공간은 스스로 지상선地上仙으로 살아가기에 부족함이 없었고, 주변의 경물까지 포함하여 오늘날까지 매우 깔끔하게 보존되고 있고, 후손이 거주하면서 문화의 전승을 위해 공력을 기울이고 있다는 점은 문화공간의 보전에 매우 중요한 본보기가 될 수 있다.

주)

1 〈臨川〉, 『석문집』 권1, 『한국문집총간』 속19, 221면, 丙子三月, 來宿村家, 夢中有以緘封一函餽余者曰某人以此奉公, 開見之, 有筆材若干條, 五彩炫耀, 目不能正視, 欠伸而覺, 落月滿窻矣. 心自語曰鄴水朱華, 光照臨川之筆. 以村號臨川而有此夢耶. 因以詩記之.

2 〈四友壇〉, 『석문집』 권1, 『한국문집총간』 속19, 219면, 四友者, 梅竹松菊也. 松菊仍舊有, 竹移自竺山, 梅重不可致遠. 今以紫荊之苦淡, 蓮之淸馥, 石竹之耿介, 資之以幽貞之趣, 亦可以補梅之缺耶. 孔子曰臧武仲之智, 公綽之不欲, 卞莊子之勇, 冉求之藝, 文之以禮樂, 亦可以爲成人矣. 況蓮稱君子, 紫荊識友于, 石竹入湯液, 雖謂之備德行兼才能可也. 備德行兼才能者, 與之處一堂, 豈非吾益友乎. 若曰猶未足以當梅兄之標格, 吾不信也. 姑存此以待博雅君子之能有辨者焉.

3 〈瑞石池〉, 『석문집』 권1, 『한국문집총간』 속19, 219~220면, 石內文而外素, 藏於人迹罕到之處, 如淑人靜女操貞潔而自保, 又如遯世君子蘊德義而不出. 其中所存, 的然有可貴之實, 可不謂之瑞乎. 或有嫌其非眞玉者, 此則大不然. 若果玉也則吾其可得而有諸. 有之而能不爲奇者乎. 至如似玉而非玉者, 徒竊美名而不適於用, 反不如拙者之守其純愚而無欺世盜名之害也. 又安足爲瑞乎.

세상 바깥 세계에 대한 그리움

완도 보길도와 해남의 녹우당

윤선도의 행적

윤선도尹善道(1587~1671)는 해남인海南人으로 자가 약이約而, 호는 고산孤山 또는 해옹海翁이다. 선조 20년(1587) 서울의 연화방蓮花坊에서 유심惟深의 둘째 아들로 태어났다. 그런데 종가에 후사가 없어서 8세인 선조 27년(1594)에 백부 유기惟幾의 양자가 되어 해남윤씨의 대종大宗을 잇게 되었다. 17세에 남원 윤돈尹暾의 따님을 아내로 맞았고, 그해 진사초시에 합격하였다. 26세인 광해군 4년(1612) 진사에 급제하였다. 젊은 시절 이이첨의 전횡을 비판하고, 봉림대군과 인평대군의 사부가 되어 정치적 입지를 확보하면서, 정치적인 야망을 버리지 않고 이해관계를 달리하는 다른 정치 집단과 여러 차례 갈등을 빚기도 하였다.

윤선도는 병자호란에 임금이 항복하자 제주도로 가려던 중에 보길도라는 섬을 발견하고 그곳을 부용동芙蓉洞이라 명명하고 세연정洗然亭, 낙서재樂書齋 등의 문화공간을 마련하였고, 〈어부사시사〉(65세)를 비롯하여 〈산중신곡〉(56세), 〈산중속신곡〉(59세), 〈몽천요〉(66세) 등의 아름다운 작품을 남겨서 그 이름이 널리 알려져 있다.

젊은 날의 패기

윤선도는 30세이던 광해군 8년(1616) 8월에 당시 권병을 잡고 있던 이이첨을 참형해야 한다고 상소를 올렸다. 윤선도의 젊은 혈기를 볼 수 있을 뿐만 아니라 이후의 삶에서 매우 중요한 전환점을 시사하는 것이다. 이 일로 윤선도는 함경도 경원으로 유배되었다. 상소의 내용은 다음과 같다.

진사進士 윤선도尹善道가 상소하기를,
"삼가 아룁니다. 신이 들은 바에 의하면, 임금이 아랫사람들을 통제하는 방도로는 권강權綱을 모두 쥐고 있는 것보다 더 중요한 것은 없습니다. 그러므로 『서경書經』에도 이르기를 '오직 임금만이 상도 줄 수가 있고 벌도 줄 수가 있다.'고 하였으며, 송宋나라의 진덕수眞德秀도 말하기를 '임금된 자가 어찌 하루라도 권위의 칼자루를 놓을 수가 있겠는가.'라고 하였습니다. 이것은 참으로 뜻깊은 말입니다. 신하된 자가 참으로 나라의 권세를 오로지 쥐게 되면 자기의 복심腹心을 요직에 포열布列시켜 상과 벌(威福)을 자기에게서 나오게 합니다. 설령 어진 자가 이렇게 해도 안 될 일인데, 만약 어질지 못한 자가 이와 같이 한다면 나라가 또한 위태하지 않겠습니까. 지금 훌륭하신 상께서 위에 계시어 임금과 신하가 각기 자신의 직분을 다하고 있으니 이러한 자가 없어야 마땅하겠습니다만, 신이 삼가 예조판서 이이첨李爾瞻의 하는 짓을 보니 불행히도 이에 가까우므로 신은 삼가 괴이하게 생각합니다.
신은 하찮은 일개 유자儒者로서 어리석고 천박하여, 비록 도성 안에 살지만 외방에 사는 몽매한 백성과 다를 바가 없으니, 조정의 일에 대해서는 백 가지 가운데 한 가지도 알지를 못하지만, 단지 눈으로 보고 귀로 들은 것을 가지고 성상께 우러러 진달합니다. 삼가 바라건대 성상께서는 유념해 주소서.
… 중략 …

가령 이이첨이 충신이라면 그만이거니와, 만약 이이첨이 간신이라면 오늘날의 재변을 혹 다른 나라에 전가시키거나 혹 다른 일의 증험이라고 하거나 혹은 두려워할 것이 없는 일이라고 곧바로 말할 것입니다. 신도 또한 높고 멀어 알기 어려운 일을 가지고 그에게 책임을 돌리기는 어렵기 때문에 신은 많은 말을 하지 않겠습니다.

… 중략 …

이이첨이 임금의 총애를 저토록 오로지 차지하고 있고 나라의 정치를 저토록 오래도록 맡고 있는데도 불구하고 재변이 저러하고 나라의 형세가 저러하고 백성들의 원성이 저러하고 풍속이 저러하고 선비들의 습속이 저러하니, 이자가 과연 어진 자입니까, 어질지 못한 자입니까?

… 중략 …

과거가 공정하지 못하다는 말은 오늘날 피할 수 없는 일상적인 이야기거리입니다. 그런데도 이이첨이 또한 감히 변명을 하고 있으니 신은 삼가 통분스럽게 생각합니다. 자표字標로 서로 호응하였다거나 시권試券에 표식을 하였다거나 장옥場屋에 두사頭辭를 통하였다거나 시험의 제목을 미리 누출하였다는 등의 말이 파다하게 나돌고 있습니다. 사람들의 말을 어찌 다 믿을 수야 있겠습니까. 그러나 지난해 식년시의 강경講經 시험에는 높은 점수를 받은 자가 매우 많았는데 심지어 10획을 넘고도 과거에 떨어진 자까지 있었습니다. 전하께서는 이러한 때를 보신 적이 있습니까? 지난 시대에 공부를 하던 자들은 힘을 다하지 않는 때가 없었는데도, 높은 점수를 받은 자가 이렇게 많은 때가 있었다는 것은 들어보지 못하였습니다. 오늘날은 선비들의 습속이 옛날과 달라서 사람들이 열심히 글을 읽는 때가 적은데도 도리어 이와 같으니, 어찌 이런 이치가 있겠습니까. 그렇다면 자표로 서로 호응하였다는 일은 반드시 없었으리라고 보장할 수가 없습니다.

올해의 별시 전시別試殿試의 급제자 가운데에는 고관考官의 형제와 아들과 조카 및 그들의 족속으로서 참방한 자가 10여 명이나 된다고 합니다. 전시가 비록 상피하는 법규가 없다고는 하나 예로부터 어찌 한 과방 안에 상피 관계에 있는 사람으로서 합격한 자가 이렇게 많은 때가 있었겠습니까. 신의 생각으로는, 이이첨과 황정필黃廷弼이 비록 말을 잘한다고는 하나, 상피 관계에 있는 사람들이 이토록 많이 급제한 경우를 찾아서 증거를 댈 수는 없을 것이라고 봅니다. 그렇다면 시권에 표식을 했거나 장옥에 두사를 통한 일이 또한 반드시 없었으리라고 보장할 수가 없습니다.

반궁泮宮의 시험은 정해진 시각이 있어서 성화와 같이 급하므로, 예로부터 비록 재능이 출중하고 공부를 가장 많이 하여 물이 솟구치고 산이 솟아나는 듯이 글을 지어 마치 누군가 도와주는 자가 있는듯이 빠른 자라고 하더라도 으레 대부분은 한 편의 글을 간신히 지어내고, 혹 친구들의 도움을 받아서 마무리를 하기도 합니다. 그러므로 당대에 재능이 있다는 이름을 독차지하고 한 과방의 장원이 되는 자라고 하더라도 그가 지은 작품은 사람들의 마음에 차지 않으며 혹 염簾을 어긴 구절도 많고 혹 지우고 고친 글자가 많기도 합니다. 그런데 신이 금년의 반시泮試를 보니, 글제를 내걸었다가 금방 파하였는데도 명지名紙에 즉시 글을 지은 자가 매우 많았습니다. 오늘날의 시험장에 일찍이 예전에 없었던 이토록 탁월한 인재들이 있다는 것은 참으로 듣지 못하였으며, 설령 밖에서 때에 임하여 지어서 들여왔다면, 귀신이 도와주었다고 하더라도 반드시 이렇게 민첩할 수는 없었을 것입니다. 더구나 그 뒤에 들으니, 그 작품들이 자못 훌륭하여 논란을 할 수 없는 것도 있었다고 하였습니다. 이치로 헤아려 보건대 참으로 알 수가 없는 일입니다. 그렇다면 글제를 미리 유출시켜 집에서 지어오게 하였다는 말이 또한 근거가 있는 것입니다.

진사 민심閔潔은 바로 신의 아비와 같이 급제한 사람의 아들인데, 이이첨의 당류이며 신은 한 번도 만난 적이 없는 자입니다. 반시泮試가 있기 며칠 전에 신의 친구 전 첨지僉知 송희업宋熙業의 편지를 가지고 와서는 신의 『사문유취

事文類聚』를 빌려보고자 하였습니다. 신이 전체를 빌려주고 싶지가 않아서 몇째 권을 보고자 하는지를 물었더니, 청명절淸明節이 들어 있는 권이었습니다. 그 권이 마침 신의 서실書室에 있었기 때문에 갖다가 주었습니다. 민심이 말하기를 '다른 권도 보고자 합니다. 전질을 빌려 주시기 바랍니다.' 하기에 신이 그 보고자 하는 것이 무엇인지를 굳이 물었더니, 민심이 말하기를 '등촉부燈燭部입니다.'라고 하였습니다. 신이 '그것이 들어 있는 권은 친가親家에 있으니 어떻게 합니까?' 하였더니, 민심이 '사람을 시켜서 갖다 주십시오.' 하였는데, 신이 '찾으러 보낼 사람이 없습니다.'고 하자, 민심이 '제가 가서 찾아 오겠습니다.' 하였습니다. 신이 '안방에 보관되어 있어서 외부 사람이 찾을 수가 없습니다.'고 하니, 민심이 말하기를 '그렇다면 그대가 내 말을 타고 가서 가져오는 것이 어떻겠습니까?' 하였는데, 신이 '지금 다른 손님을 대하고 있으므로 갈 수가 없습니다.'고 하였더니, 민심이 이에 망연자실하여 일어나서 가려고 하지를 않더니 오랜 뒤에 어찌할 수가 없자 단지 그 권만 가지고 돌아갔습니다. 시험장에 들어가기 전에 간신히 가져올 수가 있었는데, 뒷날 반궁의 시험장에 들어갔더니, 바로 '유류화楡柳火'라는 제목이 걸려 있었습니다. 『사문유취』에서 찾아보니 이것은 청명절에 하사하는 것이었습니다. 또 등촉부에도 볼 만한 글이 많이 있었습니다. 신이 비로소 이상하게 여기며 마음 속으로 말하기를 '성상께서 친림하시어 임금의 위엄이 지척에 있는데도 감히 미리 유출했던 제목을 출제하였으니, 임금을 무시하는 마음이 드러난 것이다. 이이첨이 이렇게까지 되었단 말인가.' 하였습니다.

시험장에 들른 일이 있은 뒤에 신이 신의 7촌 아저씨인 유학幼學 윤유겸尹唯謙을 만났는데 민심의 일에 대한 말이 나오니, 유겸이 말하기를 '반시를 시행하기 며칠 전에 어떤 친구가 나에게서 이 두 권을 빌려 갔다.'고 하였습니다. 그 성명을 물어 보았더니, 역시 이이첨의 당류였습니다.

신은 성품이 소루하고 게을러 교유交遊를 끊고 출입을 삼가고 있으므로 세간의 일에 대해서 귀머거리나 장님과 같은데도 신이 들어서 아는 바가 이와 같고 보면, 모르겠습니다만, 다른 사람들은 얼마나 많은 일들을 보았겠습니까. 그리고 이 한 가지 일을 가지고 미루어 본다면 길에 나도는 말들이 또한 근거가 있는 말일 듯합니다.

이이첨의 네 아들이 모두 미리 시험 문제를 알아내거나 차작借作을 하여 과거에 오른 일에 대해서, 온 나라의 사람들이 모두 말을 하고 있습니다. 대개 그 네 아들이 혹은 많은 사람들에게 알려진 재주와 명망이 없는데도 잇따라 장원을 차지하기도 하였고 혹은 전혀 문장을 짓는 실력이 없는데도 과거에 너무 쉽게 오르기도 하였기 때문입니다. 그러나 이이첨의 도당들이 이미 과거를 자신들의 소유물로 삼았다면, 이이첨의 아들들에 대한 일은 많은 말로 논변할 것도 없기 때문에 신은 다시 운운하지 않겠습니다.

신이 이런 말을 하는 것이 인정상 박절함을 면치 못하고 또한 잔단 일이라는 것을 압니다만, 과거가 이토록 공정치 못한 것은 국가에 관계되는 바가 매우 크기 때문에, 이런 것들은 돌아볼 겨를이 없습니다.

이이첨이 관작官爵으로써 벼슬아치들을 끌어 모으고 과거로써 유생들을 거두어들여 권세가 하늘을 찌를 듯하므로 온 세상이 그에게로 쏠려 들어가고 있습니다. 가만히 생각해 보면 사람의 간담을 서늘하게 합니다.

… 중략 …

아, 이이첨의 도당이 날로 아래에서 번성하고 전하의 형세는 날로 위에서 고립되고 있으니, 어찌 참으로 위태하지 않겠습니까. 그러나 전하를 위하여 말을 하는 자가 없습니다. 아, 우리나라의 3백여 개의 군郡에 의로운 선비가 한 사람도 없단 말입니까. 유희분과 박승종과 같은 자들은 의리상 휴척을 함께해야 하는데도 오로지 몸을 온전히 하고 처자를 보호할 마음으로, 임금의 위망을 먼 산 보듯이 보며 구제하지 아니하니, 그들이 임금을 잊고 나라를 저버린 죄가 큽니다. 다른 사람들에게야 무엇을 기대하겠습니까. 삼가 바라건대 성상께서는 어리석은 신이 앞뒤로 올린 글을 자세히 살피시고 더욱 깊이 생각하시어, 먼저 이이첨이 위복을 멋대로 농단한 죄를 다스리시고 다음에 유희분과 박승종이 임금을 잊고 나라를 저버린 죄를 다스리소서. 그 나머지 이이첨의 복심과 도당들에 대해서는, 혹 당여를 모조리 제거하는 율법을 시용하기도 하고 혹 위협에 못이겨 따른 자들을 용서하는 율법을 사용하기도 하소서. 그러면 종묘 사직에 매우 다행이겠습니다.

··· 중략 ···

신의 집안은 3대 동안 국가의 녹을 먹었고 나라의 두터운 은혜를 받았으니, 만약 나라에 위급한 일이 일어나면 국난國難에 달려나가 죽지 않을 수가 없습니다. 그리고 생각건대, 간신이 나라를 그르치는 것이 이러하고 나라가 위태롭기가 이러한데, 남쪽과 북쪽의 오랑캐들이 이런 틈을 타서 침입해 온다면, 비록 난리를 피하여 구차스럽게 살고자 하더라도 또한 좋은 방책이 없을 것이며 꼼짝없이 어디 도망갈 곳도 없을 것입니다. 그러니 아무 보탬도 없는 곳에서 죽는 것보다는 차라리 오늘날 전하를 위해서 죽는 것이 낫지 않겠습니까. 전하께서 신의 말을 옳게 여기신다면 종묘 사직의 복이요 백성들의 다행일 것이며, 비록 옳지 않다고 여기시어 신이 죽게 되더라도 사책史冊에는 빛이 나게 될 것입니다. 신은 깊이 생각하였습니다.

다만 신에게는 노쇠하고 병든 늙은 아비가 있는데, 이 상소를 올리는 신을 민망하게 여겨서 온갖 말로 중지시키려고 하였습니다. 신이, 죽기는 마찬가지라는 이치를 위에서 말한 바와 같이 자세히 말씀을 드리고 또한 임금과 신하 사이의 큰 의리에 대해서 말씀을 드렸습니다. 신의 아비는 금지시키고자 하면 나라를 저버리게 될까 염려되고 그대로 들어주자니 아들이 죽음으로 나아가는 것이 불쌍하여 우두커니 앉아서 아무 말도 하지 않았습니다. 신이 상소를 올림에 미쳐서는 신의 손을 잡고 눈물을 흘리며 오열하였습니다. 신이 비록 용감하게 결단을 내리기는 하였으나 이러한 지경에 이르고 보니 어찌 마음이 아프지 않겠습니까.

삼가 바라건대 인자하신 성상께서는 비록 신에게는 무거운 벌을 내리시더라도 신의 늙은 아비에게까지는 미치지 않도록 하시어, 길이 천하 후세의 충신과 효자들의 귀감이 되게 하소서. 참으로 피눈물을 흘리며 간절하게 바라는 바입니다.

신이 진달할 말은 이것뿐만이 아니나 글로는 뜻을 다 말씀드리지 못하여 만분의 일이나마 아뢰는 바입니다. 전하께서 왕좌에 계시면서 조용한 시간에 『대학연의』의 변인재辨人才 등의 조항을 가져다가 마음을 비우고 자세히 읽어보시면 군자와 소인의 정상에 대해서 더욱 분명하게 아실 수 있을 것입니다. 신이 조정의 격례格例를 알지 못하여 말이 대부분 차서가 없으니 황공하여 몸둘 바를 모르겠습니다. 삼가 죽음을 무릅쓰고 아룁니다."

하였다. 그 뒤에 양사의 합계에 대하여 전교하기를,

"윤선도를 외딴 섬에 안치安置하라. 윤유기尹惟幾는 윤선도와는 전혀 다르니 단지 관작을 삭탈하기만 하여 시골로 내려 보내라."

하였다.

〈윤선도는 윤유기의 양자養子이다. 윤유기는 본래 이이첨의 당류였으나 이이첨이 거두어 써주지 않았다. 윤선도의 상소가 들어가자 왕이 자못 의혹을 하였는데, 이이첨이 밤낮으로 호소하며 애걸하였기 때문에 이에 풀려났다. 윤유기는 본디 명류名流들을 질투하였고, 또 김제남의 옥사를 두고 억울한 일이 아니라고 하면서, 역모를 한 정상은 길 가는 사람들도 안다고 하는 말을 하였다. 사람들이 이 때문에 하찮은 사람으로 여겼다. 그러나 윤선도는 이 상소 때문에 온 나라에 명망이 높아졌다.〉[1]

윤선도의 상소 말미에 수록된 사신의 평가에서 당시 혼탁한 정치 상황을 짐작할 수 있거니와, 윤선도는 이 상소로 인하여 강직한 선비라는 인상을 심게 된 것이다. 경원에 유배된 윤선도는 〈견회요〉 5수와 〈우후요〉 1수를 짓기도 하였다. 32세인 광해군 10년(1618) 경상도 기장으로 이배되었다. 북쪽으로 귀양을 간 선비들이 북방의 오랑캐들과 내통하여 흉계를 꾸밀지도 모른다는 염려를 한 이이첨의 판단이 작용하였던 것이다.

정치에 대한 마음

광해군이 물러나고 난 뒤에 윤선도는 이이첨을 비판한 강직한 선비라는 평가와 함께 김제남金悌男을 죄인으로 지목한 내용 때문에 새로운 공신功臣들에게 기피의 인물이 되기도 하였다. 그런데 인조 6년(1628)에 별시문과 장원에 급제한 뒤에 이조판서 장유張維의 추천으로 인조 12년(1634)까지 봉림대군(효종)과 인평대군의 사부師傅를 맡게 되었다. 이 일을 계기로 윤선도는 벼슬살이의 길에 들어선 셈이고, 이해를 달리하는 다른 집단과 여러 차례 갈등을 빚기도 하였다. 인조가 승하한 뒤에 효종 임금에 오른 봉림대군은 사부에 대한 예우를 돈독히 하였고, 인평대군 또한 사부에 대하여 극진한 정성을 보이기도 하였다.

효종과 인평대군의 사부를 맡기도 했던 윤선도는 효종 3년(임진, 1652) 경기도 고산孤山에 있으면서 〈몽천요〉 3장을 지어 인평대군에게 보내고, 효종 7년(병신, 1656)에는 이를 한역하였다. 당시의 정치적 상황에 대한 윤선도의 내면적 토로라고 할 수 있는데, 이에 대한 인평대군의 반응이 있어서 주목할 수 있다.

샹해런가 꿈이런가
白玉京의 올라가니

玉皇은 반기시나 群仙이 꺼리ᄂ다

두어라

五湖烟月이 내 分일시 올탓다

픗줌의 꿈을 ᄭ어

十二樓에 드러가니

玉皇은 우스시되 群仙이 꾸짓ᄂ다

어즈버

百萬億蒼生을 어늬결의 무르리

하ᄂᆯ히 이저신제

므슴 술로 기워낸고

白玉樓 重修홀제 엇던바치 일워낸고

玉皇쯰

슬와보쟈 ᄒ더니 다몯ᄒ야 오ᄂ다²

〈몽천요〉는 66세이던 임진년(효종 3, 1652) 5월에 고산에 있으면서 지은 것이고, 70세이던 병신년(효종 7, 1656)에 금쇄동에 있으면서 한역하였다. 그 사이의 정치적 상황에 대한 이해가 필요한 부분이다.

젊은 시절 권병權柄을 잡고 있던 이이첨李爾瞻을 참형해야 한다는 상소를 올려서 절의節義 있는 사람으로 평가받았고, 인조 6년(1628)부터 46세이던 인조 10년(1634)까지 봉림대군과 인평대군의 사부師傅를 맡으면서 궁금宮禁의 신임을 받기도 하였다. 그런데 병자호란(1636)에 해남에 있으면서 바로 임금에게 달려가지 않았고 인조가 승하(1649)하였을 때 바로 분곡奔哭하지 않았다고 여론의 지탄을 받기도 하였다. 그런데 66세이던 효종 3년(1652)

정월에 사부에 대한 예우 차원에서 정4품의 성균관사예로 임명하고, 이어서 3월에 특명으로 정3품 당상관인 승정원동부승지에 임명하자 물의物議가 일어난 것이다. 윤선도 개인으로서는 임금을 가까이 모실 수 있는 자리에 나아간 것이지만 다른 입장에서 보면 효종의 사부師傅라는 인연으로 공정한 인사가 아니라고 생각한 것이다. 4월에 이만웅(정언), 권우(집의), 오정위(헌납), 정익(정언), 민정중(수찬), 김시진(수찬), 권령(장령), 윤강(대사헌), 심로(집의) 등의 집중적인 탄핵을 받게 되었던 것이다.[3]

4월에 면직되고 난 뒤에 〈몽천요〉를 지은 것으로 추정된다. 이해 5월 10일에 〈몽천요〉를 짓게 된 사정을 말한 글을 남기고 있기 때문이다. 그리고 이것을 바로 인평대군에게도 보낸 것으로 보인다. 면직되고 서울에서 30리쯤에 있는 양주의 고산孤山에 머무르고 있었는데, 인평대군이 〈몽천요〉에 대한 답서를 보내기도 하였다. 〈몽천요〉의 내면을 이해할 수 있는 부분이기도 하다. 동호東湖 근처의 고산에 머무르며 지은 〈처음에 고산에 이르러 우연히 읊다初到孤山偶吟〉의 수련에서 "무슨 일로 당대의 사람들은 괴롭게 얽고 모으며, 어찌하여 성주께서는 넘치게 사랑하고 자애로우신가?(底事時人苦構揑 如何聖主過恩滋)"[4]라고 한 데서 〈몽천요〉를 짓게 된 사정을 살필 수 있다.

8월에 예조참의에 임명되었으며, 그해 11월에 원두표元斗杓를 논핵하였다가 삭출되어 해남으로 돌아갔다. 이 무렵에 인평대군이 찾아와서 위로하기도 하고 인평대군과 조계별업漕溪別業에서 노닐고자 하였으나 그 약속을 이루지는 못하였다.

〈몽천요〉에 대하여 윤선도는 다음과 같은 설명을 하고 있다.

『시경』「위풍」의 〈원유도園有桃〉에서, "동산에 복숭아가 있는데, 그 열매는 안주라네. 마음이 근심스러우면 나는 노래하고 읊조리네. 대저 나를 아는 사람들은 내 일처리가 무례하다고 생각하네. 저들이 옳다고 그대는 어찌 그렇게 말하는가? 마음이 근심스러움을 그 누가 알랴? 대개 또한 생각하지 말라."고 하였고, 두보의 시에서는, "강해의 뜻이 없는 것이 아닌데, 시원하게 세월을 보내네. 살아서 요순 같은 임금을 만났는데 문득 길이 작별함을 견디지 못하겠네. 동학의 늙은이에게 비웃음을 받으니, 호탕한 노래가 격렬하게 가득하네."라고 읊었다. 대저 내가 탄식하고 읊조리는 나머지 소리에서 나와서 길게 말하는 것을 깨닫지 못하는데, 어찌 동학의 웃으며 기롱함이 없으며, 그대의 입에 어찌 그렇게 꾸짖으랴? 그러나 스스로 그만둘 수 없으니, 이것은 참으로 이른바 내가 고인을 생각함이니 실로 내 마음을 얻은 것이다. 임진년 5월 초열흘에 부용동의 낚시하는 늙은이가 병으로 고산에 머무르며 쓰다.[5]

『시경』 「위풍」의 〈원유도園有桃〉를 예로 들어 충신의사지심忠臣義士之心을 드러내고 있으며, 두보杜甫가 천보天寶 14년(755)에 지은 5언고시 〈자경부봉선현영회오백자自京赴奉先縣詠懷五百字〉(『전당시』 권216)의 11구에서 16구[6]까지를 인용하여 자신의 뜻을 가탁하고 있는 것이다.

윤선도의 〈몽천요〉에 대하여 인평대군은 다음과 같은 답서를 보내고 있다.

엎드려 거듭 영광스러운 글을 받고, 거듭 몸과 운신이 아직 편안하고 화평하지 못한 것을 생각하니 근심과 걱정이 이르는 것을 견디지 못하겠습니다. 〈몽천요〉 3편을 되풀이하여 자세히 읽으니, 사람의 마음을 맑게 하고 기운을 상쾌하게 하며, 그중의 심오한 말뜻은 더욱 영탄하여 마지않음을 깨닫지 못하겠습니다. 산장에서 회포를 서술함은 이미 허락을 얻은 것입니다. 물고기와 과일을 간략하게 배설하여 천리를 받들어 헤어지는 것에 견주니, 좋은 일에는 마가 많은 법이라 조금의 참마음을 이룰 수 없는 것에 마음이 슬퍼집니다. 어찌 좋은 말을 하겠습니까? 멀리 삼가는 바를 헤아려서 진실로 한결같은 품성을 배가시키고, 그리하여 위로할 만한 것은 깃발을 잠시 머무는 것으로 돌리시면 총명함을 받들 날이 있으리니, 몰래 기쁜 일이 이르는 것을 견딜 일이 없을 것입니다. 다만 이것뿐 더 이상 펴지 못합니다.[7]

이 무렵에 인평대군이 고산孤山으로 찾아가 위로하기도 하고, 인평대군과 조계별업에서 놀고자 하였으나 약속을 이루지 못하였던 것으로 보인다.

보길도에 마련한 원림의 문화공간

윤선도는 병자호란이 일어나던 해에 고향 해남海南에서 지내고 있었다. 강화도로 피신하려던 인조는 사정이 여의치 못하여 남한산성으로 피신하였다. 윤선도는 집안사람들을 모아 배를 빌려 강화도로 향하여 이듬해 정월

최근 복원된 낙서재

소은병

동천석실

동천석실에서 바라본 낙서재 쪽 모습

에 도착하였는데, 강화도는 이미 함락하였고 임금의 행차는 향방을 제대로 알 수 없었다. 배를 돌려 고향으로 내려갔지만 임금이 항복했다는 소식을 듣게 되었다. 감당할 수 없는 울분으로 그는 제주도로 들어가 숨어살겠

판석보

다고 결심하고 집안 식구들을 데리고 뱃길에 올랐다. 그런데 제주도로 가는 도중에 보길도甫吉島를 지나게 되었고, 수려한 산수와 깊은 골짜기를 발견하게 되어 이곳에 자리를 잡고, 부용동芙蓉洞이라는 이름을 붙이게 되었다. 이곳이 바로 세상 바깥에 있는 새로운 세상이 된 것이다. 글을 읽을 서재로 낙서재樂書齋를 짓고, 바다 가까운 곳에는 세연정洗然亭이라는 정자를 마련하고, 낙서재 건너편 산 중턱에 독서와 사색을 위한 동천석실洞天石室도 마련했다.

강학 공간이라고 할 수 있는 낙서재는 강론을 하고 시문을 창작하고 시문을 짓던 곳으로 석실과 마주보이는 곳에 있다. 무민당無悶堂 등 건물 4채가 있었으나, 모두 소실되고 집터만 남아 있던 것을 최근에 복원하였다. 낙서재 뒤편에는 바위가 있는데 이것을 소은병小隱屛이라 이름을 붙이고 은병정사의 뜻을 잇고자 하였다. 그리고 낙서재 아래에 계류가 흐르는 곳에 곡수당曲水堂을 만들기도 했는데, 이곳은 뒷날 그의 아들이 독서 공간으로 활용하였다.

동천석실은 낙서재와 곡수당의 건너편 산중턱 절벽 위에 지은 1칸짜리 집인데, 윤선도는 이곳에서 독서와 사색을 즐겼다고 한다.

세연지와 세연정은 자연의 요소에다 과학적인 방법을 활용하여 만들어 낸 연못과 정자이다. 세연지는 산에서 흘러내리는 개울을 판석板石으로 만든 보(길이 11m, 너비 2.5m의 돌다리)를 설치하여 둑을 조성하고 자연적으로 수위조절이 되도록 조성한 연못이며, 세연정은 세연지 가에 단을 조성하여 지은 3칸짜리 정자이다. 윤선도는 이곳에서 잔치를 베풀고 풍류를 즐겼던 것이다.

이외에도 보길도 섬 안의 바위와 봉우리에 오운대五雲臺, 독등대獨登臺, 상춘대賞春臺, 언선대偃仙臺 등의 이름을 붙이기도 하였다.

세연지와 세연정

〈어부사시사〉의 세계

윤선도는 65세인 효종 2년(1651)에 보길도 부용동에서 지내면서 〈어부사시사〉 춘하추동 각 10수씩 4편을 지었다. 기존의 어부가의 전통과 사시가의 전통을 아울러 묶어서 보길도 바다의 어부漁父의 삶과 그 현실을 매우 핍진하게 그려낸 것이라 할 수 있다. 봄 10수를 중심으로 그 내용을 살피도록 한다.

압개예 안개 것고 묃희 히비췬다
빅 떠라 빅 떠라
밤믈은 거의 디고 낟믈이 미러온다
至匊悤 至匊悤 於思臥 지국총 지국총 어ᄉ와
江村강촌 온갖 고지 먼 빗치 더옥 됴타

날이 덥도다 믈 우희 고기 떤다
닫 드러라 닫 드러라
굴며기 둘식새식 오락가락 ᄒᆞᄂ고야
至匊悤 至匊悤 於思臥 지국총 지국총 어ᄉ와
낫대ᄂ 쥐여잇다 濁酒탁쥬ㅅ瓶병 시럿ᄂ냐

東風동풍이 건듣 부니 믉결이 고이 닌다
돋 ᄃ라라 돋 ᄃ라라
東湖동호ᄅᆯ 도라보며 西湖셔호로 가쟈스라
至匊悤 至匊悤 於思臥 지국총 지국총 어ᄉ와
압 묃히 디나가고 묃 묃히 나아온다

우는 거시 벅구기가 프른 거시 버들숩가
이어라 이어라
漁村어촌 두어 집이 닛속의 나락들락
至匊悤 至匊悤 於思臥 지국총 지국총 어亽와
말가훈 기픈 소희 온갇 고기 뛰노ᄂ다

고은 벋티 쬐얀ᄂ디 믉결이 기름ᄀ다
이어라 이어라
그믈을 주어두랴 낙시를 노흘일가
至匊悤 至匊悤 於思臥 지국총 지국총 어亽와
濯纓歌탁영가의 興흥이 나니 고기도 니즐로다

夕陽셕양이 빗겨시니 그만ᄒ야 도라가쟈
돋 디여라 돋 디여라
岸柳汀花안류뎡화ᄂ 고븨고븨 새롭고야
至匊悤 至匊悤 於思臥 지국총 지국총 어亽와
三公삼공을 불리소냐 萬事만亽를 싱각ᄒ랴

芳草방초를 블와보며 蘭芷난지도 뜨더보쟈
빈 셰여라 빈 셰여라
一葉扁舟일엽편쥬에 시른거시 므스것고
至匊悤 至匊悤 於思臥 지국총 지국총 어亽와
갈 제ᄂ 닉 뿐이오 올 제ᄂ 둘이로다

醉취ᄒ야 누얻다가 여흘 아래 ᄂ리려다

비 미여라 비 미여라

落紅락홍이 흘러오니 桃源도원이 갓갑도다

至匊恖 至匊恖 於思臥 지국총 지국총 어ᄉ와

人世紅塵인세홍딘이 언메나 ᄀ렷ᄂ니

낙시줄 거더 노코 篷窓봉창의 ᄃᆯ을 보쟈

ᄃᆯ 디여라 ᄃᆯ 디여라

ᄒ마 밤들거냐 子規ᄌ규소ᄅᆡ 묽게난다

至匊恖 至匊恖 於思臥 지국총 지국총 어ᄉ와

나믄 興흥이 無窮무궁ᄒ니 갈 길흘 니졋ᄯᅡ다

來日ᄅᆡ일이 또 업스랴 봄밤이 몃덛새리

ᄇᆡ 브텨라 ᄇᆡ 브텨라

ᄂᆞᆺ대로 막대삼고 柴扉쉬비ᄅᆞᆯ ᄎᆞ자보쟈

至匊恖 至匊恖 於思臥 지국총 지국총 어ᄉ와

漁父生涯어부ᄉᆡᆼ애ᄂᆞᆫ 이렁구러 디낼로다

윤선도는 보길도 앞 바다의 드넓은 공간에서 현실에 대한 비판적 시각을 포함하여 이현보의 〈어부가〉가 지녔던 한계를 극복하고자 하였는데, 구체적으로 다음과 같이 지적하고 있다.

소리와 울림이 서로 호응하지 아니하고 말과 뜻이 매우 갖추어지지 아니한데, 이렇게 된 것은 고시에서 집구한 데서 구애받은 까닭에 도량이 좁은 흠을 벗어나지 못한 것이다. 내가 그 뜻을 부연하고 이어를 써서 어부사를 지었는데 네 계절이 각각 한 편이며 한 편은 열 장이다.[8]

윤선도가 지적한 것은 음향音響과 어의語義에 관한 것인데 이러한 원인은 전승된 어부가가 집구集句한 작품이라는 점과 이현보의 〈어부가〉가 분강汾江의 좁은 공간空間을 바탕으로 하고 있다는 데에서 찾고 있다. 〈원어부가〉와 이현보가 산정한 〈어부장가〉를 견주어 보면 이러한 지적을 쉽게 이해할 수 있다.

윤선도는 보길도 앞 바다의 구체적 현장에서 이현보의 분강이 안고 있는 공간의 문제를 해결하고 우리말을 활용하여 말과 뜻이 쉽게 연결되도록 하고 고기잡이와 뱃놀이의 동선을 고려하여 음과 향의 호응을 꾀하고자 하였다.

〈춘사〉에서 〈동사〉까지 10장으로 이루어진 각편에서 '비떠라' → '닫드러라' → '돋두라라' → '이어라' → '이어라' → '돋디여라' → '비셰여라' → '빈미여라' → '닫디여라' → '비브텨라'로 이어지는 일관된 여음은 보길도 앞 바다에서 펼쳐지는 뱃놀이와 낚시의 구체적 현장에서 체득하고 확인한 것이다. 이러한 여음은 이현보가 9장의 〈어부장가〉에서 '비뼈라' → '닫드러라' → '이어라' → '돗디여라' → '이퍼라' → '비셔여라' → '빈미여라' → '닫디여라' → '비브텨라'로 여음을 설정하여 분강의 구체적 현장과 대응하지 않게 설정한 것과 차이가 있는 것이다.

윤선도가 〈어부사시사〉를 통하여 드러내고자 한 풍류의 세계는 일찍부터 벼슬에서 물러나고자 한 선비들이 추구한 내면의 세계인데, 이현보는 "속세 바깥의 뜻(塵外之意)"이라고 했고, 윤선도는 "나부끼듯 세상을 떠나 홀로 우뚝하고자 하는 뜻(飄飄然 有遺世獨立之意)"으로 요약한 바 있다.

윤선도가 보길도와 해남의 금쇄동을 오가면서 풍류로운 삶을 실천하고 〈어부사시사〉를 통하여 드러내고자 한 호방한 풍류는 보길도 앞 바다의 뱃놀이와 낚시 현장에서 발견한 미학이라 할 수 있다.

'비떠라' → '닫드러라' → '돋두라라' → '이어라' → '이어라' → '돋디여라' → '비셰여라' → '빈미여라' → '닫디여라' → '빈브텨라'로 이어지는 일관된 여음을 바탕으로 바다로 나갔다가 돌아오는 과정이 때로는 느리게 때로는 빠르게 전개되면서 동선의 변화와 함께 흥과 풍류의 층위까지 조절하고 있는 것으로 파악된다.

예시한 〈춘사〉를 통해 검토하도록 한다. 〈춘사 1〉과 〈춘사 2〉가 출선의 준비에 해당하는데, 주변의 풍광과 일기까지 고려하는 세밀한 관찰을 확인할 수 있다. 〈춘사 3〉에서 화자의 흥취를 확인할 수 있는데, 동호에서 서호로 옮겨가면서, "압 뫼히 디나가고 뒫 뫼히 나아온다"라고 하고 있다. 실제는 배가 움직이고 있는데 화자는 눈앞에 펼쳐지는 광경을 제시하고 있다. 그런데 이면에는 화자의 마음이 일렁이고 있는 것으로 볼 수 있다. 풍광의 제시를 통하여 내면의 흥취를 말하고 있는 것이다. 〈춘사 4〉와 〈춘사 5〉는 이어지는 '이어라'의 여음으로 빠른 움직임을 암시하고 있는데, "濯纓歌탁영가의 흥이 나니 고기도 니즐로다"라고 하여 어부가의 전통을 환기하면서 흥취가 고조되었음을 강조하고 있다. 〈춘사 6〉에서는 뱃머리를 돌리면서 "삼공을 불리소냐 만사를 싱각ᄒ랴"라고 하여 정치 현실을 떠나 자연에서 지내면서 느끼는 흥취를 드러내고 있다. 〈춘사 7〉은 돌아오는 길의 느긋함이 배어 있다. 일엽편주에 실은 것이 "갈제는 ᄂᆡ뿐이오 올제는 ᄃᆞᆯ이로다"라고 하여 실제 뱃놀이와 낚시의 목표가 자연과의 어울림에 있음을 읽을 수 있다. 〈춘사 8〉은 이미 배 위에서 "취ᄒᆞ야 누얻다가 여흘아래 ᄂᆞ리려다"라고 할 정도로 분위기가 무르익은 상태이다. 〈춘사 9〉는 날이 어두워지면서 봉창으로 비치는 달을 완상하고 있다. "나믄 흥이 무궁ᄒᆞ니 갈길흘 니젓딷다"라고 하여 흥취가 줄어드는 것이 아니라 오히려 더욱 일렁이고 있음을 보인다. 〈춘사 10〉은 집으로 돌아가는 광경인데, 아침부터 밤까지 이어지는 어부漁父의 삶을 받아들이면서 "어부생애는 이렁구러 디낼로다"로 마무리한다.

이렇듯 〈춘사〉는 아침부터 밤까지 이어지는 시간과 사립문이 달린 집에서 출발하여 바다 한가운데까지 나갔다가 다시 사립문이 달린 집으로 돌아오는 공간을 설정하여 개, 산, 바다 등에서 펼쳐지는 풍광을 통하여 흥취를 북돋우고 이를 풍류로 받아들이고 있는 것이다.

이와 달리 〈하사〉, 〈추사〉, 〈동사〉는 순차적인 구조를 택하고 있지는 않아도 각각의 계절에 맞는 상황과 그에 따르는 풍류를 제시하고 있다. 순차적 질서에 따르는 것이 아니라 각 계절의 개별적 상황을 제시하고 있으며, 여음을 고려하여 때로는 어부와 관련된 고사를 원용하기도 하고 정치 현실에 대한 소회를 드러내기도 한다. 그 가운데에서도 〈하사 2〉의 "무심ᄒᆞᆫ 백구는 내 좃는가 제 좃는가"에서 자연에 흠뻑 몰입된 모습을 읽어낼 수 있고, 〈추사 2〉의 "인간을 도라보니 머도록 더욱 됴타"에서는 인간과 자연을 양분하여 자연에서 지내는 삶을 강조하고 있기도 하다. 〈추사 9〉의 "ᄂᆡ 일도 이리 ᄒᆞ고 모뢰도 이리 ᄒᆞ쟈"에서는 자연에서의 흥취를 지속하고 싶은 속내까지 드러내고 있으며, 〈동사 7〉의 "孤舟蓑笠고주사립에 흥계워 안잣노라"에서는 푸른 도롱이와 대삿갓 차림으로 세월을 보내는 어옹漁翁의 모습 그대로를 보여주고 있다. 〈동사 10〉의 "ᄀᆞ는눈 쁘린길 블근곳 흣더딘ᄃᆡ 흥치며 거러가셔, 설월이 서봉의 넘도록 송창을 비겨잇쟈"에서는 격양된 흥취를 오래도록 이어가고자 하는 내심을 확인할 수 있다.

실제 이러한 흥취를 드러냄에 있어서 "흥興"이라는 구체적 어휘를 적시하고 있는 곳이 많이 있지만, 〈어부사시사〉의 풍류는 이러한 경우를 포함하여 전편에 걸쳐서 다양한 방식으로 표출되고 있는 것이다.

해남 녹우당과 금쇄동

녹우당綠雨堂은 전남 해남군 해남읍
연동리에 있는 윤선도尹善道의 고택
故宅이다. 효종 임금이 사부였던 고
산 윤선도를 위해 수원에 지어준 집
의 일부를 뜯어 옮겨와 사랑채로 만
들고 녹우당이란 이름을 붙였다고
한다.

녹우당 현판

　윤선도는 병자호란에 임금을 호
종하지 않았다는 이유로 탄핵을 받아 52세인 인조 16년(1638) 경상도 영덕
으로 유배되었다가 이듬해에 풀려났으며, 집으로 돌아간 뒤에 수정동水晶
洞에 거쳐하였고 그 뒤에 문소동聞簫洞과 금쇄동金鎖洞을 얻었다. 10여 년의
은거 생활의 발판이 마련된 셈이다. 54세인 인조 18년(1640) 세모에 「금쇄
동기」를 지어 그곳의 경관을 정밀하게 묘사하고 있다. 그리고 〈산중신곡〉
과 〈산중속신곡〉 등이 이 무렵에 지어진 것이다.

주)

1 『광해군일기』 110권, 8년(1616) 12월 21일(정사).
2 한역은 다음과 같다. 夢耶眞耶, 一上玉京闔闢開. 玉皇靑眼羣仙猜. 已矣乎. 五湖烟月閑徘
　徊./野人化蝴蝶, 翩翩飛入十二樓. 玉皇含笑羣仙尤. 吁嗟乎, 萬億蒼生問何由./ 九重天有
　缺時, 補綴用何謨.白玉樓重修日, 何工成就乎. 欲問玉皇無暇問, 歸來空一吁.
3 『효종실록』 권8, 3월~4월 기사 참조.

4 『孤山遺稿』 권1.

5 『孤山遺稿』 권6 하, 魏詩曰, 園有桃, 其實之殽. 心之憂矣, 我歌且謠. 夫知我者, 謂我士也
驕. 彼人是哉, 子曰何其. 心之憂矣, 其誰知之. 盖亦勿思. 杜子美詩曰, 非無江海志, 瀟灑
送日月. 生逢堯舜君, 不忍便永訣. 取笑同學翁, 浩歌彌激烈. 夫我岢嗟咏歎之餘, 不覺其
發於聲而長言之, 豈無同學咥咥之譏, 子口何其之誚也. 然而自不能已者, 是誠所謂我思古
人, 實獲我心者也. 壬辰五月初十日, 芙蓉釣叟病滯孤山識.

6 『全唐詩』에는 "取笑同學翁 浩歌彌激烈 非無江海志 瀟灑送日月 生逢堯舜君 不忍便永
訣"의 순으로 되어 있다.

7 『松溪集』 권4, 「答尹承旨善道書」, 『한국문집총간』 속35, 민족문화추진회, 2007, 240면,
伏承辱復, 仍尋體履尙未寧和, 不任憂慮之至. 夢天謠三篇, 圭復翫讀, 令人神淸氣爽, 而
其中深辭奧意, 尤不覺咏歎之不已. 山庄敍懷, 已蒙諾矣. 擬略設魚果, 奉別千里, 好事多
魔, 未遂寸忱, 心之感矣, 何可勝言. 遙慮所愼, 實倍恒品, 然而所可慰者, 歸旆暫停, 奉晤
有日, 竊無任欣喜之至. 只此不宣.

8 『孤山遺稿』 권6, 音響不相應, 語義不甚備, 蓋拘於集古, 故不免有局促之欠也. 余衍其意,
用俚語作漁父詞, 四時各一篇, 篇十章.

이하곤의 청주·진천 별서와 문화공간

18세기 초반의 정세

18세기 초반 서울 사회는 정치적 헤게모니를 잡으려는 치열한 다툼이 지속되고 있던 터였다. 이러한 상황에서 명문의 후예이면서 벼슬길에 나아가지 않고 서울과 청주淸州·진천鎭川의 향촌을 오가면서 시화詩畵와 산수山水의 문화를 누렸던 이하곤李夏坤(1677~1724)의 문화공간과 예술을 주목할 수 있다. 그는 시와 글씨와 그림을 같은 선상에 두고 바라보고 있었다. 이른바 시서화동도론詩書畵同道論을 실천하고 있었던 것이다.

이하곤은 본관이 경주로 이제현의 후손이며, 재사당 원黿이 6대조이고, 시발時發이 증조이다. 할아버지는 좌의정을 지낸 경억慶億이요, 아버지는 판서를 지낸 인엽寅燁(1656~1710)이며, 어머니는 조현기趙顯期(1634~1685)의 따님이고, 송상기宋相琦(1657~1742)의 따님을 아내로 맞았다.

21세 무렵에 김창협金昌協(1651~1708)의 문하에 나아가 학문을 익히면서 성망이 알려졌고,[1] 32세인 숙종 34년(1708) 감시에서 진사 제1인으로 합격하였으나, 대과에는 합격하지 못하였다. 대과에 급제하지 못한 사정은 정확하게 규명할 수 없지만, 38세인 숙종 40년(1714)의 증광시에 떨어지고 돌아

가면서 그 마음을 토로한 〈하제후남귀술회下第後南歸述懷〉(책6), 〈유감有感〉(책
6) 등에서는 출처 때문에 고심했던 사정의 추이를 읽을 수 있다. 7언 고시
로 된 〈유감有感〉의 10구 이하를 보도록 한다.

가슴 속에 비록 만권의 책이 있으나	胸中雖有萬卷書
책상을 마주해도 고기가 없고 나가자니 수레가 없네.	對案無肉出無車
붓 아래에 비록 천 편의 시가 있으나	筆下雖有詩千篇
주머니 바닥은 텅텅 비어 돈 한 닢이 없네.	囊底空空乏一錢
올해에 다행히 국빈을 보도록 채운다기에	今年幸充觀國賓
백일 동안 한양의 먼지를 다 마셨네.	百日喫盡漢陽塵
끝내 남궁에서 과거에 떨어지고 돌아가노라니	畢竟南宮下第歸
늙은 처는 조롱하고 동복들은 업신여기리.	老妻嘲罵僮僕欺

『해동지도』, 충청도

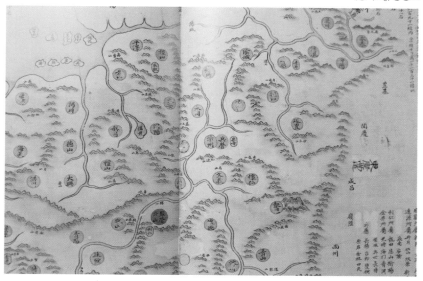

붉은 대문에 비단옷 입은 사람들이 우습나니	可笑朱門紈綺子
평생에 글자 한 자도 알지 못하네.	生平不識書一字
과거 급제를 겨자를 줍듯이 굽어 얻으니	俯取高第如拾芥
아, 이 일이 참으로 기이하다 할 만하네.	吁嗟此事眞可怪
다만 어목을 귀하게 여기고 명주를 천하게 여기니	但貴魚目賤明珠
세상 사람들이 안목이 없음이 얼마나 어리석은가?	世人無目何其愚
그대는 보지 못했는가,	君不見
변화가 옥 때문에 형벌을 받고 우는 것을	卞和泣荊玉
예로부터 이와 같았으니 탄식한들 무슨 도움이 되랴?[2]	自古如此嘆何益

이하곤은 19세에 어머니를 여의고 34세에는 아버지를 여의었는데, 35세에 온 집안이 전장이 있던 진천鎭川의 금계金溪로 돌아갔다. 이곳에 새로운 당堂과 정亭을 마련하면서 문화공간을 이루게 된 것이다.

서울의 시단과의 교류와 그림에 대한 혜안

이하곤은 진경실정眞景實情을 좋은 시의 조건으로 들었다. 그리고 당대 서울의 시단에서 이름을 날리던 홍세태(1653~1725), 이병연(1671~1751), 정선(1676~1759) 등과 교유하면서 높은 식견을 드러내기도 하였다. 「홍창랑시집서洪滄浪詩集序」에서는 명종·선조 이후 우리나라 시단의 변화를 정확하게 지목하면서 아울러 당대의 김창흡과 홍세태를 견주면서 김창흡 시의 변모 양상과 무조건 그를 좇는 시류를 지적하고, 홍세태의 시는 변하지 않았다고 평가하고 있다.

우리나라의 시는 명종·선조 이후 여러 차례 변화를 겪었다. 소재와 지천은 풍부한 재능을 쌓고 기력을 크게 발휘하였지만 우아함과 비속함을 함께 드러내고, 체제가 순수하지 않기 때문에 그 폐단은 섞여 있음이고, 고죽과 옥봉의 시는 청신한 감각과 수려하고 놀라운 풍격으로 폐단을 교정하였으나 정신이 쓸쓸하고 골격이 엷어서, 기상이 촉급한 까닭에 그 폐단은 좁다는 것이다. 동악과 석주는 또 모가 없음과 화평으로써 폐단을 교정하였으나 생각이 용렬하고 말이 얕으며 격조가 높지 않기 때문에 그 폐단은 진부함이었다. 동명이 또 비장함과 정제된 아름다움으로 폐단을 교정하였으나 울부짖고 어수선한 느낌이 있고 정경이 참되지 않기 때문에 그 폐단은 공허함이었다.

이리하여 김삼연과 홍창랑의 시가 나오게 되었다. 삼연은 곧 枚·李·曹·謝에 근본을 두고 있고, 창랑은 王·孟·쏙·高에 뿌리를 두고 있다. 그러나 거친 기운과 부박한 울림을 부끄러워함은 한 가지이다. 이런 까닭에 삼연의 시는 기발하고 매우 굳세면서 골력에 주를 두고, 창랑의 시는 화려하고 걸출하며 풍신에 주를 주고 있다. 말 하나 구절 하나라도 썩어 문드러지고 평범하고 비속함에 가까운 것을 찾아도 대개 없는 것이다. 근래의 시는 마땅히 이 두 사람이 가장 뛰어나다고 일컬을 수 있다.

그 뒤에 창랑은 죽을 문턱까지 간 것이 여러 번이라, 곤궁하게 살면서 두려움에 움츠러들어 사귀고자 하여 찾아오는 사람들조차 사절하였다. 가난한 집에는 거적때기를 걸쳐 문을 삼고, 굴뚝에는 밥 짓는 연기가 끊어지기 일쑤였다. 슬픔과 시름, 근심과 걱정으로 인하여 눈물을 흘리고 통곡할 일이 있으면 그것을 모두 시에 담았다. 마치 벌레가 울고 매미가 시끄러운 것과 같이 자신의 불평을 토로할 뿐이었다. 그러므로 그의 시는 갈수록 노성하고 숙련되었지만 체격만은 여전히 과거에 비하여 변화된 것이 없었다. 변할 수가 없는 형세로 인하여 그렇게 된 것이고, 또 변화시키고 싶은 생각이 없었기 때문에 그러한 것이리라. …3

그리고 홍세태, 이병연, 김시좌, 김시민 등과 함께 폐허가 된 경복궁 터에서 두보의 운을 따서 지은 시에서는 전쟁으로 폐허가 되어 솔숲으로 바뀐 궁궐터에서 지기의 모임을 해마다 가졌으면 하는 바람을 드러내기도 하였다.

경회루 다리의 남쪽에 풀이 옷을 비추는데	慶會橋南草映衣
종일 무성한 솔숲에 앉아서 돌아감을 잊네.	深松終日坐忘歸
술잔은 봄바람과 더불어 아름답게 얻고	杯觴好与春風得
진세에 우리들과 같이 한가한 사람이 드물리.	塵世閑如我輩稀
못의 물에는 느긋하게 짝을 지은 해오라기가 가고	池水悠悠雙鷺去
누대에는 널따랗게 어지러운 꽃이 날리네.	樓臺漠漠亂花飛
사람이 살면서 젊을 때는 모름지기 놀고 즐기거늘	人生少壯須行樂
해마다 이 모임을 더욱 어기지 말지라.⁴	此會年年更莫違

한편 정선의 그림을 보고 지은 시에서는 그림에 대한 혜안을 보이기도 한다.

오래된 나무와 우거진 등나무로 길이 구별되지 않는데	古木蒼藤路不分
산의 꽃이 다 피어 그윽한 향기를 맡네.	山花開盡暗香聞
비가 내린 뒤의 폭포를 구경할 사람이 없고	飛泉雨後無人賞
해가 다하도록 정자는 비우고 흰 구름에 누웠네.⁵	盡日亭空臥白雲

그림에 대한 이하곤의 관심과 안목은 매우 높은 수준일 뿐만 아니라, 당대 명성이 있던 정선, 윤순 등의 그림에 대한 감식안을 보여주고 있으며, 자신도 여러 폭의 그림을 남기고 있다. 〈춘경산수도〉(간송미술관 소장)와 〈산

이하곤의 〈도원문진(桃源問津)〉, 간송미술관 소장

수도〉(국립박물관 소장) 등이 그것이다.

　위의 그림은 이하곤의 「도원문진桃源問津」인데, 사담을 도원으로 인식하고 있었던 점[6]을 고려하면, 그곳을 형상화한 것으로 이해할 수 있다.

청주·진천의 별서와 문화공간

청주 지역은 이하곤의 선대부터 근거지가 있던 곳이다. 이하곤의 7대조인 공린公麟(1437~1506)이 박팽년의 사위인데, 계유정난으로 박팽년이 희생되자 사위를 포함한 외손이 연좌되어 오랫동안 벼슬길이 막혔다. 공린은 여덟 아들을 두었는데 오鼇·귀龜·원黿·타鼉·별鼈·벽鼊·경鯨·곤鯤이 그들이다. 세상에서는 이들을 팔별八鼈이라고 일컫는다. 7대조인 공린이 벼슬을 그만 두고 청주로 물러나면서 이들 경주이씨 집안의 세거지가 된 것이다. 팔별 중에서도 오와 곤이 청주에 근거를 두고 있었고, 귀는 홍천으로, 타는 제 천으로, 별은 평산으로, 벽은 양주로 각각 은거하여 지냈다. 재사당 원이 갑자사화에 희생되었고 수洙·하河·강江·발渤 등 아들 넷을 두었으며, 발이 타의 계자가 되고 아들 경윤憬胤을 두었고, 경윤이 제천에서 대건大建을 낳 았다. 대건이 열다섯 살에 청주에 살고 있던 종숙부 잠潛(1528~1575)에게 훈 도를 받았는데 25세에 요절하고 말았다.[7] 제천으로 흩어져서 지내다가 이 무렵에 청주로 합류한 것으로 이해할 수 있다. 대건의 맏아들이 시발인데 이하곤의 증조이다. 시발은 잠의 맏아들인 득윤得胤에게 훈도를 받았으며, 임진왜란 등에 공을 세워 현달하게 되었다. 그러므로 이하곤은 공린-원- 발-경윤-대건-시발-경억-인엽-하곤으로 이어지는 계보에 놓이는 것이다. 증조인 시발이 청주의 오근리梧根里(현재 청주시 오창읍 장대리)에서 진천의 초평 으로 옮겨 살았다고 한다.

이하곤은 진천의 초평으로 돌아간 뒤에 만권루萬卷樓라고 일컬어지는 완위각宛委閣이라는 서고를 마련했다. 암아巖兒의 시에 차운한 〈우차암아운 又次巖兒韵〉의 후주에서 완위각이 책을 갈무리하는 곳이라고 밝히고 있다.

백발에 내가 병듦을 가엾어 하고   白髮憐吾病

높은 재주에 너의 궁박함을 탄식하노라.	高才歎尒窮
만산의 눈을 부를 수 있고	能來萬山雪
등불을 켜고 한 창을 함께 하네.	燈火一囪同
이치를 따짐에 복희의 주역을 탐구하고	說理探羲易
시를 논함에는 시경의 국풍을 거슬러 올라가네.	論詩溯國風
뒷날 완위각에는	他時宛委閣
응당 연서 뭉치가 돌아오리.	應復戀書叢

*완위각은 우리집의 책을 보관하는 곳이다. 宛委 卽余家藏書之所[8]

초평에 마련한 완위각에는 많은 장서가 보관되어 있었던 것으로 보이는데, 다음에 인용하는 자료에서 확인할 수 있듯이 증조부가 청주 후영리의 설운곡雪雲谷에 집을 짓고 책 수천 권을 갈무리하고 있었다고 했으니, 좌의정을 지낸 할아버지와 판서를 지낸 아버지가 한양에서 지내고 있었기 때문

완위각(宛委閣), 진천군 초평면 용정리 양촌마을

에 증손인 이하곤이 설운곡의 서적까지 수습하여 완위각에 보관했던 것으로 추정할 수 있다.

〈가곡농사에서 묵다(宿迦谷農舍)〉라는 시의 뒤에 적은 다음 기록을 보면 사담沙潭(청주군 청천면에 소속되었으나 1914년 행정개편 이후 괴산군에 편입되었다)에 별서가 있었으며 후영리 설운곡에 수천 권의 책을 갈무리하고 있었음을 알 수 있다.

설운곡은 청주 후영리에 있어서 화양동 옥계폭포와 겨우 5리가 떨어졌는데, 증왕고 벽오공께서 일찍이 이곳에 집을 짓고 책 수천 권을 갈무리하였다. 정자가 오래되어 이미 무너지고 부서져서, 중 몇 사람이 암자를 짓고 지키고 있다. 암자는 샘이 없어 괴로워 바야흐로 시내의 동쪽에 옮겨 세우려고 하고, 사담은 후영리 남쪽 십오 리에 있는데, 물과 돌이 매우 맑고 빼어나다. 이곳이 우리 집안의 별장이다.[9]

후영리[10]에 대하여 다음과 같이 읊고 있다.

산은 천 겹으로 깊고	山以千重深
물은 온 근원이 모이네.	水自百源會
긴 골짜기가 입을 벌린 듯 열리고	長谷開呀然
사람 사는 연기가 그 안에 모이네.	人烟聚其內
우리 할아버지께서 일찍이 집터를 잡으셔서	吾祖曾卜宅
화려하게 얽고 언덕 뒤에 시렁을 얹었네.	華構架厓背
옥빛 책갑은 기이한 보배를 감추고	縹帙秘珍奇
아름다운 화훼를 심어서 어둑하게 열매가 맺었네.	佳卉植晻藹
서쪽에는 능파대가 있어서	西有凌波臺

곧바로 동쪽 봉우리와 마주하네.	直与東峰對
위태로운 벽은 높은 구름이 두려워하고	危壁竦高雲
물이 도는 못에는 검푸른 빛이 깊이 쌓였네.	迴潭蓄深黛
신령스러운 경계는 사람으로 인하여 드러나고	靈境因人顯
좋은 일은 때를 당하여 가장 좋네.	勝事當時最
세대가 멀어지면 사람의 일이 변하고	世遠人事變
정자는 퇴락하였으나 남은 터는 있네.	亭頹遺址在
손수 푸른 소나무 두 그루를 심으니	手種雙靑松
홀로 서서 흥폐를 검사하네.	獨立閱興廢
종형은 숨어 지내는 것을 좋아하여	從兄好栖遁
오고간 지 이미 십년이네.	來往已十載
어슬렁거리며 옛 터를 보노라니	徘徊覽古壚
두려운 마음에 깊은 슬픔이 피어나네.	怵惕發深慨
일어나는 회포는 선대의 자취를 잇고	興懷繼先躅
묻고 헤아림은 우리들에게 미치네.	詢謀及我輩
다같이 와서 오늘을 되돌려보면	同來復今日
구름과 사물은 아직 옛 모습이리.	雲物猶舊態
정자를 이루고 또 다시 들르면	亭成且再過
산신령은 나의 말을 기억하리.[11]	山靈記吾話

사담에 대해 읊은 것은 다음과 같다.

쌍을 이룬 언덕이 문처럼 갈라지고	雙厓坼如門
그윽한 여울은 솟아오르는 물을 쏟아내네.	幽湍瀉夭矯
못의 빛은 영이함을 쌓았고	潭光蘊靈異

벽의 형세는 예쁨을 뽑았네.　　　　　壁勢擢娟妙

곁에는 단풍나무와 노송나무가 그윽하게 자라고　　旁生楓栝幽

가운데에는 가파른 산과 낭떠러지가 우뚝 솟았네.　中峙巖崿峭

언덕은 멀어서 정자를 들어올리기에 알맞고　　阜逈宜抗榭

낚싯돌은 편편하여 낚시를 드리우기에 맞네.　　磯平合垂釣

동쪽 봉우리는 멀리 생각을 달릴 뜻이 있고　　東峰有遠意

진홍색 기운은 아득함을 비끼었네.　　　絳氣橫縹緲

승경을 가리기가 권역 중에서 빼어나니　　選勝域中最

짝을 부르기가 집안에서는 적네.　　　徵儷宇內少

자주 봄에 어찌 곱지 않으랴?　　　　數見豈不鮮

늘 이르면 문득 웃음이 피네.　　　　每至輒成笑

돌에 앉으면 이미 푸른 빛이 빛나고　　坐石旣靑熒

물을 만지면 도리어 맑은 빛이 휘날리네.　　弄水轉澄縹

언덕의 꽃은 아리따운 봄을 상상하고　　厓花想春姸

못의 달빛은 흰 가을을 떠올리네.　　　潭月憶秋皎

멀리 높은 소나무에 부칠 것을 생각하고　　遐思寄雲松

고요히 물고기와 새를 가지고 놀 것을 생각하네.　靜意翫魚鳥

본래 띳집을 이을 것을 품었는데　　　素懷葺茅廬

이에 어찌 긴 휘파람을 기대랴?　　　玆焉托長嘯

나무를 깎아서 보의 물을 통하게 하고　　刳木泆流通

울타리를 이어서 밭두둑을 에워싸네.　　接籬畦塍繞

티끌의 굴레에 오래도록 서로 매였으니　　塵韁久相縶

산의 신령이 응당 나를 꾸짖으리.　　　山靈應我誚

좋아하는 것을 굳이 어기기 어려워　　微尙固難違

남은 삶을 장차 마치려 하네.　　　　餘生將欲了

그윽한 조릿대가 저녁 바람에 울리고	幽篠韵夕飇
먼 고개에는 저녁 햇빛을 머금었네.	遙嶺含西照
장차 돌아가려니 마음이 슬퍼지는데	將歸意惆悵
오래 쉬려니 정신이 근심스럽네.	久憇神愴悄
숲을 헤치고 거친 지름길을 찾고	披薄尋荒蹊
지팡이를 돌려 새삼 넌출 겉을 나서네.	廻策出蘿表
남암이 어디쯤 있는가?	南庵在何許
저녁종소리가 더욱 길게 이어지네.[12]	夕鍾更嫋嫋

송시열이 쓴 이시발의 「비명」에서 이시발이 청주의 후영리後穎里에 집을 짓고, 후영어은後穎漁隱, 벽오碧梧 등으로 호를 삼았다고 하였다.[13]

그리고 별서 생활에 대한 그리움을 다음과 같이 읊기도 하였다.

평소에 산에서 지내는 것을 아끼는데

산에서 지냄은 한가함을 사랑하기 때문이네.

금계는 아직도 떠들썩하고

사담은 자주 오고가네.

마침내 평생을 마칠 계획을 세워서

물이 보이는 곳에 사립빗장을 열었네.

어찌 미록의 본성을 알랴?

다시 진토의 얼굴을 짓네.

어지러운 구맥九陌 중에

문을 닫으니 깊은 산중과 비슷하네.

비로소 성급함과 고요함이 나뉨을 깨닫나니

다만 방촌 사이에 달렸다네.

조시에서 지낼 것을 속으로 작정하면

숲속에 숨는 것과 어찌 다르랴?

가는 사람은 과연 어떤 마음이랴?

반드시 속세에서 멀어지려고 하리.

숨을 산을 사는 까닭은

마땅히 통달한 사람의 비방 때문이리.

다만 청휘정을 상상하니

언덕의 꽃이 응당 이미 얼룩졌으리.

언제나 다시 돌아가서

베개를 높이 하고 흐르는 물소리를 들으랴?[14]

平生愛山居

山居爲愛閑

金溪尙喧聒

沙潭屢往還

遂營終老計

臨水開柴關

寧知麋鹿性

復作塵土顏

擾擾九陌中

閉門似深山

始覺躁靜分

只在方寸間

內定處朝市

何異隱林巒

往者果何心

必欲遠塵寰

所以買山隱

宜爲達者訕

但想淸暉亭

崖花應已斑

何時復歸去

高枕聽潺潺

그림자도 쉬어가는 식영정과 달빛 사랑

이하곤은 대대로 별서가 있던 사담 주변에 식영정息影亭이라는 정자를 마련하고 그 내막을 「식영정기息影亭記」로 남겼다.

내가 본래 성품이 매우 우활하여 다른 것은 좋아하는 것이 없고 유독 산수만 좋아한다. 8~9세 때부터 이미 산에서 살고 싶은 뜻이 있었다. 우리 집의 별업이 낙영산落影山 안에 있는데, 그곳에는 대개 기이한 봉우리와 가파른 절벽과 맑은 물과 흰 돌의 빼어남이 있다. 집에 늘 오가는 늙은 종이 있었는데, 내가 매번 늙은 종에게 그 승경을 물으면, 늙은 종은 내가 이르는 것을 깨우쳐주지 않고, 다만 두 산이 곧게 서고, 오래된 나무가 하늘에 닿을 따름이라고 하였다. 듣고는 문득 기쁜 마음이 들어서 문득 혼자 가보고 싶은 뜻이 생겼다. 병자년(1696)에 내가 비로소 산에 들어가서, 산의 안팎을 두루 살펴보았는데, 이로부터 한 해에 한 번 이르기도 하고 두세 해에 한 번 이르기도 하였다. 이르면 일찍이 노닐지 않은 적이 없었고, 노닐면 무릇 산의 물 하나 돌 하나에 미치지 않은 적이 없어서, 발자취가 닿지 않은 곳이 없었다. 늘 몇 칸의 모옥을 마련하여 독서와 장수藏修의 장소로 삼고자 하였으나, 집이 가난하여 힘이 갖출 수가 없었다.

을미년(1715) 가을에 박백형 민향숙 등 여러 사람과 산에 들어가서 단풍을 구경하였다. 내가 백형에게 말하기를, "내가 장차 이곳에 띠를 베고 노년을 마치고자 한다."라고 하니, 마을 사람 중에 나를 비웃는 자가, "만약 그대의 말과 같다면, 정자가 이루어진 것이 이미 오래일 것이다."라고 하였다. 나는 부끄러워 답을 하지 못하였다. 시를 지었는데, "지금 새로운 정자를 마련하지 못했으니, 마을 늙은이가 졸렬한 꾀를 비웃는 말이 부끄럽네."라고 하였다. 집을 짓는 계획이 이에 마침내 결정되어, 이에 재목을 모으고 돌을 쳐서 병신

식영정 터로 추정되는 곳. 아래에 사당이 있다

년(1716) 봄에 공사를 시작하여 정유년(1717) 가을에 이르러 낙성하였다.

방을 삼은 것이 셋인데 관묘觀妙, 청간聽澗, 고반考槃이요, 추녀로 삼은 것이 하나인데 은궤隱几요, 누로 삼은 것이 하나인데 수월水月이며, 모두 묶어서 식영息影이라 이름을 붙였다. 대개 내가 어릴 때에 꿈을 꾸었는데, 노인이 나에게 이르기를, "뒷날 '식영'으로 정자의 이름을 삼으면 좋을 것이다."라고 하였고, 그 뒤에 남화경南華經을 읽으니 '식영자가 그늘에서 쉰다'라는 말이 있어서, 내가 마음속으로 기이하게 여겼으며, 이에 이르러 마침에 이로써 이름으로 삼은 것이다. 겨울이 되면 아이들을 데리고 가서 지냈는데, 큰 눈이 하늘을 막아, 종일 사람의 자취가 없고, 글 읽는 소리와 샘물 소리가 서로 응하고 대답하며, 밥을 먹은 뒤에 점점 피로해지면 동쪽 누대에 올라 앞 봉우리의 눈빛을 바라보는데, 아이들도 마음속으로 즐거워하여, 오래도록 돌아갈 줄 몰랐다. 무릇 60일을 머무르고 돌아왔다. 그 이듬해에는 아이의 혼사로 북쪽으로 도성 아래로 가서, 수레의 티끌과 말발굽 사이를 따르느라, 산속에 이르지 못한 지 돌연 이미 세 해가 되었다. 아, 그 몸이 쉬지 못하면 또한 어떻게 그림자가 쉬랴? 옛날에 향자평向子平(후한의 向長)이 자녀의 혼사를 다 마칠 때를 기다려 오악에 노닐었다는 것이 진실로 이것인가? 나 또한 세상의 인연이 거칠게 마치기를 기다려, 곧 남쪽으로 돌아갈 것을 꾀하여, 숨긴 자취를 드러내지 않으리니, 그런 뒤에 노인이 경계를 알린 뜻을 저버리지 않기를 바란다. 임시로 이를 써서 뒷날의 증거로 삼고자 한다. 경자년(1720) 중추에 소금산초가 양산의 명발재에서 쓰다.[15]

이하곤은 이곳에서 유독 달빛을 사랑하면서 많은 시편을 남기고 있다. 「수월루기水月樓記」에서 달빛을 맞이하는 구체적 실상을 밝히고 있다.

누의 이름을 수월로 삼은 것은 무엇 때문인가? 누가 덮고 있는 곳이 나의 집의 동쪽인데, 곧바로 큰 시내를 굽어보아 난간과 궤석이 늘 물결무늬와 물의 빛깔 속에 있으며 달밤에 가장 기이하다. 달이 막 돋아서 동쪽 봉우리에 겨우 눈썹처럼 가지런하면 날아온 돌이 이미 못 속에 거꾸로 드리우고 못은 소나무와 노송나무의 그림자를 받아 얌전하게 그윽하고 빽빽하여 사람으로 하여금 뜻을 맑게 한다. 달이 점점 봉우리 꼭대기를 벗어나서 마침내 빛의 기운을 크게 펴면 아래로 물과 다투게 되는데, 쇠를 녹여 쏟아 붓는 것 같아서, 돌고 구르는 것이 정해지지 않고, 잠깐 사이에 만 가지 모양으로 변환하며, 이윽고 달과 물 두 가지가 서로 화합하여 같은 빛으로 고요해진다. 눈을 펼친 듯하고 명주를 맡긴 듯하여 또 특별한 하나의 광경이다. 누에 오른 사람은 황홀하여 수정계 속에 앉은 듯하다. 물과 달을 보는 것은 대개 여기에서 다하게 된다. 내가 일찍이 말하기를, '달이 일찍이 기이하지 않은 적이 없지만, 반드시 물을 만나야 더욱 기이하고, 물이 일찍이 생기가 없은 적이 없지만 반드시 달을 만나야 더욱 생기를 얻는다. 만약 내 말을 믿지 못하는 사람은 시험삼아 똥 더미에 올라 달을 보거나, 깜깜한 밤에 물을 보면 알 수 있다.' 간혹 나에게 묻는 사람이 있어 말하기를, '물과 누는 굳이 있는 것이요, 달에 이르러서는 드러남과 감춤이 한결같지 않고, 차고 이지러짐이 때가 있으니, 누가 어찌 능히 한결같이 있을 수 있으랴? 그렇다면 수월로 이름을 삼은 것은 곧 그 실상과 어긋나는 것이 아닌가?' 내가 웃으면서 대꾸하지 아니하고, 손을 들어 동쪽 봉우리를 가리키며, '달이 돋으려고 하니 그대는 빨리 누에 올라서 보라.'고 하였다.[16]

이하곤의 달빛 사랑은 매우 특별하여 섬세한 관찰과 내면화의 과정을 통하여 구체화하고 있다. 택경·재창 등과 초평의 유호柳湖에 나가서 하늘에 뜬 달과 호수에 비친 달을 체험하고 다시 집으로 돌아온 뒤에 그 감동을 이기지 못하고 잠을 이루지 못한다는 사정까지 연작의 형태로 읊고 있는 것이다. 우선 제목만 제시해도 〈열엿샛날 밤에 달빛이 매우 아름다워, 택경과 함께 유호에 이르렀는데, 재창 또한 양촌에서 와서 땅에 자리를 깔고 앉아 밤이 깊어서야 돌아오다(十六日夜 月色佳甚 偕澤卿步至柳湖 載昌亦自陽村來 席地而坐 至夜深乃還)〉 - 〈그 둘째(其二)〉 - 〈물속에 비친 달빛과 나무 그림자를 보니 서로 일렁이는데 경색이 매우 기이하다(見水中月光樹影 互相蕩漾 景色甚奇)〉 - 〈앞의 시가 그 기묘한 경지를 그리기에 모자라므로 또 절구 2수를 지었으나, 끝내 만분의 일도 그려낼 수 없었다. 태백·자첨의 무리를 이끌고 오지 못함을 안타까워하며 마음을 전하게 하다(前詩不足以形容其奇處 又賦二絕 終不能摸寫萬一 恨不携來太白·子瞻輩 使之傳神也)〉 - 〈그 둘째(其二)〉 - 〈택경의 시에 차운하다(次澤卿韵)〉 - 〈집에 돌아가니 밤이 이미 깊은데, 달빛이 더욱 아름다워 차마 잠에 들지 못하고 누대 위를 어슬렁거리다가 또 절구 1수를 이루다(歸家夜已深矣 月色尤佳 不忍入睡 徘徊樓上 又成一絕)〉 - 〈재창의 시에 차운

하다〈次載昌韻〉〉 - 〈다음날 밤 달빛이 또 아름다워 간밤을 생각하다(後夜月色
又佳 有懷昨遊)〉와 같다.

그중의 몇 수를 옮기면 다음과 같다.

호수의 빛과 달그림자가 다 나부끼는데	湖光月影兩翩翩
수양이 거꾸로 누운 끝에 붙어 있는 듯하네.	着在垂楊倒卧邊
갑자기 미풍이 나무 끝에 불어와	忽有微風來樹抄
금물결이 일렁이며 둥글게 되지 않네.	金波蕩漾不成圓

올 때에 달이 함께 왔는데	來時月同行
돌아가려니 달이 함께 가네.	歸時月同去
잠을 자려다 맑은 빛이 아까워서	臨睡愛淸光
다시 누대 높은 곳에 앉았네.	更坐樓高處

한편 김도수金道洙(1699~1742)가 지은 〈만담헌挽澹軒〉에서 이하곤의 인품
과 행적을 저절로 느낄 수 있다.

담옹은 참으로 호사豪士의 풍도가 있는데	澹翁眞有豪士風
기개가 뇌락하여 천하가 비었네.	氣岸磊落天下空
독서는 과거에 참가하는 사람이 되려고 하지 않고	讀書不作決科人
부귀는 가을 하늘의 기러기에 붙였네.	富貴付之秋天鴻
옥진을 높이 휘둘러 천고를 가볍게 여기고	高揮玉麈輕千古
웅사에 붓을 대면 절로 영롱하였네.	下筆雄詞自玲瓏
누가 이 원객의 누에고치에 악기 줄을 맬 수 있으랴?	誰能絃此園客繭
북이 함지에서 나와 세상의 귀먹음을 깨뜨리네.	鼓出咸池破世聾

한 번 사담에 들어가 밝은 달빛 아래 누우니	一入沙潭臥明月
서울의 옛 벗의 글이 서로 끊어졌네.	京洛故人書相絶
화악의 산속에서 공이 죽었다는 말을 들으니	華岳山中聞公死
나로 하여금 참담하여 마음과 뼈가 이지러지게 하네.	使我慘然傷心骨
공이 평생 하늘의 뜻을 벌리게 하더니	以公平生軒天志
어찌 빽빽하게 아름다운 성을 막음이 옳으랴?	那肯鬱鬱閉佳城
들어가면 응당 허물을 벗고 북두를 타리니	入應委蛻騎北斗
상제의 곁에서 즐거움을 일으키며 동방에 태어나리.	帝傍謔浪東方生
그렇지 않으면 여동빈이 공의 손을 잡고	不然洞賓携公手
푸른 바다와 파란 하늘에 낭랑하게 읊으며 가리.[17]	碧海靑天朗吟行

주)

1 李錫杓 찬「先府君行狀」,『南麓遺稿』신.
2 〈有感〉,『두타초』책11,『한국문집총간』191.
3 「洪滄浪詩集序」,『頭陀草』책16,『한국문집총간』191, 508면, 國朝之詩, 自明宣以後, 蓋
   累變焉. 蘇齋·芝川. 才具宏蓄, 氣力昌大, 然雅俗兼陳, 體裁未純, 故其弊也雜. 孤竹·玉峰,
   以淸新秀警矯之, 然神寒骨薄, 氣象急促, 故其弊也隘. 東岳·石洲, 又以渾圓和平矯之, 然
   思冗語膚, 格調不高, 故其弊也腐. 東溟又以悲壯整麗矯之, 然叫呶紛挐, 情境不眞, 故其
   弊也虛. 於是乎金三淵洪滄浪之詩出焉. 三淵則原本於枚·李·曹·謝, 滄浪則根極乎王·
   孟·岑·高, 而及恥爲粗氣浮響則一也. 是故三淵之詩, 警拔奇健而主于骨力, 滄浪之詩, 淸
   華秀傑而主于風神, 求其一言一句近於腐爛凡俗者, 蓋無之矣. 近日之詩, 當以二子者稱首
   焉. 其後滄浪遭奇禍濱死者數, 窮居畏約, 謝絶交游, 陋巷席門, 煙火屢絶. 凡其悲愁憂患
   可涕可哭者, 一寓之於詩, 如虫吟蟬噪, 鳴其不平而已. 故其詩益老鍊而體格固無變於前,
   蓋其勢不敢變而其意亦不欲變也. …
4 〈同道長, 一源, 金道以時佐, 金士修時敏 諸人 遊景福宮 次杜子美韵各賦〉,『두타초』책3.

5 〈題元伯畵〉,『두타초』책8.

6 〈沙潭〉의 경련 "吾思結茅屋 人說似桃源",『두타초』책6, 총간 191, 293면.

7 최립 찬,「이대건묘갈명」,『국조인물고』중, 1109면.

8 〈又次巖兒韻〉,『두타초』책11,『한국문집총간』191, 404~405면.

9 〈宿迦谷農舍〉,『두타초』책1,『한국문집총간』191, 202면, 雪雲谷在淸州後穎 距華陽洞
玉溪瀑布僅五里 曾王考碧梧公嘗卜築于此 藏書數千卷 亭久已頹廢 只有僧數四結庵守之
庵苦無泉 方謀移刱于溪東 沙潭在穎南十五里 水石極淸絶 是吾家別業.

10 후영리는 청주에 속한 마을이었는데, 현재 괴산군 청천면 후영리로 바뀌었다. 오완(吳瑗,
1700~1740)이 쓴 「해좌일기(湖左日記)」에서 '華陽水石大明乾坤' 8자가 각자된 화양동
을 나서서 경천벽(擎天壁)을 지나 5리쯤 시내 언덕에 이경억(李慶億)의 후영정(後穎亭)
이 있으며, 비스듬히 20리를 가면 만경대(萬景臺)가 있고, 다시 시내를 건너서 돌면서 20
리 정도 가면 사담(沙潭)이 있다고 하였다. 오완, 湖左日記,『月谷集』卷之十, 218_487a

11 〈後穎里〉,『두타초』책3,『총간』191, 241면.

12 〈沙潭〉,『두타초』책3,『총간』191, 241~242면.

13 송시열 찬,「이시발비명」,『국조인물고』하, 273면.

14 〈閑居雜興〉 4수 중 넷째,『두타초』책8,『총간』191, 344면.

15 「息影亭記」,『두타초』책16,『총간』191, 504면. 余素性甚迂, 無他嗜好, 獨好山水. 自
八九歲時, 已有山樓之志. 余家別業, 在于落影山中, 其地盖有奇峰峭壁淸流白石之勝, 家
有老奴常往來, 余每從老奴問其勝, 老奴不喩余所謂, 但日兩山矗立, 老木參天而已. 聞之
輒欣然, 便有獨往之意. 歲丙子, 余始入山, 周覽山之內外, 自此歲一至焉, 或二三歲一至
焉. 至則未嘗不游, 游則未嘗不遍凡山之一水一石, 足跡無不及焉. 常欲置數間茅屋, 以爲
讀書藏脩之所, 家貧力不能辦. 乙未秋, 與朴伯亨, 閔向叔諸人, 入山賞霜葉. 余謂伯亨曰
吾將誅茅于此, 以終老焉. 村人有嘲余者曰若君之言, 亭成已久矣. 余慚不能答. 有詩曰至
今未辦新亭子, 慚愧村翁笑拙謀. 建屋之計, 於是遂決. 乃鳩材伐石, 經始于丙申之春, 至
丁酉秋落成焉. 凡爲室者三, 曰觀妙曰聽澗日考槃, 爲軒者一曰隱几, 爲樓者一曰水月, 摠
名之曰息影. 盖余少時夢, 有老人告余曰他日以息影名亭可也, 其後讀南華有息影者休于
陰之語, 余心異之, 至是遂以此名之. 至冬携兒輩來居之, 大雪塞天, 終日無人跡, 讀書聲
與泉聲相應答. 飯後稍倦則登東樓, 望前峰雪色, 兒輩亦心樂之, 久而忘返. 凡留六十日而
歸. 其明年以兒婚北走都下, 逐逐于車塵馬足之間, 不至山中者忽已三年矣. 噫, 其身之不
息, 又何以息影乎哉. 昔向子平欲待婚嫁之畢, 游五岳者, 良以此哉. 余亦待世緣粗了, 卽
謀南歸, 秘跡不出, 然後庶不負老人告戒之意也. 姑書此以爲他日之證. 庚子仲秋, 小金山
樵, 書于陽山之明發齋.

16 「水月樓記」,『두타초』책16,『총간』191, 505면. 樓以水月名何哉. 樓盖處吾室之東, 而直
俯大溪, 欄楯几席, 常在波紋水光之中. 而月夜寂奇, 月初出爲東峰所截纔如眉, 飛來石已

倒垂潭中, 潭受松栝之影, 幽森窈窕, 令人意泠泠然也. 月稍稍脫峰頂, 遂大展光氣, 下與
水鬪, 如鎔金注射, 旋轉不定, 頃刻之間, 變幻萬狀, 俄而月水兩相和合, 一色湛然, 如鋪雪
如委練, 又別一光景也. 登樓者怳然若坐于水晶界中, 水月之觀, 蓋於是乎盡矣. 余嘗曰月
未嘗不奇也. 必得水而愈奇, 水未嘗不活也. 必得月而愈活, 如以吾言不信者, 試向糞堆上
觀月, 黑夜裡觀水, 可知矣. 或有問余者曰水則樓固有之矣, 至於月, 顯晦無常, 盈虧有時,
樓何能常有之哉. 然則以水月名之者, 無乃乖其實歟. 余笑而不應, 擧手指東峰曰月欲生矣,
子急登樓視之.

17　金道洙, 〈挽澹軒〉, 『春洲遺稿』卷之一, 『한국문집총간』 219, 13면.

새로운 문화공간

문화공간의 의미

지금까지 문화, 공간, 사람, 예술을 핵심어로 삼아 문화공간의 의미를 살폈다. 문화는 현상으로 나타나기는 하지만 지속성을 지니고 있어야 한다. 그러므로 다양한 양상에 대한 대응을 분석할 수 있어야 할 것이고, 현상을 바라보는 태도도 분명하게 설정해야 할 것이다. 아울러 소수가 독점하는 것이 아니라 다수에게 확산될 수 있는 방향까지 제시해야 할 것이다. 그리고 공간은 구체적 지소로서의 성격을 이해하고, 자연과 더불어 지내는 곳이라는 인식을 되새겨야 할 것이다. 아울러 세상이 바뀌면서 개발 등과 관련하여 공간의 변모에 대해 주의를 기울이고, 주인이 바뀌는 곳과 후손에게 이어지면서 지키는 곳을 변별하면서 문화의 지속을 염두에 두어야 할 것이다. 오늘날 가상공간까지 광범위하게 확산되고 있는 점도 새롭게 고려해야 할 사항이다. 예술은 기준의 의미와 그 변화에 대한 검토가 있어야 할 것이고, 고급과 민속으로 나뉘는 양상을 생각하면서 혼합과 교차를 통해 나타나는 변화까지도 살피는 안목이 필요하다. 그리고 가장 핵심이라고 할 수 있는 사람은 개인, 집안, 집단에서 대중으로 변화하는 내막을 이해하면서, 신분제 사회의 변화와 가치 기준의 변화에 따른 반응까지 논의를 확산시킬 수 있을 것이다.

구체적 사례를 통해 논의한 항목들의 의미를 다음과 같이 정리할 수 있을 것이다. 크게 서울의 문화공간과 향촌의 문화공간으로 대별해서 논의를 진행하였다.

우선 서울의 문화공간에 대해 살핀 내용이다.

대군의 꿈과 현실은 안평대군의 비해당을 중심으로 모인 사람들의 지향과 그 내면을 이해하면서 〈몽유도원도〉에 투영된 꿈과 현실을 읽어내고, 부왕 세종이 바랐던 보輔의 의미를 살필 필요가 있다. 실제 정해진 기준과 능력의 괴리, 선의의 경쟁과 개인의 욕망 등도 새롭게 주목해야 할 내용이다.

잔치와 전별의 공간으로서 한강 주변의 누정은 위안과 송별, 정치적 의의와 집단의 놀이, 공공성의 의미 등을 거론할 수 있을 것이다.

백악 주변의 풍류에서는 대은암을 중심으로 숨는다는 것의 의미를 환기하고 중심에서 가장 가까우면서 가장 내밀한 곳이 가지는 함의를 살피고, 청풍계 등에서 정치적 성쇠와 문화의 양상까지 읽어내야 할 것이다.

집단의 자긍심과 풍류에서는 잘난 사람들의 집단적 풍류의 양상을 한림연, 감찰계 등을 통해 이해할 수 있으며, 공식적인 말미인 독서당의 문화를 새삼 주목할 수 있는 것이다. 목적성을 띤 집단의 공공성에 비중을 두면서 오늘날 우리가 배울 점이 무엇인지 궁금해진다.

인조의 셋째 아들인 인평대군이 마련한 조계동의 구천은폭은 정치권력의 이면을 읽어내는 안목을 마련할 수 있을 것이고, 자연공간의 문화공간화의 구체적 방법과 그 내용도 확인할 수 있으며, 정치 판도가 달라지면서 나타나는 변화의 양상과 그 영향까지 살필 수 있을 것이다.

여항 시인과 가객의 문화공간은 물적 토대의 변화와 함께 새로운 담당층으로 부상하는 중인 계층의 성격을 이해할 수 있고, 그들 담당층의 이익의 추구와 문화 변동에 대한 안목을 키울 수 있고 그러한 흐름 속에 기준과 현실의 축을 새로 설정하는 방법론을 고민해야 할 것이다.

다음으로 향촌의 문화공간에 대한 논의이다.

이현보가 벼슬살이를 정리하고 돌아간 예안의 분강은 자연공간이면서 이현보를 중심으로 새롭게 설정한 문화공간이다. 16세기 중반 이후 귀향이 가지는 의미가 무엇인지 새삼 논의할 수 있을 것이고, 실천과 자연 환경, 문화의 지속과 반향 등에 대해서도 의의를 부여할 수 있을 것이다. 현상으로서의 문화에 대한 안목보다 지속성으로서의 문화에 대해 생각할 수 있는 중요한 기점인 셈이다.

송흠이 영광으로 귀향하여 마련한 관수정의 공간은 효성과 염퇴의 삶과 함께 호남 사림에게 큰 반향을 끼쳤고 공변된 입장에서 송흠을 위하여 기영정이라는 정자를 마련하여 잔치를 베풀면서 그 덕행을 본받고자 하였다. 귀향과 함께 한 지역의 문화를 진작시키는 역할을 송흠이 담당했다는 점에서 오늘날 새삼 되새겨야 할 대목이다. 특히 세심洗心과 관수觀水에 내장된 마음다짐을 살피는 일은 삶의 태도와 관련하여 여전히 유효한 화두라고 할 수 있다.

기묘사화 이후 주촌과 이호촌에서 지내면서 김안국이 마련한 문화공간은 파직 기간의 자강이 가지는 의미가 무엇인지 살피게 하는 계기가 되었다. 파직 기간에도 해마다 춘첩시를 쓰고 〈정과정〉과 〈강월곡〉을 부르면서 임금에 대한 그리움을 한시도 놓지 않고 있는 충심의 내면을 읽어내는 일이 중요한 것이다.

안동에 마련한 이황의 도산서당은 〈도산십이곡〉과 함께 '공부를 놀이처럼, 놀이를 공부처럼'의 구호에 부응할 수 있는 삶의 내질을 살필 수 있고, 서울의 집단적 풍류와는 다르게 풍류의 가치 전환을 이룬 점도 되새길 부분이다.

담양에 마련한 송순의 면앙정은 선배 송흠의 영향이 어떤 반향을 몰고 오는지 이해할 수 있는 계기가 되었고, 하늘-사람-땅의 순리에 대한 체득을 살펴낼 수 있게 되었다. 이러한 체득을 통하여 〈면앙정가〉를 읽는 방법도 터득할 수 있을 것이다.

양산보가 마련한 소쇄원은 자연의 환경을 최대로 활용하면서 만든 정원이라는 점에서 그 의의를 부여할 수 있고, 그 속에서 맑고 시원하게 살아가는 삶의 모습을 그려볼 수 있게 된 셈이다.

정영방이 흐린 세상을 피하여 마련한 서석의 문화공간은 개인의 마음을 가다듬고 교유하는 벗들과 그 정신을 오롯하게 하기에 충분하였으며, 실제 오늘날까지 후손이 직접 거주하면서 문화의 보전과 전승을 위해 공력을 기울이고 있는 점이 큰 귀감이라고 할 수 있다.

한편 윤선도가 완도의 보길도에 마련한 세연정 등의 공간은 세상(기준, 규범) 바깥에 대한 태도를 살필 수 있고, 그 이면에 놓인 섬세함과 정치적 욕망까지 살펴볼 수 있게 되었다.

이하곤이 청주와 진천에 마련한 식영정 등의 문화공간은 명문의 후예이고 서울의 주류 문화인과 밀접한 교류를 하면서도 서울을 벗어나 향촌에서 문화를 실천했다는 점에서 새로운 변화의 일단으로 주목할 수 있을 것이다.

새로운 문화공간 마련

이제 우리는 지속성을 담보할 수 있는 새로운 문화공간을 마련하기 위하여 어떤 준비를 해야 할까?

출발 단계에서 설정한 문화, 공간, 사람, 예술의 네 축은 여전히 유효할 것으로 생각한다. 여기에 하나를 더 추가하자면 자장磁場을 설정할 수 있을 것이다. 자장은 문화가 영향을 끼치는 범위 또는 범주를 가리킨다. 자장은 자기력이 작용하는 범위를 가리키는 말이지만 여기에서는 영향, 반향, 전파, 후대의 수용 등 포괄적인 개념으로 확장시켜 이해할 수 있을 것이다.

새로운 문화공간 마련은 지금까지 살펴 온 문화공간이 서로 어떤 연관을 맺으면서 자장을 형성했는지 포괄적으로 정리하고, 널리 알려지지 않았거나 너무 당파적인 성격을 띠고 있어서 미처 살피지 못한 다른 문화공간에 대한 탐구를 추가하면서 지속적으로 진행되어야 할 것이다.

이 책의 논의가 중세 선인들의 문화공간에 집중된 점을 인정하면, 시대가 바뀌면서 근대의 문화공간은 어떤 방향으로 나아갔는지 그리고 현대의 문화공간은 어떤 모습인지 서로 견주어가면서 살피는 일도 새로운 과제로 제기되는 것이다.

참고문헌

『광해군일기』
『단종실록』
『성종실록』
『세종실록』
『인조실록』
『정조실록』
『중종실록』
『효종실록』

강희맹, 『사숙재집』, 『한국문집총간』 12
권두경, 『창설재집』, 『한국문집총간』 169
기대승, 『고봉집』, 한국문집총간 40
김계광, 『구재집』, 『퇴계학자료총서』 36
금도수, 『춘주유고』, 『한국문집총간』 219
김수온, 『식우집』, 『한국문집총간』 9
김안국, 『모재집』, 『한국문집총간』 20
김인후, 『하서선생전집』, 『한국문집총간』 33
김종직, 『점필재집』, 『한국문집총간』 12
박상, 『눌재집』, 『한국문집총간』 18
박은, 『읍취헌유고』, 『한국문집총간』 21
박지원, 『연암집』, 『한국문집총간』 252
박팽년, 『박선생유고』, 『한국문집총간』 9
백광훈, 『옥봉시집』, 『한국문집총간』 47
변계량, 『춘정집』, 『한국문집총간』 8
성대중, 『청성집』, 『한국문집총간』 248
송순, 『면앙집』, 『한국문집총간』 26
송시열, 『송자대전』, 『한국문집총간』 115

송흠, 『지지당유고』, 서울대학교 도서관

신응시, 『백록유고』, 『한국문집총간』 41

양진태, 『방암유고』

윤봉조, 『포암집』, 『한국문집총간』 193

윤선도, 『고산유고』, 『한국문집총간』 91

윤현, 『국간집』, 『한국문집총간』 35

이문량, 『벽오집』, 국립도서관

이민서, 『서하선생집』, 『한국문집총간』 144

이병연, 『사천시초』, 『한국문집총간』 속57

이석표, 『남록유고』, 국립도서관

이숙량, 『매암선생집』, 서울대학교 도서관

이식, 『택당선생별집』, 『한국문집총간』 88

이요, 『송계집』, 『한국문집총간』 속35

이유원, 『임하필기』

이이, 『율곡선생집습유』, 『한국문집총간』 45

이익, 『성호선생전집』, 『한국문집총간』 199

이하곤, 『두타초』, 『한국문집총간』 191

이행, 『용재선생집』, 『한국문집총간』 20

이현보, 『농암집』, 『한국문집총간』 17

이호민, 『오봉집』, 『한국문집총간』 59

이황, 『퇴계집』, 『한국문집총간』 29-30

장유, 『계곡집』, 『한국문집총간』 92

장혼, 『이이엄집』, 『한국문집총간』 270

정사룡, 『호음잡고』, 『한국문집총간』 25

정영방, 『석문집』, 『한국문집총간』 속19

정철, 『송강속집』, 『한국문집총간』 46

정칙 『우천선생문집』, 『한국문집총간』 속29

조위, 『매계선생문집』, 『한국문집총간』 16

최경창, 『고죽유고』, 『한국문집총간』 50

홍세태, 『유하집』, 『한국문집총간』 167

김수장, 『해동가요』

김안로, 『용천담적기』

김양근, 『안동김씨문헌록』

성현, 『용재총화』

어숙권, 『패관잡기』

유본예, 『한경지략』

『국조인물고』 상·중·하, 서울대학교 출판부

『동문선』

『산수화』 상·하, 중앙일보, 1980, 1982

『송도용두회첩』

『시경』

『신증동국여지승람』

『애일당구경첩』, 이현보 후손가 소장

『전당시』

『조선후기 지방지도』, 서울대학교 규장각, 2005

『청구영언(진본)』

『해동지도』 상·하, 서울대학교 규장각, 1995

김남이, 『집현전 학사의 삶과 문학세계』, 태학사, 2004

김동욱, 「퇴계의 건축관과 도산서당」, 『건축역사연구』 9, 한국건축사학회, 1996

김윤식, 『황홀경의 사상』, 홍성사, 1984

신경숙 옮김, 『가곡원류』, 지식을 만드는 지식, 2010

안휘준·이병한, 『안견과 몽유도원도』, 예경, 1993

여운필·성범중·최재남 공역, 『역주 목은시고』 9, 월인, 2006

이상보, 『이조가사정선』, 정연사, 1965

이종묵, 『한국의 문화공간』 1-4, 휴머니스트, 2006

최강현 역주, 『가사 1』, 『한국고전문학전집』 3, 고려대학교 민족문화연구원, 1993

최완수, 『겸재의 한양진경』, 동아일보사, 2004

최재남, 「16~17세기 향촌사림의 시가문학」, 『한국시가연구』 9집, 2001

최재남, 『선인들의 생활문화와 문학』, 경남대학교출판부, 2002

최재남, 「형성기 시조의 서정적 주제」, 『서정시가의 인식과 미학』, 보고사, 2003

최재남, 「관서·관북 지역의 시가 향유 양상」, 『한국고전연구』 24집, 2011.

최재남, 「백운봉 등림 시조의 변이 양상과 현실성 검토」, 『진단학보』 111호, 2011

허경진, 『조선위항문학사』, 태학사, 1997

찾아보기